KB105498

JLPT 일본어능력시험 **N1**
완벽 실전 대비서!

JLPT N1
모의고사
단기완성

2회분

저자 | 황요찬

YBM 홀딩스

JLPT N1
모의고사
단기완성 2회분

발행인	민선식
펴낸곳	와이비엠홀딩스

저자	황요찬
기획	고성희
마케팅	정연철, 박천산, 고영노, 박찬경, 김동진, 김윤하
디자인	이미화, 박성희

초판 인쇄	2019년 4월 1일
초판 발행	2019년 4월 5일

신고일자	2012년 4월 12일
신고번호	제2012-000060호
주소	서울시 종로구 종로 104
전화	(02)2000-0154
팩스	(02)2271-0172
홈페이지	www.ybmbooks.com

ISBN 978-89-6348-164-7

저작권자 © 2019 와이비엠홀딩스
서면에 의한 와이비엠홀딩스의 허락 없이 내용의 일부 혹은 전부를 인용 및 복제하거나 발췌하는 것을 금합니다.
낙장 및 파본은 교환해 드립니다. 구입 철회는 구매처 규정에 따라 교환 및 환불 처리됩니다.

무료 동영상강의 보는 방법

1.
YBM 홈페이지(www.ybmbooks.com)
검색창에 [JLPT N1 모의고사 단기완성]을
입력

2.
[JLPT N1 모의고사 단기완성] 검색 결과
페이지에서 [무료특강]을 클릭

3.
동영상강의 목록에서 보고 싶은 챕터를 클릭하면
동영상강의가 재생

YouTube에서 'YBM Books' 채널을 구독하시면 모바일에서도 강의를 보실 수 있습니다.
(유튜브 사이트 혹은 앱에서 'YBM Books' 또는 'JLPT N1 모의고사 단기완성' 검색)

동영상강의&저자 온라인 개인지도 서비스

황요찬

약력
경희대학교 일어학 석사
전) YBM어학원 JLPT&JPT 전문강사
현) 일공학원 EJU 전문강사
YBM 등에서 다수의 동영상강의 진행

주요 저서
JLPT N2 모의고사 단기완성
굿모닝 독학 일본어 문법
그 외 다수의 JLPT 교재 집필

JLPT N1

1. 시험과목 및 점수와 시간

1교시	언어지식(문자·어휘·문법)	60점 만점	110분
	독해	60점 만점	
2교시	청해	60점 만점	60분
종합 점수		180점 만점	170분

2. 문제 구성

		대 문제	문항 수	내용
언어지식 ― 문자·어휘·문법 ― 독해 ↓ 110분	문자·어휘	1 한자 읽기	6	한자로 된 단어를 정확히 읽는 문제
		2 문맥에 알맞은 어휘 찾기	7	문맥에 맞는 적절한 단어를 찾는 문제
		3 유의어로 바꾸기	6	제시된 단어와 비슷한 의미의 단어나 표현을 고르는 문제
		4 어휘의 올바른 용법 찾기	6	제시된 단어가 올바르게 사용된 문장을 고르는 문제
		합 계	25	
	문법	5 문장 형식에 맞는 문형 찾기	10	빈칸에 들어갈 적절한 문형을 고르는 문제
		6 문장 구성하기	5	나열된 단어를 어순에 맞게 조합하여 올바른 문장을 만드는 문제
		7 글의 빈칸 채우기	5	글의 흐름에 맞는 표현을 찾는 문제
		합 계	20	
	독해	8 내용 이해(단문)	4	200자 정도의 지문을 읽고 내용을 이해할 수 있는지를 묻는 문제
		9 내용 이해(중문)	9	평론, 해설, 에세이 등 500자 정도의 지문을 읽고 인과관계나 이유 등을 이해할 수 있는지를 묻는 문제
		10 내용 이해(장문)	4	해설, 에세이 등 1000자 정도의 지문을 읽고, 내용의 개요나 필자의 의도 등을 파악할 수 있는지를 묻는 문제
		11 종합적 이해	2	같은 주제에 대한 복수의 지문(600자 정도)을 읽고 비교·통합하여 내용의 개요나 필자의 의도 등을 이해할 수 있는지를 묻는 문제
		12 주장 이해(장문)	4	사설, 평론 등 추상적이며 논리적인 1000자 정도의 지문을 읽고, 전체적으로 전달하고자 하는 주장이나 의견을 파악할 수 있는지를 묻는 문제
		13 정보 검색	2	700자 정도의 광고나 팸플릿 등의 정보 소재로부터 필요한 정보를 찾아낼 수 있는지를 묻는 문제
		합 계	25	
청해 ↓ 60분		1 과제 이해	6	지시나 조언 등을 하고 있는 대화를 듣고 대화가 끝난 후에 어떠한 행동을 취할지를 고르는 문제
		2 포인트 이해	7	대화나 이야기를 듣고 포인트를 이해할 수 있는지를 묻는 문제
		3 개요 이해	6	긴 지문을 듣고 화자의 생각이나 주장 등을 이해할 수 있는지를 묻는 문제
		4 즉시 응답	14	짧은 발화를 듣고 그에 적절한 응답을 찾을 수 있는지를 묻는 문제
		5 종합적 이해	4	복수의 정보를 듣고 종합적으로 내용을 이해하는 문제
		합 계	37	

※ '문항 수'는 매회 시험에서 출제되는 대략적인 기준이며, 실제 시험에서는 달라질 수 있습니다.
※ JLPT(일본어능력시험)에 대해 좀 더 자세히 알고 싶으신 분은 http://www.jlpt.or.kr을 참조해 주세요.

문제집

N1

言語知識
(文字・語彙・文法)

読解

(110分)

問題1 _____ の言葉の読み方として最もよいものを、1・2・3・4から一つ選びなさい。

1 まるで日本の原風景とも言えるこの山村にここ数年、全国から移住者が殺到している。

　　1 さっとう　　　　　2 さつどう　　　　　3 ころしたおし　　　　4 ころしだおし

2 都会の雑踏に紛れるのではなく、自然の中で自分らしく生きたい。

　　1 あきれる　　　　　2 まぎれる　　　　　3 とぎれる　　　　　　4 こぼれる

3 下記物件につきまして、広告転載の承諾をお願いいたします。

　　1 しょうさく　　　　2 しょうざく　　　　3 しょうたく　　　　　4 しょうだく

4 今日は、女性の社会進出を阻む理由と2つの問題点についてお話ししたいと思います。

　　1 こばむ　　　　　　2 はばむ　　　　　　3 いたむ　　　　　　　4 ふくむ

5 一般的な学費の工面の方法としては、一番多いのが親の援助を受けるということです。

　　1 くつら　　　　　　2 こうつら　　　　　3 くめん　　　　　　　4 こうめん

6 ブログの執筆はかなり久しぶりなので、拙い文章ではありますが、最後までお付き合いお願いします。

　　1 あさい　　　　　　2 うとい　　　　　　3 つたない　　　　　　4 とうとい

問題2 (　　)に入れるのに最もよいものを、1・2・3・4から一つ選びなさい。

[7] 大手家電量販店と(　　　)に張り合う、町の小さな電器屋さんがあった。

　　1 繁盛　　　　　　　2 手薄　　　　　　　3 念願　　　　　　　4 互角

[8] これは、ワークスペースがどのくらい使われているのか(　　　)状況を表すものです。

　　1 完結　　　　　　　2 アップ　　　　　　3 本気　　　　　　　4 稼働

[9] プレゼントなどの包み紙のセロテープをきれいに(　　　)のは、なかなか難しい。

　　1 はがす　　　　　　2 さからう　　　　　3 うるおう　　　　　4 たずさわる

[10] 数々の名画が(　　　)に展示してあって、美大出身の私にはクラクラと目眩がしていた。

　　1 零細　　　　　　　2 皮肉　　　　　　　3 無造作　　　　　　4 無作法

[11] 120年の伝統を(　　　)、職人の熱き思いが感じられた。

　　1 めぐまれる　　　　2 まかなう　　　　　3 うけつぐ　　　　　4 ためらう

[12] スーツは役柄的に着る機会が多いが、(　　　)色のスーツを着るキャラクターをあまり演じた
ことがない。

　　1 おもおもしい　　　2 あわい　　　　　　3 ものものしい　　　4 あわただしい

[13] 彼は、病院の長い待ち時間に(　　　)を切らして帰ってしまった。

　　1 しびれ　　　　　　2 フォロー　　　　　3 よわね　　　　　　4 ぐち

問題3 ＿＿＿＿ の言葉に意味が最も近いものを、1・2・3・4から一つ選びなさい。

14 これは、有害大気汚染物質に該当する可能性がある物質リストです。

  1 きそう   2 うけたまわる   3 あてはまる   4 なじむ

15 今回は、謝罪を申し出る英語表現について勉強します。

  1 意味する   2 ことわる   3 説明する   4 もとめる

16 なぜ彼があんな行動を取ったのか、すこぶる疑問に感じます。

  1 おおいに   2 やんわり   3 いさぎよく   4 ひとまず

17 でも実際、慕われる上司とそうではない上司の違いは何だろう。

  1 疑われる   2 頼まれる   3 無視される   4 尊敬される

18 なぜか私の人生は、やることなすこといつも裏目に出る。

  1 うまくいく   2 失敗に終わる   3 中途半端になる   4 曖昧に終わる

19 営業と言えばノルマを思い浮かべる人も多いと思います。

  1 大変さ   2 きつさ   3 作業量   4 退屈さ

問題4 次の言葉の使い方として最もよいものを、1・2・3・4から一つ選びなさい。

20 うるおう

  1 駐車場経営の基礎知識からうるおうコツまで、詳しくお伝えいたします。

  2 現時点ではこれらのみで日本の電気をうるおうことは困難と言えます。

  3 日常生活でも、周りの人々の行動や言動に、思わずうるおうことはよくあることです。

  4 優しいクレンジング方法や、しっとりうるおうスキンケアのコツも合わせてご紹介します。

21 いやみ

1 何かにつけて人の意見や行動を否定するようないやみを言う人はどこにもいる。

2 相手のいやみを鮮やかに引き出す「質問のコツ」について考えてみましょう。

3 男性が女性にいやみを吐く時、一体どのような気持ちなのでしょうか。

4 首相は、A国の核問題に各国はいやみで取り組むべきであると国連で演説した。

22 思い返す

1 好き嫌いにかかわらず、頼まれたのなら思い返さずにまずやってみるものだ。

2 友人は都会に思い返したと言って、田舎に帰ってしまいました。

3 小中学生時代を思い返すと、自分が本当にやりたかったことが分かります。

4 基本的に雨は降らないため、どこへ出かけても天候に思い返されることになるでしょう。

23 案の定

1 以前制作していたAZモデルが、まあまあ納得が行く感じにまとまったので案の定完成だ。

2 エサの減りが早いと思ったら、案の定猫が勝手に袋を開けて食べていた。

3 初詣の歴史は案の定浅く、鉄道の発達と共に広まったものだ。

4 その食堂は、案の定ではない観光客には極めて無愛想に接する。

24 食い止める

1 今回は、「風しん」拡散を食い止めるため、私たちが知っておくべき対策を紹介します。

2 素晴らしい景色を見ながらビールを飲みつつステーキを食い止める。最高の気分でした。

3 こちらでは、リングを食い止める指とその意味についてご説明いたします。

4 私たちは夫婦だけど、考え方が正反対で意見が食い止めることが多いです。

25 てきぱき

1 日本の夏の暑さに、外国人たちもてきぱきしているようですね。

2 安全文化の確立が大前提となることはてきぱき言うまでもありません。

3 近年における女性の社会進出はてきぱきしたものがあります。

4 あまり遊ばないゲームや読まない本などは、てきぱきと片付けていこう。

問題5 次の文の(　　　)に入れるのに最もよいものを、1・2・3・4から一つ選びなさい。

26 日本が現金払い主義から(　　　)脱せない理由について考察していきたいと思います。

1 ついに　　　　　　2 たとえ　　　　　　3 むろん　　　　　　4 まるで

27 シャツは気に入ったものを7枚セットで買っておくと、毎朝着る服を(　　　)ので便利なのだ。

1 迷っても済む　　　　　　　　　　　2 迷ったきりでは済まない

3 迷わなくても済む　　　　　　　　　4 迷わせても済まない

28 朝食の内容につきましては、今すぐには変更いたしかねますが、頂戴したご意見を参考とさせて
いただき、今後、メニューの内容を(　　　)。

1 検討させてあげたく存じます　　　　2 検討させていただきたく存じます

3 検討させてくれたく存じます　　　　4 検討させてさしあげたく存じます

29 川崎市は今回の火災(　　　)、安全確保が難しい簡易宿泊所の居室に住む人に、民間アパート
への転居などを促す考えを示している。

1 に限らず　　　　　　2 にかけては　　　　3 を受けて　　　　　4 にもまして

30 ゴールデンウィーク期間中は、店(　　　)店は閉まっていて、何も買えなかった。

1 という　　　　　　2 の　　　　　　3 なりにも　　　　　4 ならではの

31 一口に、「起業で成功したい」とは言っても、何(　　　)成功するかは、人によって異なるはずだ。

1 において 　　　　2 にあたって 　　　　3 をもって 　　　　4 にわたって

32 オープン当初からよく通っていたラーメン屋だっただけに、閉店とは(　　　)。

1 惜しまれてばかりだ 　　　　　　　　2 惜しまれてはいられない

3 惜しまれるべきである 　　　　　　　4 惜しまれてならない

33 自転車対歩行者の事故が近年増加しているが、(　　　)遅すぎる。早く対策を講じるべきである。

1 後悔したのみでは 　　　　　　　　　2 後悔して以来では

3 後悔してからでは 　　　　　　　　　4 後悔しようが

34 すべての人間は、(　　　)自由であり、かつ、尊厳と権利について平等である。

1 生まれながらにして 　　　　　　　　2 生まれながらにしても

3 生まれながらにしろ 　　　　　　　　4 生まれながらになると

35 社員一同お客様のご期待に(　　　)よう一意専心努力してまいりますので、今後とも皆さまのご支援、ご愛顧を賜りますよう、宜しくお願い申し上げます。

1 したがえる 　　　　2 そえる 　　　　3 うったえる 　　　　4 よびかける

問題6 次の文の ＿★＿ に入る最もよいものを、1・2・3・4から一つ選びなさい。

(問題例)

あそこで ＿＿＿＿ ＿＿＿＿ ＿★＿ ＿＿＿＿ は山田さんです。

　1 本　　　　　　　　2 読んでいる　　　　3 を　　　　　　　　4 人

(解答のしかた)

1. 正しい文はこうです。

あそこで ＿＿＿＿ ＿＿＿＿ ＿★＿ ＿＿＿＿ は山田さんです。

　　　　 1 本　　 3 を　 2 読んでいる　 4 人

2. ＿★＿ に入る番号を解答用紙にマークします。

(解答用紙)　(例)　① ● ③ ④

---

36 ところが現実的には多くの人が、＿＿＿＿ ＿＿＿＿ ＿★＿ ＿＿＿＿、英語への関心を低下させているようだ。

　1 になり　　　　　　2 につれて　　　　　3 年代が上がる　　　4 社会人

37 都内を移動していると、＿＿＿＿ ＿＿＿＿、＿★＿ ＿＿＿＿ 目にすることが多くなった。

　1 外国人旅行客を　　2 随分と　　　　　　3 に比べ　　　　　　4 一時期

14

38 災害レベルとまで言われた ＿＿＿ ＿＿＿ ＿★＿ ＿＿＿ 、秋らしい涼しさが増して
きた。

   1 に　　　　　　　　 2 やわらぎ　　　　　　 3 日ごと　　　　　　 4 暑さも

39 インフルエンザに感染すると ＿＿＿ ＿＿＿ 、＿★＿ ＿＿＿ 影響を与えるリスクが
ある。

   1 企業活動にも　　　 2 甚大な　　　　　　 3 個人の健康被害　　 4 のみならず

40 政府は2020年 ＿＿＿ ＿＿＿ ＿★＿ ＿＿＿ 人材を育てようとしているが、多くの日
本人は日常的に英語を使うことがなく、学習意欲もそれほど高くないのだろう。

   1 活躍できる　　　　 2 向け　　　　　　　 3 グローバルに　　　 4 に

問題7 次の文章を読んで、文章全体の趣旨を踏まえて、[41]から[45]の中に入る最もよいものを、1・2・3・4から一つ選びなさい。

夕方に入り、ある程度の疲れを感じてきたところで飲むビール。サンフランシスコ・ベイエリアを中心とした多くのスタートアップでは、以前より社内でのアルコール無料提供が社員に
[41]。大企業とは違った自由な働き方を象徴する要素の1つだ。

日本にも昔から「飲みニケーション」という言葉があるように、お酒は人の交流や会話を促してくれるものだ。社員同士や社内外のコラボレーション促進に特に取り組む近年の企業トレンドを考慮すると、[42]これからのオフィスの必需品になるのかもしれない。しかし「飲まないとコミュニケーションできないのか」という議論もまた挙がるように、ここは賛否分かれるポイントでもある。[43]、オフィスでのアルコール提供はありなのだろうか。

仕事後の一杯はどこの国でも大昔から行われてきただろうが、オフィスでのアルコールのイメージを強くしたのは、近年話題のOurWorkingだと思う。コワーキング業界を率いる同社の世界各地域のスペースにもビールサーバーが設置されており、これがOurWorkingのトレードマークの1つとなっている。コラボレーションを促進する次世代のワークスペースにビールサーバーが平然と置かれている光景は、多くの人[44]衝撃的なものだっただろう。

ところがOurWorkingではすでに、社内でのアルコール提供は社員にとって人気の福利厚生の一部になっており、他の多くの企業も豊富な種類のビールやアルコール飲料を提供している。ANB社では、仕事後に限られたスペース[45]飲酒が許可されている。

またこのような「軽く飲む」企業文化に乗じて、企業向けにアルコールの提供・配達を行うサービスも生まれている。スタートアップのHowsは、新鮮なローカルビールを企業オフィスに販売・提供。ビールサーバーの無料提供も行い、定額制サービスで一定量の供給を行い、またオフィスで開催されるイベント用にも必要なだけデリバリーを行うサービスを提供している。

(注1) スタートアップ：新設会社のこと。

(注2) コワーキング：事務所や会議室などを共有しながら、独立した仕事を行う新しいワークスタイルを指す。

16

41

1 支持していない　　　2 支持されていない　　3 支持している　　　4 支持されている

42

1 ひょっとしたら　　　2 もしくは　　　　　　3 案の定　　　　　　4 思ったとおり

43

1 結局のところ　　　　2 ただし　　　　　　　3 最も　　　　　　　4 今のところ

44

1 に対して　　　　　　2 をもとにして　　　　3 にとって　　　　　4 からして

45

1 でしか　　　　　　　2 でのみ　　　　　　　3 というと　　　　　4 のところによって

問題8 次の(1)から(4)の文章を読んで、後の問いに対する答えとして最もよいものを、1・2・3・4から一つ選びなさい。

(1)

　最近、ネットで「米ニュケーション」という言葉を見かけた。「米ニュケーション」とは、白いご飯を食べる会。従来の「飲み会」とは異なり、開催場所は家になる場合が多い。自分がご飯に最も合うと考えるおかずを、各自持ってくるというリーズナブルな会で、実際にやってみると暖かみさえ感じられるという。

　昔、教授や上司、職場の先輩と「飲みニケーション」するのが当たり前の時代があった。酒の弱い私は、飲みたくもないお酒をたくさん飲まされる、この「飲みニケーション」が大嫌いだった。それでお酒を飲みたくないのに無理矢理飲まされる場合、どういう風に回避したらいいか、<u>いつも頭を絞っていた</u>。

　しかし、酒と違ってご飯はみんな食べるし、お酒が苦手な人でもご飯は食べる。お酒を飲まない若者とはグラスではなく茶碗を傾けて「米ニュケーション」することをお勧めしたい。時代の変化に合わせていこうではないか。

46 <u>いつも頭を絞っていた</u>とあるが、どうしてか。

　1　米ニュケーションを普及させるために

　2　飲みニケーションを普及させるために

　3　飲み会で上手にお酒を断るために

　4　飲み会でご飯をたくさん食べるために

18

(2)

　日本人は家の中でどのようにくつろいでいるのか。首都圏の集合住宅に住む夫婦1,000組を対象にインテリアデザインセンターで調査した。くつろぐ時に畳やじゅうたんに「寝転ぶ」のか、ソファーなどに「座る」のかでは、「座る」が6割強で、「寝転ぶ」が4割弱だった。男女別の違いが大きく、男性では「座る」より「寝転ぶ」が多かったのに対し、女性は「座る」の方が圧倒的に多かった。

　なぜ女性は座るのか。「家ではすることが多くて寝ていられない」や「寝てしまうと家事をするのがおっくうになる」がその理由。一方、男性は「会社で疲れて帰るととにかく横になりたい」との回答が目立った。

47 本文の内容として正しいのはどれか。

　1 日本人は家の中でくつろぐ時、男女を問わずソファーに座って過ごす人が多いようだ。

　2 日本人は家の中でくつろぐ時、男女を問わず横たわって過ごす人が多いようだ。

　3 日本人の男性は家の中でくつろぐ時、ソファーに座って過ごす人が多いようだ。

　4 日本人の女性は家の中でくつろぐ時、ソファーに座って過ごす人が多いようだ。

(3)

　NIE(エヌ・アイ・イー)は「Newspaper In Education」の略称である。日本語では「教育に新聞を」と訳されている。つまり新聞を教材として学校教育に役立てようという<u>取り組み</u>である。児童生徒の社会への関心を高め、情報を「読み解く」力、「考える」力、問題を「解決する」力を身に付けてもらうことを目的としている。学習指導要領の改定で思考力、判断力、表現力を身に付け「生きる力」を育むため、格好の教材と見直されたのが新聞。改定の背景には活字離れと学力低下が相関することの危機感があるとも言われている。生きた教材になる紙面作りをしてもらいたいものである。

48　<u>取り組み</u>とあるが、どのような取り組みか。

1　学校教育に多様なメディアを高度に利用して、確かな学力を身に付けさせようとする取り組み

2　学校教育に多様な新聞を高度に利用して、確かな学力を身に付けさせようとする取り組み

3　学校教育における多様な教育課題への対応を求めて、確かな学力を身に付けさせようとする取り組み

4　学校教育における現状と課題を追求して、確かな学力を身に付けさせようとする取り組み

(4)

　　就寝後に排尿のため、1回以上起きてしまうことを「夜間頻尿」というが、この問題は、主に60歳以上の人に見られる。熟睡できなくなる上、生活に大きな支障を来す可能性もある。夜間頻尿の原因は一つではなく、水分の摂りすぎの場合もあれば、膀胱容量の減少、また糖尿病や腎臓の障害、睡眠時無呼吸症候群などの疾患によることも考えられる。

　　夜の排尿について調査した長崎大学の研究チームは、塩分摂取量が多く睡眠障害のある患者に対し、食事中の塩分摂取量を減らすよう助言した後、3カ月にわたり経過観察をした。夜にトイレに行く回数は、平均で一晩に2回以上から1回に減った。トイレの使用回数は夜間だけでなく日中も減り、生活の質も改善した。調査した長崎大学病院のM助教授(泌尿器科・腎移植外科)は「減塩により口の渇きが抑えられ、水分を摂る量が減ったことや交感神経への刺激が抑えられたことなどが頻尿の改善理由と考えられる」と話す。

49 本文の内容として正しくないのはどれか。

1　内臓器官の働きと、排尿障害は関係ないと言える。

2　成人病のある人は、排尿障害になりかねない。

3　塩分の摂取量を減らすことで、生活の質の改善が期待できそうだ。

4　膀胱容量の減少がもとになって、排尿障害を引き起こす場合がある。

問題9 次の(1)から(3)の文章を読んで、後の問いに対する答えとして最もよいものを、1・2・3・4から一つ選びなさい。

(1)

　蛇口をひねれば、いつでもどこでも清潔な水が出てくるのは日本ではごく自然なことであり、日本に水資源問題が存在すると考える人は少ないだろう。むしろ日本は大変水に恵まれた国だと考えがちである。

　しかしその反面、どんなに安心だとされている日本の水であっても、いろいろ取り沙汰される水道水の不安要素も。そのため、浄水器やミネラルウォーターが売れている事実がある。
　　　　　　　　　　　　　　　①

　このように水道水に対する不安の解消や、おいしい水を飲みたいという理由から、普及が進む家庭用浄水器だが、機能を活かした使い方が消費者に求められている。使い方次第では、宝の持ち腐れになりかねないから、次の2点に気を付けてほしい。

　第一に、浄水器にとっては心臓部ともいうべき、水道水の浄化を行うカートリッジの寿命の問題がある。浄水器は一定量の水をろ過すると寿命を迎えるため、定期的にカートリッジを取り換える必要がある。2ヶ月から半年という製品が主流だったが、最近では1年という寿命の長いものも出てきた。洗い物などにはなるべく使わないのが長持ちをさせるコツである。

　最近の製品は、「浄水」と「水道水」の切り替えができるものが多いので、使用目的に合わせ、小まめに使い分けるのが賢明である。浄水器のカートリッジは使用期限を過ぎると、汚れや赤錆を除去する機能がかなり落ちるため、注意すべきである。

　もう一つは、活性炭で「ろ過」する旧型タイプの浄水器には、殺菌作用のある塩素も一緒に取り除くことで、浄水器の中で細菌が繁殖してしまうという難点がある。これを防ぐためには、抗菌活性炭な
　　　　　　②
どのろ過材を使った製品を選ぶのがいいようである。

　浄水器を取り付けることで、水道水の汚れがまだ残っているかという不安はかなり解消されたようではあるが、かといって浄水器を万能だと思い込んではいけない。例えばトリハロメタンなど有害な有機化合物の除去能力には、まだ十分な能力は発揮されていないためである。今後のろ過方法やろ過材の研究において期待されるところである。

50 ①浄水器やミネラルウォーターが売れている事実があるとあるが、なぜか。

1 日本では、いつでもどこでも清らかな水が飲めるから

2 水道水を脅かす様々な水質上の問題があるから

3 浄水器を使えば、安心して水が飲めるから

4 日本は、豊かな水資源に恵まれている国だから

51 ②浄水器の中で細菌が繁殖してしまうとあるが、なぜか。

1 抗菌活性炭などのろ過材を取り付けた製品を使うから

2 旧型タイプの浄水器は、カートリッジの寿命が短いから

3 普通の活性炭には、塩素が含まれていないから

4 活性炭を使うと、消毒作用のある塩素も除去するから

52 浄水器について、筆者はどのように考えているか。

1 日本は水資源に恵まれている国だから、浄水器やミネラルウォーターなどは要らない。

2 浄水器も使い方次第では、宝石のような価値の高いものになれる。

3 水道水の浄化を行うカートリッジは、皿洗いに使わないともっと長く使える。

4 浄水器の改善に繋がるような研究は、もう十分になされている。

(2)

　外食産業や小売業、運輸など、幅広い業種で人手不足が表面化している。働き手の減少という構造的な要因に加え、景気の回復基調でパート・アルバイトの奪い合いが起きているためだ。時給上昇だけではなく、賞与を支給したり、正社員化したりする動きも出てきた。

　「(午後)9時半がラストオーダーです。入口を閉めるので、裏口からお帰りください」。東京都心にある牛丼チェーン店「モーモー屋」の店員は、食事中の客にこう告げた。通常24時間営業だが、今月下旬から午前9時から午後10時に短縮した。アルバイトが辞め、店を回せなくなったためである。

　別の店では、バイト募集のポスターの深夜時給1,430円という印刷文字の上に、手書きで1,570円と訂正されていた。都内の「モーモー屋」で働く複数のアルバイト店員は「大学生のバイトが辞めて人が集まらない」「朝まで1人なので仕事はきつい」と口にする。今年度の4月以降、約250店が一時休業や短縮営業に追い込まれた。

　牛丼大手3社の中で最後発の「モーモー屋」は、急ピッチの出店で2015年に「うし屋」を抜き、業界首位に躍り出た。急成長を支えたのが、深夜に店員1人のギリギリの人員で接客や調理を担当する戦略であった。しかし、メニューの多様化で仕事が増えると、営業できなくなるほどの大量退職が相次いだ。

　居酒屋チェーン店「民の心」も、全体の店舗数の約1割に当たる60店を今年度中に閉鎖、1店当たりの人員を増やし、職場環境改善を進めることを決めた。長時間労働が常態化しているチェーン店もあり、飲食業はもともと敬遠されがちだったが、景気がよくなり他業種でもバイトの条件が改善した。「バイトに対する教育が不十分で、やる気、やりがいをうまく引き出せていない」ことも要因のようだ。人手が足りないのは飲食業だけではない。建設業では、復興需要や公共事業の増加で、入札不調や工期の遅れに繋がっているのが現状である。運送業界も「駆け込み需要で配送の依頼が増え、仕事を受け切れなかった」という。

　求人難、人手不足、人件費上昇などといった言葉を目の当たりにするのは、いつ以来だろうか。求職者にとっては、求人状況が改善されても肝心の企業がなければ意味はない。長らく続いた買い手市場から売り手市場への転換に、本格的な対応が企業に求められている。

53 動きも出てきたとあるが、なぜか。

1 稼働人口が細ってきて、人手を確保するのが大変になったため

2 外食産業の繁盛により、人手を集めるのが難しくなったため

3 景気の回復にもかかわらず、人員を増やさない企業が多いため

4 働き手の減少とともに、人件費の上昇で就職が難しくなったため

54 「モーモー屋」は、どうやって「うし屋」を抜き、業界首位に躍り出ることが出来たのか。

1 他のチェーン店とは違って、24時間営業を貫いてきたのが消費者に受けた。

2 他のチェーン店とは違って、営業時間を短縮して人件費を抑えることが出来た。

3 他のチェーン店とは違って、メニューの多様化を図ったのが消費者に受けた。

4 他のチェーン店とは違って、人件費を最大限に抑えることが出来た。

55 本文の内容と合っているのはどれか。

1 人材の確保のため、従業員の処遇や職場環境の待遇改善を図る企業が増え始めている。

2 建設業では、建設資材の高騰による建設費の上昇で人件費を削るしかなくなっている。

3 運送業界では、予想外の原因で配送の依頼が急増したが、人員を増やすことで解決している。

4 飲食業では、未だに長時間労働が強く根付いており、24時間営業も常態化しているところが多い。

(3)

　スマートテレビは、パソコンの便利機能がテレビと融合した新しい方向性のテレビとして、パソコンと携帯電話が融合したスマートホンと同様に今後の展開が期待されている。テレビのデジタル化に伴いインターネット上の映像コンテンツを視聴できるインターネットテレビが登場したが、2011年1月にアメリカで開催された世界最大の家電ショーで、ある家電メーカーが新しい使い方のテレビとしてスマートテレビを大きく取り上げ、他のメーカーも同様の方向性を示すなどして特に注目されるようになった。

　スマートテレビの特徴は、放送局やインターネットプロバイダーから配信された放送を受動的に見るだけのテレビではなく、ユーザー側から働きかけて必要な映像・情報をオンデマンドで利用できることや、映像コンテンツに関する各種情報を検索して表示できることや、インターネット上のSNSを利用できることなど、高度なインターラクティブ性が「スマート」という言葉が表す一つの特徴と言える。

　また、映像を始めとする各種コンテンツとのインターラクティブ性や、スマートホンやタブレット端末などのモバイル機器や関連デジタル機器とのインターラクティブ性を実現するためのアプリケーションをスマートホンのように追加していけるのも「スマート」が表す特徴といえる。

　さらに、テレビを操作するインターフェースとして、スマートホンやタブレット端末を利用できる点も特徴の一つである。例えば、テレビのコントロールをスマートホンのタッチ操作で行ったり、タブレットで見ている映像などをタッチ操作でテレビ画面上に表示させられることなどがある。

　そして、家庭内外の生活情報(健康、買い物、省エネなど)とも連携して、映像を見るためのテレビからさらに情報を賢く利用・操作するインターフェースとして活用することにより、スマートテレビを中心としたスマートホームを構築していこうとする考え方もある。
②

(注1) オンデマンド：クライアントからの要求に応じて、データを送ったりサービスを提供すること
(注2) インターラクティブ性：「対話」または「双方向」といった意味で、ユーザーがパソコンの画面を見ながら、対話をするような形式で操作する形態を指す。

56 ①今後の展開が期待されているとあるが、そのきっかけとして考えられるのはどれか。

1 テレビがパソコンの便利機能と融合して新しい方向性を示すようになったこと

2 すでにパソコンと携帯電話が融合したスマートホンが登場していること

3 ある家電メーカーが、テレビの新しい使い道を提示したこと

4 スマートホンと同様に、スマートテレビも一般家庭の必需品になっていること

57 ②スマートホームを構築するためには、どんな過程が必要か。

1 情報システムと提携して、我々に欠かせない身近な情報を賢明に利用できるようにする過程

2 スマートテレビのコントロールをスマートホンのタッチ操作で行えるようにする過程

3 スマートホンやタブレット端末を利用して、スマートテレビを操作できるようにする過程

4 タブレットで見ている映像などを、タッチ操作でテレビ画面上に表示できるようにする過程

58 スマートテレビの特徴として当てはまらないのはどれか。

1 既存のテレビとは違って、放送などを受動的な立場になって受けるだけのテレビではない。

2 必要な映像・情報を視聴者の要求に応じて提供するまでには至っていない。

3 テレビを操作するインターフェースとしてスマートホンやタブレット端末を利用できる。

4 映像コンテンツに関する各種情報を検索して表示でき、インターネット上のSNSを利用できる。

問題10 次の文章を読んで、後の問いに対する答えとして最もよいものを、1・2・3・4から一つ選びなさい。

　最近、日本で注目を集めているホステル。東京や大阪などの大都市だけではなく、地方の観光都市でも増えている。海外ではバジェットトラベラーの宿泊先として非常にポピュラーな存在である。ホステルとは、アメニティサービス^(注1)などを最小限にしたリーズナブルな素泊まりの宿で、日本ではゲストハウス^(注2)とも呼ばれている。コミュニティー空間があり、様々な国の旅人が集う宿である。

　極力セルフサービスにすることや無駄な設備がないので、一泊当たりの値段が、通常のホテルに比べて安い。また多くのホステルでは、基本的に「ドミトリー」と呼ばれる相部屋を提供している。ドミトリーとは、部屋の大きさに合わせて二段ベッドが何台か入っている相部屋の格安宿泊施設のことを指す。1人1部屋ではなく、「1人1ベッド」という感覚であり、知らない人と同じ部屋に宿泊することがほとんど。個室も備えているが、その数は極めて少ないのが現実。トイレや洗面、シャワーなどは共同利用となる。

　日本のホステルは、普通のホテルと同じくらい掃除が行き届いて清潔なことで有名で、安心、安全、清潔が売りになっている。

　ドミトリーで気になるのが他人の立てる音や明かり。夜遅くや早朝にはあまり大きな音を立てたり、電気をつけたりしないように気を付けよう。もし朝早く出発するなら、前日の夜にパッキングを済ませておこう。また、シャワールームやトイレ、キッチンなどは、みんなで使うものなので、一人で長く占領しないことや、できるだけきれいに使うことを心がけよう。部屋のコンセントも数が限られていることが多く、ずっと独占しているとひんしゅくを買ってしまうので注意を。すべて当たり前のことであるが、譲り合いの精神を持って、他の宿泊者に迷惑をかけないようにしていれば、ゲストハウスでのトラブルはほとんど防げる。

　大きなバックパックを背負って長旅をする旅行者のことをバックパッカーと呼ぶが、彼らは安く宿泊できるドミトリー式の宿泊施設をよく利用する。格安な宿泊料金も魅力的であるが、ホステルに旅行者が惹かれる最大の理由は、ズバリ旅行者同士の交流である。各国の旅行者、多様な国籍、年齢層の旅行者たちが集まってくる。その日出会ったばかりの仲間と、食事に出かけて杯を交わしたり、リビングで夜中まで語らったり、一緒に観光に出かけたりと、まさに旅ならではの出会いが待っているのがホステルである。

　旅行者同士の共通語は英語が多い。ただし英語が分からなくても、こんな機会だからこそ、積極的に相手に話しかけてみよう。大切なのは、自分の気持ちを伝えたい、コミュニケーションを取りたいという気持ちである。

　日本ではまだまだ馴染みの薄いドミトリーであるが、欧米諸国では若者の旅行と言えばたいていドミトリーである。外国人旅行者はみんなドミトリーに泊まることに慣れていて、必要以上に干渉しない。忘れてはいけないのは、彼らは日本が好きで、日本を選んで旅行に来ていることである。あなたが勇気を出して心を開けばきっと気さくに話をしてくれるはずである。言葉が通じなくても、笑顔とジェスチャーと、あとは少しだけの勇気があればコミュニケーションも取れることであろう。

(注1) バジェットトラベラー：低予算旅行者

(注2) アメニティサービス：ここでは、ホテルの設備

59 筆者は、ホステルのことをなぜリーズナブルな素泊まりの宿と述べているのか。

1 人件費などを省くことで価格を抑えているから

2 多様な国籍の人が集まってくるところだから

3 素敵なコミュニティー空間を備えているから

4 海外では非常にポピュラーな存在になっているから

60 「ドミトリー」について正しいのは何か。

1 基本的には個室だが、場合によっては相部屋になることもある。

2 ドミトリーに、知り合いと同じ部屋に泊ることはできない。

3 施設や設備などを、複数の人で活用するようになっている。

4 ドミトリーは、ぜいたくな設備が施されているところが多い。

61 ホステルが旅行者に人気がある最も大きな理由を何か。

1 安価な価格で泊まれること　　　　　2 新しい出会いが期待できること

3 知り合いとゆっくりくつろげること　　4 一人でも気軽に泊まれること

62 この文章の内容に合うものはどれか。

1 ホステルは日本発祥で、すでに日本では広く知れ渡っており、利用客も多い。

2 ホステルの料金は、通常のホテルよりやや高めの設定になっている。

3 ホステルでは、職員の至れり尽くせりのサービスを受けることができる。

4 ホステルでは、共用設備などの独り占めでトラブルが起こる場合もある。

問題11 次のAとBの文章を読んで、後の問いに対する答えとして最もよいものを、1・2・3・4から一つ選びなさい。

A

　　18歳と言えば大人とさほど変わりないし、選挙に参加できる人数が増えるのはいいことで、政治というものが自分の身近に存在することを理解・浸透させるためにはいいと思う。つまり、若者に早くから権利と責任を与えつつ、一人前への緩やかな移行を社会で支えていく仕組みを同時に整えることが最も重要だと言える。

　　「18歳はまだ子供」という意見もあるが、子供と扱うから子供のように振る舞うわけで、大人と扱えばちゃんと大人のように振る舞える。また若者の消費者被害拡大を懸念する声もあるが、すでに選挙権を含めて「権利」も与えられている。「あなたたちは大人ですよ」と自覚を促す意味でも、成人年齢を18歳とするのは当然の流れではないだろうか。大人たちが一方的に「子供だから判断力がない」と決め付けるのはおかしい。成熟度は個人差があり、「未熟な若者が多いから成人年齢を引き下げるべきではない」という主張は不適当だ。情報感度がいいし、自分自身を客観的に見ながら、将来を見据えている。将来に自信を持てない子もいるが、社会が「君は大人だ」と認めることで意識が変わってくるはず。だから「18歳成人」に私は賛成だし、何の不思議もない。ちなみに、先進国の多くが18歳成人制を採用している。

B

成人年齢の引き下げはメリットがほとんどなくデメリットがはるかに大きい。環境は整っておらず、引き下げは先送りすべきだ。最大のデメリットは、親の同意のない法律行為を取り消すことができる「未成年者取り消し権」が18歳から適用されなくなって、何かをしでかした時に完全に自分だけの責任になってしまうから、消費者被害が拡大する蓋然性が極めて高い。政府は対応策の一つとして消費者契約法の改正を挙げている。不当な契約を取り消すことができる規定を盛り込む内容だが、全く不十分だ。

引き下げが実現すると、高校で成人と未成年者が混在するが、親や教諭、国民の間でデメリットに関する理解が深まっているとは言えない。政府は、十分な対応策を講じた上で国民の声に耳を傾け、その是非を考えるべきだろう。

今現在18歳だが、まだまだ学校の狭い世界にいる身だから視野が狭いし、まだまだ子供っぽい人が多すぎる。また現在の社会は以前に比べて複雑化しており、自分で責任を取るための知識、能力、経験を身に付けるのに、より時間がかかる。最後に、酒やたばこは、遅ければ遅いほどいい。

63 成人年齢を引き下げることについて、AとBはどのように考えているか。

1 Aは未熟な若者が多いから成人年齢を引き下げるべきではないと考え、Bは成人年齢を引き下げる環境はすでに整っていると考えている。

2 Aは18歳未満はまだ自分自身を客観的に見られないと考え、Bは18歳未満でも大人として扱えばいいと考えている。

3 Aは一人前に育てるためにも成人年齢を引き下げるべきだと考え、Bは政府の対応策は不十分だと考えている。

4 Aは18歳でもまだまだ子供っぽい人が多いと考え、Bは自分で責任を取れるようになるには、より時間がかかると考えている。

64 AとBの認識で共通していることは何か。

1 AもBも、誤った判断による若者の消費者被害拡大について知っている。

2 AもBも、18歳未満の若者はまだまだ判断力が乏しいと考えている。

3 AもBも、喫煙・飲酒の開始年齢の引き下げを反対している。

4 AもBも、18歳未満は必ず親の同意を得て法律行為をすべきだと主張している。

問題12 次の文章を読んで、後の問いに対する答えとして最もよいものを、1・2・3・4から一つ選び
なさい。

　「夫婦別姓」とは、結婚している夫婦がそれぞれ違う名字を使うことだ。以前の日本では社会的に「妻
は夫の姓を名乗るもの」という常識感があったが、近年女性の社会進出にともなって、この夫婦別姓が
見直されてきている。しかし、この夫婦別姓という制度は日本ではまだまだ馴染みの薄いもので、様
　　　　　　　　　　　　　　　①
々なメリット・デメリットが存在しているが、この夫婦別姓はこれからの日本で増えていくだろう。

　　まず、日本で「夫婦別姓」がどのように考えられているかを知るためには、法務省の考えを知ること
が最も適切だろう。一般的には、「夫婦別姓」と言われるが、法的には「姓」や「名字」のことを「氏」とい
うので、正確には「夫婦別氏」、さらに夫婦別姓が可能な制度のことを「選択的夫婦別氏制度」と言う。

　　今のところ日本では、国際結婚の場合を除いて、この夫婦別姓は認められていない。しかも、夫婦
別姓が認められていないのは、世界で唯一日本だけとのことだ。では、夫婦別姓にはどのようなメリ
ット・デメリットや問題点があるのだろうか。

　　夫婦別姓の最大のメリットは「結婚した後も結婚する前と同じ名字で生活が出来る」ということだ
と思う。実際に、結婚して名字が変わった後に様々な不都合を感じたことがある人は少なくないだろ
う。夫婦別姓で結婚した後も前と同じ名字で生活が出来るのなら、これらの不都合は生じない。逆説
的だが、夫婦別姓のメリットとは「夫婦同姓(結婚後、名前が変わること)のデメリットを解消できるこ
と」だと言えるだろう。

　　では、夫婦同姓(名前が変わること)はどのようなデメリットがあるのだろうか。代表的なものでは、次のようなものが挙げられる。

　　まずはじめに挙げられるのは、姓を変えることによる各種登記などの手続きだ。姓を変えるとなれ
ば、当然様々な手続きをしなければならない。免許証の更新などの公的なものから、クレジットカー
ドなどの私的なものまで、身の回りの自分の名前の付いたあらゆるものを一度書き換えなければなら
ないという大変な手間が生じてしまう。ちなみに、郵便物などは住所が合っていれば基本的には届く。

　　また仕事などでの不都合もある。例えば、夫婦同姓に基づいて名前を変えた場合、今まで「佐藤さ
ん」と呼んでいた人を「鈴木さん」と呼ばなければならなくなる。ご近所付き合いだったら、多少の呼び
間違えもご愛嬌ということになるかもしれないが、お仕事では名前の呼び間違えなどはあってはなら
ない。しかも、呼ぶ相手が目上の方の場合、大変失礼になってしまう。小さなコミュニティーなら名
前が変わったことは周りにも浸透しやすいと思うが、大きなコミュニティーであればあるほど難しく
なり、軽いパニックになりかねない。また、大きなコミュニティーであればあるほど浸透に時間がか
かるため、「実は半年間名前を呼び間違えていた」などということもあり得る。

夫婦同姓の最後のデメリットは「離婚した時に気まずい」ということだと思う。先ほどの例で言うと、今まで「佐藤さん」と呼んでいた人が結婚して、「鈴木さん」と呼ぶことになったとしても、離婚をしてしまうとまた「佐藤さん」に戻ってしまう。このような状態は当人が一番気まずいとは思うが、<u>周りの人もなかなか気を使ってしまう</u>。しかも、近年の日本、離婚するケースが年々増加している。
②

夫婦別姓にも、様々なデメリットはあるが、これらは社会の認識が変われば簡単に乗り越えられるハードルだ。一方、メリットでは「名前を変える」という実務的な手間を省くことができるという明確な利益がある。名前の変更は、個々人にとってはそれほど負担にならないかもしれないが、社会全体で見た時には大きなコストになる。市民・国民の状況管理が難しかった昔とは違い、現在はコンピューターが発達している。マイナンバーなどの制度も普及している中、個々人・社会全体がこれらのコストを払い続けることは合理的ではないだろう。

65 ①この夫婦別姓という制度は日本ではまだまだ馴染みの薄いとあるが、なぜか。

1 日本では法律で、婚姻時の夫婦同姓が義務付けられているから

2 国際結婚する日本人が、若い世代を中心に急増しているから

3 日本の法律では、夫婦同姓が認められていないから

4 選択的夫婦別氏制度がある国は、世界で日本しかないから

66 ②周りの人もなかなか気を使ってしまうとあるが、その理由と考えられるのはどれか。

1 もし離婚した人が周りにいたら、その人の顔色をうかがわざるを得なくなるから

2 結婚や離婚によって名字が変わると、そのたびにいろいろなコストが発生するから

3 結婚や離婚によって名字が変わったら、間違えないように気を付けねばならないから

4 離婚した人はいつも不機嫌で、また神経質になって周りの雰囲気を悪くしてしまうから

67 夫婦同姓のデメリットではないものは何か。

1 結婚しても名字が変わることなく、同じ名字で生活出来ること

2 結婚して名字が変わったことによって、様々な不都合を感じること

3 結婚して名字が変わったことによって、無駄なコストが発生すること

4 結婚して名字が変わったら、公私にわたって不都合が生じること

68 筆者の主張と合っているのは何か。

1 夫婦別姓はいいことずくめだから、早く推し進めるべきだ。

2 社会全体が負担する費用を減らせるのが、夫婦同姓のメリットとして挙げられる。

3 面倒な手間をかけずに済ませるのが、夫婦同姓のメリットと言える。

4 夫婦別姓にも問題はあるが、乗り越えられない壁ではない。

問題13 右のページは、ある市の体育館改修工事のお知らせである。下の問いに対する答えとして最もよいものを、1・2・3・4から一つ選びなさい。

69 この体育館で行う工事の内容として正しいのはどれか。

1 屋根を解体して新しい屋根を設置する。

2 体育館の既存の窓をすべて撤去する。

3 体育館の一部施設に足場を組んで行う。

4 壁の表面に新しくペンキを塗る。

70 この文章の内容と合っているのは何か。

1 手抜き工事によって、屋根の雨漏りの問題が発生した。

2 工事期間中は、駐車場は全面駐車禁止となる。

3 梅雨に入ったら、この体育館の問題はもっとひどくなる。

4 工事期間中、体育館の窓は全面開放して工事を行う。

体育館大規模改修工事のお知らせ

平成31年4月

総合運動場ご利用のみなさまへ

福岡市スポーツ振興課

　日頃より当施設をご利用いただきありがとうございます。当施設におきまして、競技場内の雨漏りなどに対応するための大規模改修工事を実施いたします。工事につきましては、体育館全体に足場をかけて実施することから、安全確保のため、一部施設の使用に制限が生じます。利用者のみなさまにはご不便、ご迷惑をおかけし申し訳ございませんが，施設を今後も安全にご利用いただくための工事となりますので、ご理解とご協力のほどよろしくお願いいたします。

1. 工事予定期間：平成31年4月1日〜6月30日

　　※工事の進み方によって日にちが前後する場合がございます。何卒ご了承くださいますようお願い申し上げます。

2. 工事内容

　　① 屋根改修：現在多発しております、競技場内の雨漏りを改善するため、体育館など全体に足場を組んで、屋根上部に新たな屋根を設置します。

　　② 外壁改修：体育館の外壁にひび割れなどが見られ、雨水の侵入などが懸念されるため、現状の外壁塗装を剥がした上で、補修と塗装を実施します。また、老朽化した建具を交換します。

3. 使用が制限される内容

　　① 体育館外周に工事用足場を設置することから、駐車スペースが一部駐車不可となる箇所がございます。

　　② ほこりや塗料のにおい、騒音が入るため、工事期間中は体育館の窓を閉めさせていただきます。

　　③ 階段に面した建具を修繕するため、２階ギャラリーを利用できない期間がございます。期間に関しましては、現在業者と日程の調整を行っております。決定次第随時告知をさせていただきます。

　　④ 体育館前(屋外)に設置している水飲み場を改修しますので、改修期間中はご利用できなくなります。

以上

N1

청 해
聴解

분
(60分)

問題1

　問題1では、まず質問を聞いてください。それから話を聞いて、問題用紙の1から4の中から、最もよいものを一つ選んでください。

1番 🎧 01

1　今週の土曜日の午前

2　今週の土曜日の午後

3　来週の土曜日の午前

4　来週の土曜日の午後

2番 🎧 02

1　面接調査を行う。

2　アンケート調査を行う。

3　集合調査を行う。

4　卒業論文計画書を見直す。

3番 🎧 03

1 どのような情報も与えられないグループを作る。

2 待たされる時間の情報が与えられるグループを作る。

3 待たされる理由の情報が与えられるグループを作る。

4 待たされる時間と理由の情報が与えられるグループを作る。

4番 🎧 04

1 同意書に保証人の判子を押して、保証人の住民票を出す。

2 同意書に保証人の判子を押して、自分の住民票を出す。

3 同意書に自分の判子を押して、保証人の住民票を出す。

4 同意書に自分の判子を押して、自分の住民票を出す。

5番 🎧 05

1 子供を診察室へ連れて行ってから、診察室で診察手続きをする。

2 子供を受付へ連れて行ってから、診察室で薬をもらう。

3 子供を診察室へ連れて行ってから、受付で診察手続きをする。

4 子供を受付へ連れて行ってから、受付で薬をもらう。

6番 🎧 06

1 何かもらったら、その場で開けて中身を確認する。

2 何かもらったら、会社の上司に相談する。

3 何かもらったら、中身に関係なく全部返してしまう。

4 何かもらったら、くれた人に中身を確認する。

問題2

問題2では、まず質問を聞いてください。そのあと、問題用紙のせんたくしを読んでください。読む時間があります。それから話を聞いて、問題用紙の1から4の中から、最もよいものを一つ選んでください。

1番 🎧 07

1 用紙トレイに紙を入れすぎたから

2 紙のセットの仕方が間違っていたから

3 静電気を除去した紙を使ったから

4 静電気を帯びた紙を使ったから

2番 🎧 08

1 いろいろな会社の面接を受けること

2 自分の適性を見極めること

3 多種多様な企業説明会に行くこと

4 いろいろな企業のイメージを調べること

3番 🎧09

1 日本とは異なる外国の文化に触れたかったから

2 地震の際、ボランティアの経験を活かしたかったから

3 海外でボランティアをして、自分を鍛錬したかったから

4 自分の人生において、いい経験になると思ったから

4番 🎧10

1 巨大な工場が一箇所に集中していること

2 工場の生産コストを削減していること

3 工場の廃棄物をきちんと処理していないこと

4 最も効率的な生産方式を取っていること

5番 🎧11

1 製品の改善に繋がるアイデアを持っているから

2 製品に対する専門的な知識を豊富に持っているから

3 製品の問題点をたくさん指摘できるから

4 このバイトは高い時給がもらえるから

6番 🎧 12

1 ミルクを飲ませるのが大変だったから

2 オムツを替えるのが大変だったから

3 ずっと抱っこしていたから

4 赤ちゃんの安全に気を使っていたから

7番 🎧 13

1 いろいろなサービスが付いているから

2 年会費が無料だから

3 安い料金でエステサロンが利用できるから

4 現金を持ち歩くと危ないと思うから

　問題3では、問題用紙に何も印刷されていません。この問題は、全体としてどんな内容かを聞く問題です。話の前に質問はありません。まず話を聞いてください。それから、質問とせんたくしを聞いて、1から4の中から、最もよいものを一つ選んでください。

― メモ ―

問題4 🎧 20~33

問題4では、問題用紙に何も印刷されていません。まず文を聞いてください。それから、それに対する返事を聞いて、1から3の中から、最もよいものを一つ選んでください。

― メモ ―

問題5 🎧 34~35

問題5では、長めの話を聞きます。この問題には練習はありません。メモをとってもかまいません。

1番、2番

問題用紙に何も印刷されていません。まず話を聞いてください。それから、質問とせんたくしを聞いて、1から4の中から、最もよいものを一つ選んでください。

― メモ ―

3番 ^{さんばん} 🎧 36

まず話を聞いてください。それから、二つの質問を聞いて、それぞれ問題用紙の1から4の中から、最もよいものを一つ選んでください。

質問1 ^{しつもんいち}

1 入眠障害 ^{にゅうみんしょうがい}

2 中途覚醒 ^{ちゅうとかくせい}

3 早期覚醒 ^{そうきかくせい}

4 熟眠障害 ^{じゅくみんしょうがい}

質問2 ^{しつもんに}

1 入眠障害 ^{にゅうみんしょうがい}

2 中途覚醒 ^{ちゅうとかくせい}

3 早期覚醒 ^{そうきかくせい}

4 熟眠障害 ^{じゅくみんしょうがい}

N1

<ruby>言<rt>언</rt></ruby><ruby>語<rt>어</rt></ruby><ruby>知<rt>지</rt></ruby><ruby>識<rt>식</rt></ruby>

(<ruby>文<rt>문</rt></ruby><ruby>字<rt>자</rt></ruby> · <ruby>語<rt>어</rt></ruby><ruby>彙<rt>휘</rt></ruby> · <ruby>文<rt>문</rt></ruby><ruby>法<rt>법</rt></ruby>)

<ruby>読<rt>독</rt></ruby><ruby>解<rt>해</rt></ruby>

(110<ruby>分<rt>분</rt></ruby>)

問題1 ＿＿＿＿の言葉の読み方として最もよいものを、1・2・3・4から一つ選びなさい。

1 日本では女性議員の比率がいかにも低いというのは<u>否み</u>がたい事実である。

   1 かたみ   2 いなみ   3 このみ   4 はげみ

2 今、うつ病や統合失調症など、精神<u>疾患</u>を患う人の数は300万人以上いるという。

   1 しっかん   2 ちっかん   3 じっかん   4 しつげん

3 その分野の専門家が、長い時間をかけて研究した成果をぎゅっと<u>凝縮</u>し、分かりやすく教えてくれる。

   1 こうしゅく   2 ごうしゅく   3 きょうしゅく   4 ぎょうしゅく

4 相手の気に<u>障る</u>ことは言わないよう細心の注意を払いましょう。

   1 つかる   2 いたる   3 さわる   4 かたる

5 他人を<u>貶す</u>ことで、自分を守ろうとする人は嫌われますよ。

   1 そらす   2 けなす   3 みたす   4 はらす

6 海上<u>貨物</u>として輸出許可後、急きょ航空貨物として輸出することになりました。

   1 かもの   2 がもつ   3 かもつ   4 かふつ

問題2 (　　　)に入れるのに最もよいものを、1・2・3・4から一つ選びなさい。

7 まさかこんなに大きな災害が(　　　)起こるとは…。

1 万が一　　　　　　2 おもむろに　　　　　3 たてつづけに　　　　4 ひとりでに

8 中国でアメリカざりがにが食材として人気を呼んでいる。消費量は(　　　)で、2017年の国
内消費量は初めて1,000万トンを突破した。

1 先細り　　　　　　2 右肩上がり　　　　　3 もっぱら　　　　　4 頭打ち

9 新宿から少し歩けば到着するこのコースは、昼ご飯後の(　　　)には最適です。

1 場違い　　　　　　2 手がかり　　　　　　3 滑り出し　　　　　4 はらごなし

10 上司に(　　　)社員、おもねるイエスマンは好きではありません。

1 つけたす　　　　　2 こびる　　　　　　　3 つのる　　　　　　4 つきつめる

11 ほどよい甘さのケーキを(　　　)と、笑顔が広がりました。

1 ゆるめる　　　　　2 はめる　　　　　　　3 さずかる　　　　　4 ほおばる

12 パスタ本家のイタリアでのマナーに従うなら、パスタを(　　　)のは絶対にNGです。

1 すすめる　　　　　2 おぎなう　　　　　　3 みおくる　　　　　4 すする

13 A島をめぐって対立する両国の「(　　　)」を解くための方法について論じてみましょう。

1 しこり　　　　　　2 かぎ　　　　　　　　3 きっかけ　　　　　4 はどめ

問題3 ＿＿＿＿＿の言葉に意味が最も近いものを、1・2・3・4から一つ選びなさい。

14 あなたの周りには横柄な態度を取る人がいないでしょうか。

1 大きな態度　　　　2 謙虚な態度　　　　3 謙遜な態度　　　　4 不自然な態度

15 今や業務を遂行するうえで、パソコンは欠かせない存在となっています。

1 せまる　　　　　2 したう　　　　　3 さまよう　　　　4 なしとげる

16 クラウド化にともなって、ユーザやデータの管理が煩雑になってきたという声が聞こえる。

1 かんたんに　　　2 めんどうに　　　3 たやすく　　　　4 かんけつに

17 ここは、市民のいこいの場として知られています。

1 くつろぎ　　　　2 あつまり　　　　3 かいごう　　　　4 スポーツ

18 このビジネスプランに対する5人の上司の考え方はまちまちだった。

1 同様だった　　　2 ばらばらだった　　3 画一的だった　　4 ややこしかった

19 さらに、このフィルタを使えば「続きを読む」タグを設定していない投稿でも、抜粋の後にリンクを自動で挿入することができます。

1 コピー　　　　　2 引用　　　　　　3 書き出し　　　　4 書き抜き

問題4 次の言葉の使い方として最もよいものを、1・2・3・4から一つ選びなさい。

20 たいらげる

1 朝から運動場をたいらげる工事をやっていて、とてもうるさい。

2 驚いたことに彼は、5人前の料理を全部たいらげてしまった。

3 興奮した時、心をたいらげるために深呼吸をしてみるのもいい方法ですよ。

4 陸地に近い海底には、浅くてたいらげている地形が広がっている。

21 きたす

1 今年の運動会は、きたす5月20日に開かれる予定でございます。

2 バイトをしたとしても、生活費を全て自分できたすには負担が大きくなってしまう。

3 菓子類や甘いジュースなどを止めて、食事のバランスをきたすことによって食生活を改善できます。

4 心身に支障をきたすと感じる1カ月の残業時間の平均は46.2時間だった。

22 ことごとく

1 戦争により、家屋や田畑などの財産をことごとく破壊されてしまいました。

2 創造する人間は、ことごとく危機の中に身を置いていなければなりません。

3 気の置けない仲間との食事は、ことごとく外食が多いです。

4 自炊が出来ないので、夕食はことごとく社内食堂か外食、お弁当に頼らざるを得ません。

23 練る

1 ご希望の日程・会場に空きがありましたら、仮予約を練ることができます。

2 新商品の開発のために、莫大な資金を練ってしまいました。

3 うつ病の原因と、イライラや不安を練る対策について説明したいと思います。

4 もちろん、日記程度のブログならばそこまで文章を練る必要はないと思います。

24 網羅

1 道路の拡張工事によって、渋滞がだいぶ網羅されると思います。

2 台北のベランダカフェでは、街の空気を感じて旅の醍醐味を網羅できる。

3 これは、全国を網羅する陸海統合地震津波火山観測網であります。

4 商売網羅のご利益があるとして知られる東京都内の神社を厳選してご紹介します。

25 大筋

1 今日は文章の大筋の流れをつかむために、みんなで音読しました。

2 これは、東京経済新聞に掲載した独自の大筋企画記事を提供するサービスです。

3 広島全体が待ち焦がれた、今シーズンのプロ野球大筋まで、あと3日です。

4 とうとう私たちは、大筋のマイホームを建てることができました。

問題5 次の文の（　　　）に入れるのは最もよいものを、1・2・3・4から一つえらびなさい。

26 みんなが帰っていったあと、一人で病室に取り残された時の寂しさ（　　　）。

1 にほかならなかった　　　　　　　　2 にすぎなかった

3 といったらなかった　　　　　　　　4 に決まっていた

27 あんな大事故で軽い怪我で済んだのは、まさに幸運（　　　）。

1 とさえ言おうとする　　　　　　　　2 と言っても相違ない

3 とでも言ったらいい　　　　　　　　4 としか言いようがない

28 僕自身、捨てるかどうかで迷ってためらっていたけど、（　　　）、何も困らず、むしろ清々し
たという経験が多々ある。

1 捨てるには捨てるが　　　　　　　　2 捨てたら捨てたで

3 捨てるか否かで　　　　　　　　　　4 捨てたり拾ったりで

29 取り寄せ商品だったので、だいぶ（　　　）、5日ほどで届きました。

1 待たされるかと思いきや　　　　　　2 待たされるのを恐れて

3 待たされてたまらなくて　　　　　　4 待たされてしかるべきで

30 携帯電話の使用、スピード超過のレンタカー、横断歩道前での一時停止無視など、通学路でい
つ事故が起きても不思議ではない（　　　）極まる行為が、平然と行われている。

1 危険な　　　　　　2 危険の　　　　　　3 危険たる　　　　　　4 危険

31 お土産に摘み立ての茶葉をもらったので、自宅で（　　　）でお茶を入れってみました。

1 見よう見まね　　　　2 見よう見まい　　　　3 見よう見ず　　　　4 見よう見るべし

54

32 彼は、空腹の時なら、何を(　　　)喜んで食べます。

1 与えられたかぎり 　　　　　　　　　　2 与えられたとたん

3 与えられようとも 　　　　　　　　　　4 与えられそうにも

33 それでは以上の件につき、添付の資料をご一読いただけると幸いに(　　　)。何卒よろしくお願い申し上げます。

1 承ります　　　　2 存じます　　　　3 ご存知です　　　　4 拝借します

34 売上高の成長と収益性の改善を通じた企業価値の向上を課題とし、経営数値目標を(　　　)、階層別の戦略を実施していきます。

1 達成すべき　　　　2 達成すべし　　　　3 達成すべからず　　　　4 達成すべく

35 家に帰りたいが、終電がなくなってしまった。(　　　)…。

1 どうしたものか　　　2 どうしたことか　　　3 どうなったことか　　　4 どうなっているか

問題6 次の文の___★___に入る最もよいものを、1・2・3・4から一つ選びなさい。

(問題例)

あそこで_____ _____ __★__ _____は山田さんです。

1 本　　　　　　　 2 読んでいる　　　　 3 を　　　　　　　 4 人

(解答のしかた)

1. 正しい文はこうです。

> あそこで_____ _____ __★__ _____は山田さんです。
>
> 　　　　　1 本　　　3 を　　2 読んでいる　4 人

2. ___★___に入る番号を解答用紙にマークします。

(解答用紙)　| (例)　① ● ③ ④ |

36　これまでビジネスパーソン_____ _____ __★__ _____が、そうした状況に変化が生じている。

1 と　　　　　　　　　　　　　　　　2 スーツを着ているのが

3 言えば　　　　　　　　　　　　　　4 当たり前だった

37　自動車に乗るドライバー_____ _____、__★__ _____車の燃費は気になるものだ。

1 で　　　　　　　 2 しも　　　　　　 3 あれば　　　　　　 4 誰

38 アルコール飲料の消費が全般的に ＿＿＿＿＿ ＿＿＿＿＿ 、 ＿＿★＿＿ ＿＿＿＿＿ は大きく伸長している。

1 漸減する　　　　　　2 だけ　　　　　　3 中　　　　　4 国内ウイスキー需要

39 ここ ＿＿＿＿＿ ＿＿＿＿＿ ＿＿★＿＿ ＿＿＿＿＿ 、国内全体の出荷額が増えていることは大いに喜ぶべきことだ。

1 も　　　　　　2 インバウンド需要　　　3 さることながら　　　4 数年の

40 それでも紳士服業界の将来が明るいとは言えない。＿＿＿＿＿ ＿＿＿＿＿ ＿＿★＿＿ ＿＿＿＿＿ 、今ではデパートなどでも2万円から3万円程度のスーツが販売されており、安さを求める消費者はより低価格なスーツを購入してしまうからだ。

1 いうのも　　　　　　2 下落を続けており　　　3 スーツの価格は　　　4 と

問題7 次の文章を読んで、文章全体の趣旨を踏まえて、41 から 45 の中に入る最もよいものを、1・2・3・4から一つ選びなさい。

みなさんの中でオフィスで昼寝・仮眠を取る方はどれくらいいるだろうか。

昼寝の効果は専門家による研究で次々と取り上げられてきたが、企業としては社員の昼寝を認めていないし、また認めていても社員が 41 と感じてしまう環境がまだ多く残っているように思う。

深い眠りに落ちない10〜30分程度の昼寝を午後の早い時間に取ることで、疲労回復や集中力、認知力向上の効果が得られるというが、アメリカ人の睡眠不足の問題は続いている。

アメリカの国立睡眠財団によると、29％の社員が職場で眠気を感じたり実際に眠りに落ちてしまった経験があり、また睡眠不足が年間で約630億ドル相当のアメリカ企業の生産性低下に影響していると報告されている。同じく国立睡眠財団による2018年のアンケート結果報告書では、睡眠不足の中で効果的に仕事を進められると答えた回答者はたった46％程度で、睡眠の質が日々の活動の効率性を左右する原因になっていると指摘されている。

さらに 42 みると、この数十年でアメリカ人の睡眠時間はかなり低下していることがわかった。あるアンケートによると、2013年のアメリカ人の平均睡眠時間は6.8時間。これは1942年のアンケート結果である7.9時間から実に1時間以上も減っており、適切な睡眠時間とされる7〜9時間にも 43 数字だ。神経科学者で「Why We Sleep: The New Science of Sleep and Dreams」の著者でもあるMatthew Walker氏によると、この睡眠時間の減少傾向はアメリカ 44 世界的に見られる兆候で、労働や通勤の長時間化、スマートホンの利用などが原因の一つだという。

睡眠の重要性がこれまで語られてきながら、夜の睡眠時間は減少し、さらに昼の仮眠でのカバーもできていない。オフィスでの昼寝がまだ浸透していないこの状況の中で、まずは「昼寝は社員の効率性や健康の向上にとって大切なもの」という意識作りを行っているのがアメリカの現状だ。同じく昼寝文化が 45 、さらにアメリカ人よりも睡眠時間の少ない日本人にとって参考になるところがいろいろとありそうだ。

41

　1　昼寝しやすい　　　2　昼寝しかねない　　　3　昼寝しづらい　　　4　昼寝しがちだ

42

　1　承って　　　2　掘り下げて　　　3　整えて　　　4　くたびれて

43

　1　及ぼさない　　　2　届けない　　　3　至らない　　　4　満たない

44

　1　のみならず　　　2　ならではの　　　3　にとどまらず　　　4　だけあって

45

　1　ましておらず　　　2　おしまれておらず　　　3　なじんでおらず　　　4　くいとめておらず

問題8 次次の(1)から(4)の文章を読んで、後の問いに対する答えとして最もよいものを、1・2・3・4から一つ選びなさい。

(1)

　スマホを頻繁に利用する高校生の間で、スマホに対する依存度が高いと、心身の不調を感じる割合が約3倍になることが、ある青少年団体の調査で分かった。その結果、高校生の9割以上がスマホを持っており、1日4時間以上使用する生徒も7割いた。

　心身の不調では、「眠い」「目が疲れる」「スマホ首こり」などの項目で数値が高かった。こういう症状を訴える高校生はスマホから少しだけ距離を置いた方がいい。まず電話やメール機能だけにして、休日は離れることにする。誰かといる時は相手と過ごすことだけに集中してスマホは見ない。外出先ではゲームはしないことにしよう。せっかくの景色や友人との会話がなくなると損だから。冷静になって、人生の充実のためにスマホから離れる選択をする人も少なくない。

46　この文章の内容と合っていないものはどれか。

1　高校生の心身の不調とスマホの使用時間との因果関係はまだ不明である。

2　高校生の多くは、スマホの画面の見過ぎで首がこっているようである。

3　心身の不調を和らげるためには、まずスマホから距離を置いた方がいい。

4　友達に会ってもスマホばかり見ていて、友達との会話に集中しない高校生が多い。

(2)

　もし知らない人からメールが届いたらどうすればいいのか。

　独立行政法人・情報処理推進機構技術本部の田村さんは「知らない人から来たメールはまず疑ってほしい」と注意を促している。メール本文には内容が書かれておらず、添付ファイルを開かないと内容が分からないようなメールは怪しいから、その添付ファイルはまず疑ってみること。

　また近年になっては、手口も巧妙になっている。例えば「やりとり型」という手口では、攻撃者側が情報提供などを装って事前にメールでやりとりし、入手した情報を使って信頼させてから、ウイルスを仕込んだメールを送る。ウイルス付きメールは、実在する上司や知人、取引先からのメールを装い、表題にも、「人事について」「取扱注意」といった興味を持ちやすい内容や、受取人の仕事に関係する事柄が書かれているから、気を付けてほしい。

47 本文の内容として正しいのはどれか。

　1 知らない人から届いたメールは絶対開いてはいけない。

　2 まず相手を安心させる手口は、古くからあった詐欺の手口である。

　3 上司や知人、取引先とのメールのやりとりは止めざるを得なくなった。

　4 怪しいと思ったメールの添付ファイルは開かない方がいい。

(3)

　カフェーやレストランなどで音楽を流すと、店側は著作権使用料を払うべきなのか。

　日本音楽著作権協会は、著作権の手続きをせずにBGM(Back Ground Music)を流している全国の飲食店や美容室、デパートなど325施設に対し、使用料の支払いなどを求めて各地の簡易裁判所に民事調停を申し立て、波紋が広がっている。

　かつては店内で音楽を流すのはフリーだったが、著作権法改正で使用料を徴収できるようになり、日本音楽著作権協会は2002年4月に徴収を始めた。確かに、著作権使用料を支払わないと、作詞・作曲家や歌手などにはお金が回ってこず、音楽業界は先細りしてしまうだろう。一方で、店側は著作権使用料分をサービス価格に転嫁する可能性が非常に高いと予想されている。

48 BGM使用料の支払い問題を、店側はいかに解決すると予測されているか。

　1 各地の簡易裁判所に支払い中止を求める民事調停を申し立てると見られている。

　2 提供する飲食物などの料金に著作権使用料を含めて、客側に払わせると見られている。

　3 各地の簡易裁判所に著作権法改正を求める民事調停を申し立てると見られている。

　4 日本音楽著作権協会に属している作詞・作曲家や歌手と直接交渉すると見られている。

(4)

　東京のJ医科大の太田教授チームは先月、全身の筋肉がうまく動かず、寝たきりになってしまう小児の神経難病に対する遺伝子治療を、国内で初めて試みた。

　この難病は「芳香族アミノ酸脱炭酸酵素欠損症」と呼ばれ、神経の間で信号を伝える物質が、生まれつき作れない。

　チームは、厚生労働省の承認を得た上で、芳香族アミノ酸脱炭酸酵素を作る遺伝子を組み込んだウイルスを13歳の男児に投与した。同様の治療は外国で16例行われ、一部は介助付きで歩けるようになったという。

49 本文の内容として正しいのはどれか。

　1 この遺伝子治療は年齢を問わず、全世代に実施されるようになる。

　2 この遺伝子治療を受けた人は、自分で歩けるようになった。

　3 この遺伝子治療を実施したのは、日本が世界初である。

　4 この遺伝子治療は、先天的障害による病気の治療のために実施された。

問題9　次の(1)から(3)の文章を読んで、後の問いに対する答えとして最もよいもの を、1・2・3・4から一つ選びなさい。

(1)

　年功序列、終身雇用が崩れつつある中、会社から一歩外に踏み出し、独自の人脈ネットワーク作りを通じて、仕事以外の自分の感性を磨くサラリーマンたちがいる。会社人間から脱却したい人たちである。

　「企業は基本的に冷たいもの。不況になるとすぐ人員削減をすることもある。会社の外に出ても通用する実力をつけなければ」と考えて、講演会や交流会に参加する。

　このようなサラリーマンは、単なる「知識吸収派」と、参加者と交流を深めることを重視する「ネットワーク派」の二つに分かれるようだ。

　「ネットワーク派」志向が着実に増えているが、実際には、いろいろな会合に参加しても、どのようにしたら人脈を広げることができるのかわからないと悩むサラリーマンが多い。

　ネットワーク作りには、まず、相手に覚えてもらえるような魅力を持つこと。単に、名刺交換をするだけでは、相手に顔を覚えてもらえない。だからこそ他人を引きつけるような魅力を持つことが大事だ。

　また当然のことながら、勉強会や交流会には頻繁に顔を出すことも重要だが、その際心がけるポイントがいくつかある。まず、勉強会や交流会で、おもしろい発言をした参加者に積極的に話しかけること。それから、二次会が開催されたら必ず参加する。また興味を持った相手には後日、自分のプロフィルを紹介する手紙に顔写真を添えて郵送する。最後に、仕事で遅れても無理してでも出席することだ。

　仕事以外の人の輪を広げる、つまり人間関係のネットワークを充実させることによって、人生を潤いのあるものにしたいと思う人はますます増えていくだろう。

50 何についての文章か。

1 終身雇用と年功序列を信じることの危険性について

2 脱会社人間を目指す人のための人脈の作り方について

3 仕事以外の知識と人脈作りの重要性の認識について

4 勉強会や交流会の有効な利用法とその重要性について

51 ネットワーク作りとあまり関係ないものはどれか。

1 人との交流には常に誠実さを心がけること

2 人に認めてもらえるように知識吸収力を高めること

3 興味を持った参加者に自ら進んで近付くこと

4 積極的に自分を売り込むこと

52 この文章の内容と合っていないものはどれか。

1 仕事だけではなく、個人の生活も大事にしたいものだ。

2 人脈のネットワーク作りには、積極性が大切だ。

3 自分の生活を充実させて、会社に忠誠を尽くすべきだ。

4 会社以外の人の輪を求めるサラリーマンが増えつつある。

(2)

　企業側が、学生の在籍している大学名によって、会社説明会の予約受付を制限したり、面接以前の
エントリーシートや適性テストの選考過程で合否を決めたりしているのではないかということを「学
歴フィルター」という。つまり、人物を評価する以前に、大学名でふるい分けが行われているという意
　　　　　　　　　　　　　　　　　　　　　　　　　①
味で使われる言葉である。

　主に、学生に人気のある企業や知名度の高い有名企業、東証一部上場の大手企業など、数千人規
　　　　　　　　　　　　　　　　　　　　　とうしょう
模の応募がある企業に、「学歴フィルター」があるとされている。それは、偏差値や入試の難易度など
を基準に大学をランク分けし、このランク分けを基に応募者をふるいにかけるやり方だと言われてい
る。

　複数の人事担当者に聞いてみても、はっきりと「学歴フィルター」の存在を認める企業はない。む
しろ、「学生が不合格の理由を大学名のせいにしている」とか「就活生が大手企業に応募するのをためら
い、学歴フィルターを言い訳にする」と指摘をしていた。さらに「うちは出身大学が偏り過ぎないよう
にしている」という会社もあった。

　企業が、限られた予算、時間、人員の中で効率的に採用活動を行おうとすると、採用する可能性の
高い大学名で絞った学生を中心に説明会や選考をすることが考えられる。いくつかの大学に狙いを定
める「ターゲット校」としているケースがあるのかもしれないが、すべての学生を説明会に参加させる
ことや選考に呼ぶことは現実的に不可能だ。そこで、説明会の予約受付、エントリーシートや適性テ
　　　　　　　　　　　　②
ストで絞り込むということが行われているのであろう。この時、一部の下位校を門前払いするような
「学歴フィルター」という話が出てくる。

　たとえ、採用担当者に出会えたからといって、選考そのものが有利になるとは限らない。就職活動
を通じて出会う人や情報から、常に自分について考えてほしい。理不尽な扱いを受けることもあるか
もしれない。思い通りにいかず迷うかもしれない。しかし、就活で悩み苦しんだことは、納得の行く
社会人としての第一歩になるに違いない。

53 ①大学名でふるい分けが行われているとあるが、具体的にどんな意味か。

1 企業側が学生の大学名を見る前に、まず人物を評価してから採用不採用を決定すること

2 知名度が高く、人気のある有名企業や上場企業などに就活生の応募が集中すること

3 いわゆる偏差値の高い大学の学生は、事務処理や業務遂行といった能力が高いと評価すること

4 学歴によって説明会受付状況が変わったり、選考過程などですでに合否が決まっていること

54 ②現実的に不可能だとあるが、なぜか。

1 企業側にとって活用できる時間や予算、人員には限りがあるため

2 採用する可能性の高い大学名で絞った学生を中心に説明会や選考をするため

3 実際の仕事の能力や人柄は大学受験の偏差値では測り切れないため

4 就活生が大手企業に応募するのをためらい、学歴フィルターを言い訳にするため

55 学歴フィルターについて、正しくないのはどれか。

1 企業が定める水準以上の学歴保有者のみをセミナーや企業説明会に呼び、それ以外の就職活動生は採用専用サイトの予約ボタンすら押せない。

2 応募者全員を選考する労力を省くために、偏差値の高い大学の学生だけを選考した方が会社にとってメリットが大きい。

3 たとえ、偏差値の高くない大学でも、優秀な人材を逃してしまうリスクを減らすために企業側に絶対必要なものである。

4 面接や説明会に応募しても、企業が定める水準以上の学歴保有者以外は書類選考で問答無用で落とされてしまう。

(3)

　海賊版サイトによる被害は非常に深刻だ。

　最も悪質と言われる海賊版サイトの一つは、最新のコミック雑誌や単行本も含め、7万冊以上を無料で読むことが出来て、サイト解析会社の調査によると直近の月間閲覧者数は延べ約1億6,000万人、ユニークユーザー数は月900万人以上と推定される。

　　一方、出版社の売り上げは低迷している。2017年の紙の漫画の売り上げは前年比12.8％減。電子コミック市場は伸びを維持してきたため、全体では2.8％の減少だが、昨秋以降は電子コミックの売り上げも急激に悪化している。

　海賊版サイトがユーザーを増やすのは使い勝手がよく、画質もいいためで、出版社の努力不足だという人もいる。だが、海賊版サイトは出版社がコンテンツを生み出すために払っているコストを負担しておらず、極めて不公正な状況だ。今の状態が続けばコンテンツ産業は衰退しかねない。

　しかも、こうした海賊版への対策はほぼお手上げというのが<u>現状</u>だ。サーバーの多くは海外にあり、<u>確信犯</u>的で、削除や情報開示を要請しても応じてもらえない。サイト運営者は日本にいると思われるが、身元を隠す様々な技術が発達していて、なかなか突き止めることはできない。海賊版サイトへの広告規制を要請しても、効き目がない。サイト運営者のミスなどで身元が分かり、摘発できることもあるが、それまでに何か月もかかり、その間、散々稼がれてしまう。

　この点、ブロッキングは憲法や電気通信事業法の「通信の秘密」の侵害に当たるとされてきたが、これについては異論もある。

　現在、採用されているブロッキングの手法では、通信事業者は利用者から海賊版サイトへのアクセス要請を受けてこれを機械的に遮断するだけで、第三者に漏らすわけではない。少なくとも典型的な通信の秘密の侵害と同列には論じられないという指摘だ。海賊版の蔓延が止まらない中で、創作者の被害の深刻さとの<u>比較衡量</u>は必要だろう。

　著作権は財産権に過ぎず、通信の秘密や表現の自由などの人権侵害に比べて重くないという主張もあるが、著作権がこれほどの規模で侵害されては、もはやクリエイターの生存権の問題とも言える。

　もちろん、本来ならば、関係者の議論を通じて著作権法を改正し、裁判所が権利侵害に当たる行為だと判断した場合にブロッキングが行える法的な仕組みを整えるべきだろう。ただ、海賊版被害は待ったなしの状況だ。法改正までに、被害があまりに甚大であれば、児童ポルノのように関係者の理解を得て、通信事業者が緊急措置として特定の海賊版へのアクセス遮断を検討することもあり得るだろう。

(注1) 確信犯： 道徳的、宗教的または政治的信念に基づき、本人が悪いことでないと確信してなされ
る犯罪

(注2) 比較衡量： 何か具体的な事件において、どちらにするかを決定しなければならない時に、双方
について対立する諸利益などを比較し、損得を検討して決めるということ。

56 出版社と電子コミックの売り上げが低迷している理由と考えられるのは何か。

1 海賊版サイトはがんばっているのに、一般出版社の方は努力不足だから

2 一般出版社の漫画より、海賊版サイトが提供する漫画の方が安く見られるから

3 海賊版サイトを利用する人の増加で、出版社の経営状態が芳しくないから

4 一般出版社の漫画より、海賊版サイトが提供する漫画の方がおもしろいから

57 現状とあるが、どんな状態か。

1 海賊版サイトは出版社がコンテンツを生み出すために払っているコストを負担していない状態

2 海賊版サイトのサーバーの多くが海外にあって、その運営者の身元の特定が容易ではない状態

3 海賊版サイトの売り上げだけが伸びていて、書店の漫画の売り上げがまったく伸びない状態

4 海賊版サイトへの広告規制を要請しても効き目がなく、削除を要請しても応じてもらえない状
態

58 この文章の内容と合っていないものはどれか。

1 海賊版サイトの登場は、出版社の売り上げ激減に直接繋がっている。

2 海賊版サイトは、一般出版社に劣らないクォリティーの漫画を提供する。

3 海賊版サイトの登場は、電子コミックの売り上げにも響いたようだ。

4 海賊版サイト運営者のほとんどは外国に逃げ隠れていて、なかなか捕まらない。

問題10 次の文章を読んで、後の問いに対する答えとして最もよいものを、1・2・3・4から一つ選びなさい。

　近年、働き方の改革の一環として、サテライトオフィスに注目が集まっている。サテライトオフィスは働き方をどのように変えるのであろうか。

　サテライトオフィスとは、企業または団体の本拠から離れた所に設置されたオフィスのことを指し、設置場所によって都市型、地方型、郊外型の３種類に分類することができる。またサテライトオフィスが広まった背景には、パソコンやファクスの急速な普及があり、都心の職場ではなく、自宅近くに設置された小型のオフィスに出勤し、職務を進めることもできるようになった。

　サテライトオフィスという名前は、本拠を中心としてみた時に衛星(サテライト)のように存在するオフィスとの意味から命名された。一般的には地方に設置されることが多く、地方創生というテーマと共に議論されることも多い。しかし近年では働き方に向けた<u>取り組み</u>が各企業で積極的に行われる
　　　　　　　　　　　　　　　　　　　　　　　　　　　　　　　　　　　　①
ようになり、少しでも通勤や移動の時間を短縮するという目的で、都心やその周辺に本拠がある企業でも比較的近い距離にサテライトオフィスを設置するというケースも見受けられるようになった。

　地方にサテライトオフィスを設置するのは、都会ではなく自然豊かな環境で暮らしたいという考えを持つ人に合った働き方に対応できるのはもちろん、東日本大震災以降意識されている<u>事業継続計画</u>
　　(注)
の対策になる他、都会でオフィスを賃貸するよりも賃料が安く済むというメリットもある。

　郊外にサテライトオフィスを設置する場合、在宅勤務ではうまく働けない人に力を発揮してもらえることがある。例えば、家の中だとメリハリをつけられず<u>成果が出せない</u>という人もいるが、サテライト
　　　　　　　　　　　　　　　　　　　　　　　　　　　　②
オフィスであったら通勤時間は短く済み、程よい緊張感の中で落ち着いて働けるという。また、特殊な設備が必要という場合でも、本社・支社のような設備にはかなわずとも、その業務に適した設備をサテライトオフィスであったら提供できる。

　サテライトオフィスは今までアプローチすることができなかった場所の人や、自宅の近くで働きたい、働かざるを得ない人を受け入れることができ、多様で優秀な人材の確保・維持に繋がる。

　サテライトオフィスの難しい点の１つは、開設する場所である。移動時間の削減を一つの目的とするため、どこに開設するかが重要なポイントとなる。しかし、全ての人にとってアクセスのいい場所はないため、どのような人向けに開設するかをはっきりさせることが重要になる。また、サテライトオフィスとの相性の悪い職種も多いであろう。業種にもよるが地方のサテライトオフィスは、顧客接点が少なく創造性を多く必要とする技術職には向いている一方、顧客が都心に集中している営業職には利用が難しい場合がある。逆に都心のサテライトオフィスは維持費などはかかるものの、営業効率の向上に加え、日常の刺激や交流という点で思わぬ効果を生み出す可能性がある。

(注) 事業継続計画： 災害などの緊急事態が発生した時に、企業が損害を最小限に抑え、事業の継続や復旧を図るための計画を言う。

59 サテライトオフィスの増加の土台になったと考えられるのはどれか。

1 ネットワークシステム構築

2 働き方の改革

3 都市型、地方型、郊外型の分類

4 小型オフィスの登場

60 ①取り組みとあるが、どのような取り組みか。

1 地方創生というテーマを議論する取り組み

2 サテライトオフィスという名前をつけた取り組み

3 少しでも無駄な時間を省く取り組み

4 サテライトオフィスを地方に設置する取り組み

61 ②成果が出せないという理由として考えられるのは何か。

1 地方にサテライトオフィスを設置するため

2 東日本大震災など、自然災害が相次いでいるため

3 サテライトオフィスの環境が整備されていないため

4 活動と休息がはっきりしていない状態が続くため

62 この文章の内容に合っているものはどれか。

1 都会にサテライトオフィスを設ける場合、地方より金銭的なメリットがあるようである。

2 サテライトオフィスの種類は多岐にわたっているので、様々な働き方に対応できる。

3 特殊な設備の方は、むしろサテライトオフィスの方が本社より優れている。

4 サテライトオフィスはほとんどの職種に向いているため、さらに広まると予想されている。

問題11 次のAとBの文章を読んで、後の問いに対する答えとして最もよいものを、1・2・3・4から一つ選びなさい。

A

　　近年、社会的にクローズアップされている問題が若手社員の早期離職である。企業の人事担当者は社員の帰属意識をいかにして高め、社員の定着を図るか頭を悩ませている。ところが、年功序列制度では、勤続年数や年齢に応じて給与がアップしキャリアも上がるため、社員が会社に不満を感じている場合でも、「将来出世できるのだから我慢しよう」と考え、大半の社員は転職せず現在の会社に止まる。このように、年功序列制度の最大のメリットは、会社への帰属意識を高め、社員の定着を促すことである。さらに、いずれは出世できる、いずれは給料が上がる、ということがわかっていることは安心感に繋がる。また、家庭を持つと、子供が成長するほどにお金はかかるようになるものであるが、成長とともに給料は上がり、出費の増加に対応できることから、将来設計がしやすくなる。それから年下の後輩に先に出世され、使われるというような辛いことも起きにくく、精神的な負担は軽い。また、周囲との競争関係があまりないため、社員の連帯感が強まり、チームワークを築きやすくなる。

B

　企業は他社との激しい競争に打ち勝つために、新しい試みにチャレンジすることが必要である。企業を取り巻く環境が目まぐるしく変化し、企業は常に変革を求められている。しかし、年功序列制度の場合は「大きなミスさえしなければ、確実にキャリアアップできる」という事なかれ主義の風土が作られてしまう。事なかれ主義は組織の硬直化に繋がり、会社の発展は望めない。

　年功序列制度の恩恵を最も受けられるのは年長者である。勤続年数が短かったり、年齢の若い人にとっては、どれだけ実力があっても、どれだけ成果を上げても給料はなかなか上がらない。これではモチベーションは下がってしまう一方である。年功序列制度で高い賃金を得ているベテラン社員の定着率が高い一方、ベテラン社員と比較して賃金が低い若手社員の定着率は低くなる。また、社員の高年齢化が進行することにより、人件費が増大する。人件費増加に比例して生産性も高めることができれば問題ないが、勤続年数が長いからといって生産性が高まるわけではない。

63 AとBの文章で共通して触れていることは何か。

1　年功序列制度と人件費の増大

2　年功序列制度と社員の離脱問題

3　年功序列制度と組織の硬直化

4　年功序列制度と帰属意識の高揚

64 年功序列制度について、AとBはどのように述べているか。

1　AもBも、年功序列制度は、会社への帰属意識を高めるもので、もっと推し進めるべきだと述べている。

2　AもBも、年功序列制度は、目まぐるしく変化する環境に対応できないもので、止めるべきだと述べている。

3　Aは、年功序列制度は社員の離脱を防げる効果があると述べ、Bは、社員に消極的態度を取らせると述べている。

4　Aは、年功序列制度は生産性向上につながると述べ、Bは、人件費削減が期待できると述べている。

問題12 次の文章を読んで、後の問いに対する答えとして最もよいものを、1・2・3・4から一つ選び
　　　　　なさい。

　みなさんは「中1ギャップ」という言葉を聞いたことがあるだろうか。中1ギャップとは、小学校から
中学校に進学した際に、学校生活や授業のやり方が今までとまったく違うため、<u>新しい環境に馴染め</u>
<u>①</u>
ないことから不登校となったり、いじめが急増したりするなど、いろいろな問題が出てくる現象のこ
とで、これからの中学校生活だけではなく、高校受験などにも影響を与える危険性さえある。そのた
め、中学入学によって生まれたギャップが大きく広がってしまう前に、親や教師などの周囲の人が子
供の心の溝を埋めてあげることが大切だ。

　中学校に入って新しく増える科目に、英語と数学がある。それらの科目に対して苦手意識を持って
しまうと、授業をきちんと受けているつもりでも、徐々に授業についていけなくなって、クラスメイ
トに後れを取ってしまうのだ。さらに、中学に入ると「定期テスト」が行われるため、点数がいい科目
と悪い科目の差がはっきりしてくると、ますます苦手な科目を勉強しようという意欲の低下を招くこ
とになりかねない。

　また中学校では、新しい環境で人間関係を構築しなければならない。特に、人見知りの子のよう
に、他者との交流が苦手な子供にとっては、慣れない環境で気の合う仲間を見つけるのは大きな<u>プレ</u>
<u>ッシャー</u>となる。入学後、うまく友人関係を作れないと、クラスで孤立しかねないという不安を抱え
<u>②</u>
る子供が多い。

　それから、小学校では担任の先生がほとんどの授業を受け持つのに対して、中学校からは教科担任
制に変わる。小学校の時に比べて担任教師と顔を合わせる機会が減るため、小学校までの教師との関
係性とのギャップを感じたり、教師との相性やコミュニケーションに悩んだりする子がいる。

　中学校に入学した時、スタートラインはみんな一緒のはずなのに、なぜ中1ギャップに悩む子供と
そうでない子供に分かれてしまうだろうか。中1ギャップに陥りやすい子供は、人とのコミュニケー
ションがあまり得意ではない場合が多く、新しい生活に慣れるまでに時間がかかってしまう。

　中学校では、自分なりに工夫をしながら、効率的に勉強を進めることが重要になる。授業に後れな
いためには、毎日の予習・復習が欠かせない。また、中間テストや期末テストでいい結果を出すため
には、一夜漬けで何とかしようとせずに、予め計画を立てて、じっくりと勉強を進める必要がある。

　中学校に入学後、中1ギャップによる変化が見られる場合、親は何をすべきだろう。

　まず漠然と「勉強しろ」と言わないでほしい。陰で、勉強に繋がる環境作りをすることが重要だ。「勉
強させる」のでなく「勉強したくなる」ように仕向ける。「言うは易く行うは難し」という言葉があるよう
に、「勉強しなさい」と言うのは簡単だが、言うだけで何も行動しなければ子供は勉強しない。重要な

のはどのように勉強をしたらいいのかを教えることだ。勉強のやり方が分かれば、子供は自分から勉強をするようになる。

　小学校の気分から抜けていないと、遊びも勉強も小学校の時と変わらないまま過ごしてしまいがちなため、中学校の入学を機に、中学生としての自覚をしっかりと持たせて、新生活に向けてきちんと心の準備をさせておく必要がある。例えば、自分でできることは自分ですること、約束は必ず守ること、やると決めたらやり遂げること、人のせいにしないこと、弱い立場の人に優しくすることなど。以上のことについて家族でよく話し合って、日頃から子供に意識させるようにしよう。

65 ①新しい環境とあるが、当てはまらないのはどれか。

1　新しい科目などが増加すること　　　　2　いじめ問題が急増すること

3　一から人間関係を築くこと　　　　　　4　科目ごとに先生が変わること

66 ②プレッシャーとあるが、次のうち、最もプレッシャーを感じると思われるのは誰か。

1　陽気な子ども　　　　　　　　　　　　2　おせっかいな子ども

3　几帳面な子ども　　　　　　　　　　　4　引っ込み思案な子ども

67 筆者は、何が学習意欲の低下のもとになると述べているか。

1　勉強しなければならない学習量の増加によって、ストレスが溜まること

2　授業についていけない自分自身を見つけて、がっかりするようになること

3　特定科目の成績の良し悪しと、他のクラスメートに水をあけられること

4　小学校の時より好きな先生が少なくなり、やる気が湧いてこなくなること

68 この文章で筆者が最も言いたいことは何か。

1　小学生の気分が抜け切らない子供に、中学生としての心構えを持たせて、新生活に慣れ親しむようにサポートするべきだ。

2　中1ギャップを乗り越えないと、将来、高校受験に差し支えることがあるので、絶対解消しなければならない。

3　中学校では自分なりに工夫をしながら、効率的に勉強を進めることが重要で、毎日の予習・復習は欠かせない。

4　中学校は小学校とは生活や授業のやり方がまったく違うため、一刻も早く馴染むようにさせなければならない。

問題13 右のページは、ある会社のオンラインストアの案内文である。下の問いに対する答えとして最もよいものを、1・2・3・4から一つ選びなさい。

69 札幌に住んでいる小田さんは、3,000円の商品を代引で注文した。小田さんは全部でいくら払うか。

1 3,000円　　　　　2 3,300円　　　　　3 3,600円　　　　　4 3,900円

70 この文章の内容と合っているのは何か。

1 商品の送料は日本全域一律600円である。

2 不良品の場合は、商品到着日を含め7日以内に連絡しなければならない。

3 銀行振込ではお支払いできない。

4 不良品の返送の際、客が送料を払って送っても返してもらえる。

ポニアンのオンラインストア

1. 商品代金以外の料金の説明

   ① 送料(全国一律600円) ※沖縄・離島などの場合を除く。(2,400円)

   ② 代引手数料(300円)

2. 不良品

   ① 商品の品質には万全を期しておりますが、 万一「汚れや破損などの不良品」「注文と異なる商品」が届いた場合は、お手数ではございますが必ず、商品到着日を含め3日以内にご連絡いただいた上で、7日以内にご返送ください。

   ② ご返送の際の送料につきましては当社にて負担いたしますので、着払いでお送りください。

3. 引き渡し時期

   ① 受注確認後、通常3営業日以内の発送となります。

   ② 土日・祝日、その他の連休を狭む場合、休日明け以降の発送となります。

   ③ 発送までに4日以上がかかることが予測される場合には予めホームページ上にて告知いたします。(年末年始、お盆、海外出張など)

4. お支払い方法

   ① 商品代引(郵パック)   ② クレジットカード(VISA・Master Card)

5. 返品について

   ① 不良品以外の返品・交換はお受けしておりません。ご注意ください。

   ② 商品の品質には万全を期しておりますが、万一「汚れや破損などの不良品」「注文と異なる商品」が届いた場合は、お手数ではございますが必ず、商品到着日を含め3日以内にご連絡いただいた上で、 7日以内にご返送ください。

   ③ ご返送の際の送料につきましては当社にて負担いたしますので、着払いでお送りください。(不良品を元払いでご返送いただいた場合でも、元払い送料は返金できません。)

   ④ 商品が不良品であった場合は、在庫がある場合に限り、同一商品と交換いたします。交換可能な在庫がない場合は、ご返金にてご対応させていただきます。

⑤ 「汚れや破損などの不良品」「注文と異なる商品」が届いた場合のみ、下記住所までご返送
ください。

〒123-0001

東京都渋谷区神宮前1-2-3

株式会社 ポニアン オンラインストア係　　　　　　TEL: 03-1234-7777

6. 返品送料

① 当方の理由による不良品などの場合の、ご返送の際の送料につきましては当社にて負担
にていたしますので、弊社指定運送会社の着払いでお送りください。(弊社指定運送会社
以外の着払いもお受けいたしかねます。)

② 不良品以外の返品・交換も、商品到着日を含め3日以内にご連絡いただいた上で、7日以
内にご返送くださればお受け致します。但し、交換などの往復送料はお客様負担での受
付となり、当社より交換商品の発送時は送料着払いでの配送となります。

N1

청해
聴解

분
(60分)

問題1

<ruby>問題<rt>もんだいいち</rt></ruby>

問題1では、まず質問を聞いてください。それから話を聞いて、問題用紙の1から4の中から、最もよいものを一つ選んでください。

1番 🎧 37

1 他の住民と一緒に行って抗議する。

2 何もしないで、このまま我慢する。

3 大家さんと一緒に文句を言いに行く。

4 大家さんに仲裁を頼みに行く。

2番 🎧 38

1 上司のところへ行く。

2 旅行会社に電話する。

3 保険会社の友達に電話する。

4 契約を取りに行く。

3番 🎧39

さんばん

1 和食
  わしょく

2 中華料理
  ちゅうかりょうり

3 洋食
  ようしょく

4 決まっていない。
  き

4番 🎧40

よんばん

1 お弁当屋へお弁当の予約に行く。
  べんとうや　べんとう　よやく　い

2 鍵を借りに総務課へ行く。
  かぎ　か　そうむか　い

3 総務課へ会議室の予約に行く。
  そうむか　かいぎしつ　よやく　い

4 おいしいお弁当屋を調べに行く。
  べんとうや　しら　い

1 11時
じゅういちじ

2 11時30分
じゅういちじ さんじゅっぷん

3 12時
しゅうにじ

4 12時30分
じゅうにじ さんじゅっぷん

1 ゼミの先生の判子と推薦書を持ってくる。
せんせい はんこ すいせんしょ も

2 ゼミの先生の判子と自分の学生証を持ってくる。
せんせい はんこ じぶん がくせいしょう も

3 ゼミの先生の判子と同意書を持ってくる。
せんせい はんこ どういしょ も

4 ゼミの先生の推薦書と自分の判子を持ってくる。
せんせい すいせんしょ じぶん はんこ も

問題2

　問題2では、まず質問を聞いてください。そのあと、問題用紙のせんたくしを読んでください。読む時間があります。それから話を聞いて、問題用紙の1から4の中から、最もよいものを一つ選んでください。

1番 🎧43

1　いきなり風邪がこじれてしまったから

2　飛行機のチケットが取れなかったから

3　チケットを紛失して飛行機に乗れなかったから

4　最近、急に仕事が忙しくなったから

2番 🎧44

1　訳す時、できるだけたくさんの情報を盛り込むこと

2　なるべく一語ずつ完全に訳して伝えること

3　余計な言葉は省略し、短くまとめて訳すこと

4　話し手の話が正しいか否かを判断すること

3番 🎧 45

1 酸素を吸うと、鼻がすっきりするから

2 人は、目新しいことがしたいものだから

3 鼻に酸素を供給して、気分をリフレッシュしたいから

4 安い料金で、全身の疲労を回復させたいから

4番 🎧 46

1 一人でゆったりと過ごせないから

2 大勢で食事をするのが嫌だから

3 夜遅く帰ることができないから

4 寮に入ったら、足が出そうだから

5番 🎧 47

1 仕事の内容が気に入らないから

2 遠距離通勤になってしまうから

3 給料の額が納得できないから

4 社宅に入れそうにないから

6番 🎧 48

1 雨水をトイレの水に使うため

2 下水の逆流を未然に防止するため

3 雨水を農業に利用するため

4 雨水を使うことで節水効果を高めるため

7番 🎧 49

1 広告モデルに有名芸能人を起用したこと

2 パソコンで客のニーズが把握できるようになったこと

3 店内でゆっくり買い物ができるようになったこと

4 消費者のニーズに合わせて商品を開発したこと

　問題3では、問題用紙に何も印刷されていません。この問題は、全体としてどんな内容かを聞く問題です。話の前に質問はありません。まず話を聞いてください。それから、質問とせんたくしを聞いて、1から4の中から、最もよいものを一つ選んでください。

ー　メモ　ー

問題4 🎧 56~69

<ruby>問題<rt>もんだい</rt></ruby><ruby>四<rt>よん</rt></ruby>

<ruby>問題<rt>もんだいよん</rt></ruby>では、<ruby>問題用紙<rt>もんだいようし</rt></ruby>に<ruby>何<rt>なに</rt></ruby>も<ruby>印刷<rt>いんさつ</rt></ruby>されていません。まず<ruby>文<rt>ぶん</rt></ruby>を<ruby>聞<rt>き</rt></ruby>いてください。それから、それに<ruby>対<rt>たい</rt></ruby>する<ruby>返事<rt>へんじ</rt></ruby>を<ruby>聞<rt>き</rt></ruby>いて、1から3の<ruby>中<rt>なか</rt></ruby>から、<ruby>最<rt>もっと</rt></ruby>もよいものを<ruby>一<rt>ひと</rt></ruby>つ<ruby>選<rt>えら</rt></ruby>んでください。

― メモ ―

問題5 🎧 70〜71

問題5では、長めの話を聞きます。この問題には練習はありません。メモをとってもかまいません。

1番、2番

問題用紙に何も印刷されていません。まず話を聞いてください。それから、質問とせんたくしを聞いて、1から4の中から、最もよいものを一つ選んでください。

― メモ ―

3番 🎧 72

　まず話を聞いてください。それから、二つの質問を聞いて、それぞれ問題用紙の1から4の中から、最もよいものを一つ選んでください。

質問1

1　野球部

2　ゴルフ部

3　スキー部

4　華道部

質問2

1　野球部

2　ゴルフ部

3　スキー部

4　華道部

第1回　言語知識(文字・語彙・文法)・読解

受　験　番　号
Examinee Registration
Number

名　前
Name

〈ちゅうい Notes〉
1. くろいえんぴつ (HB、No.2) でかいてください。
　(ペンやボールペンではかかないでください。)
　Use a black medium soft (HB or No.2) pencil.
　(Do not use any kind of pen.)
2. かきなおすときは、けしゴムできれいにけして
　ください。
　Erase any unintended marks completely.
3. きたなくしたり、おったりしないでください。
　Do not soil or bend this sheet.
4. マークれい Marking examples

よいれい Correct Example	わるいれい Incorrect Examples
●	⊗ ◯ ◐ ⦸ ◑ ◯

問題 1

1	①	②	③	④
2	①	②	③	④
3	①	②	③	④
4	①	②	③	④
5	①	②	③	④
6	①	②	③	④

問題 2

7	①	②	③	④
8	①	②	③	④
9	①	②	③	④
10	①	②	③	④
11	①	②	③	④
12	①	②	③	④
13	①	②	③	④

問題 3

14	①	②	③	④
15	①	②	③	④
16	①	②	③	④
17	①	②	③	④
18	①	②	③	④
19	①	②	③	④

問題 4

20	①	②	③	④
21	①	②	③	④
22	①	②	③	④
23	①	②	③	④
24	①	②	③	④
25	①	②	③	④

問題 5

26	①	②	③	④
27	①	②	③	④
28	①	②	③	④
29	①	②	③	④
30	①	②	③	④
31	①	②	③	④
32	①	②	③	④
33	①	②	③	④
34	①	②	③	④
35	①	②	③	④

問題 6

36	①	②	③	④
37	①	②	③	④
38	①	②	③	④
39	①	②	③	④
40	①	②	③	④

問題 7

41	①	②	③	④
42	①	②	③	④
43	①	②	③	④
44	①	②	③	④
45	①	②	③	④

問題 8

46	①	②	③	④
47	①	②	③	④
48	①	②	③	④
49	①	②	③	④

問題 9

50	①	②	③	④
51	①	②	③	④
52	①	②	③	④
53	①	②	③	④
54	①	②	③	④
55	①	②	③	④
56	①	②	③	④
57	①	②	③	④
58	①	②	③	④

問題 10

59	①	②	③	④
60	①	②	③	④
61	①	②	③	④
62	①	②	③	④

問題 11

63	①	②	③	④
64	①	②	③	④

問題 12

65	①	②	③	④
66	①	②	③	④
67	①	②	③	④
68	①	②	③	④

問題 13

69	①	②	③	④
70	①	②	③	④

JLPT N1 모의고사 단기완성 解答用紙

第 1 回 聴解

受験番号
Examinee Registration Number

名前
Name

〈ちゅうい Notes〉
1. 〈ろいえんぴつ (HB、No2) でかいてください。
   〈ペンやボールペンではかかないでください。〉
   Use a black medium soft (HB or No.2) pencil.
   (Do not use any kind of pen.)
2. かきなおすときは、けしゴムできれいにけして
   ください。
   Erase any unintended marks completely.
3. きたなくしたり、おったりしないでください。
   Do not soil or bend this sheet.
4. マークれい Marking examples

よいれい   わるいれい
Correct   Incorrect Examples
Example

●   ⊗ ○ ◍ ◑ ⊘ ◐ ◖

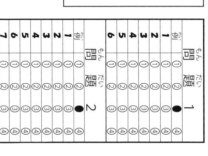

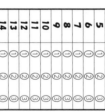

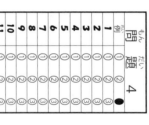

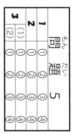

もんだい 問題 1

	①	②	③	④
例	①	②	③	④
1	①	②	③	④
2	①	②	③	④
3	①	②	③	④
4	①	②	③	④
5	①	②	③	④
6	①	②	③	④

もんだい 問題 2

	①	②	③	④
例	①	●	③	④
1	①	②	③	④
2	①	②	③	④
3	①	②	③	④
4	①	②	③	④
5	①	②	③	④
6	①	②	③	④
7	①	②	③	④

もんだい 問題 3

	①	②	③	④
例	①	●	③	④
1	①	②	③	④
2	①	②	③	④
3	①	②	③	④
4	①	②	③	④
5	①	②	③	④
6	①	②	③	④

もんだい 問題 4

	①	②	③
例	①	②	●
1	①	②	③
2	①	②	③
3	①	②	③
4	①	②	③
5	①	②	③
6	①	②	③
7	①	②	③
8	①	②	③
9	①	②	③
10	①	②	③
11	①	②	③
12	①	②	③
13	①	②	③
14	①	②	③

もんだい 問題 5

	①	②	③	④
1	①	②	③	④
2	①	②	③	④
3 (1)	①	②	③	④
(2)	①	②	③	④

第 2 回 言語知識(文字・語彙・文法)・読解

受 験 番 号
Examinee Registration
Number

名 前
Name

〈ちゅうい Notes〉
1. 〈ろいえんぴつ (HB、No.2) でかいてください。
   (ペンやボールペンではかかないでください。)
   Use a black medium soft (HB or No.2) pencil.
   (Do not use any kind of pen.)
2. かきなおすときは、けしゴムできれいにけしてください。
   Erase any unintended marks completely.
3. きたなくしたり、おったりしないでください。
   Do not soil or bend this sheet.
4. マークれい Marking examples

よいれい Correct Example	わるいれい Incorrect Examples
●	⊗ ○ ◑ ◐ ○ ●

問 題 1

1	①	②	③	④
2	①	②	③	④
3	①	②	③	④
4	①	②	③	④
5	①	②	③	④
6	①	②	③	④

問 題 2

7	①	②	③	④
8	①	②	③	④
9	①	②	③	④
10	①	②	③	④
11	①	②	③	④
12	①	②	③	④
13	①	②	③	④

問 題 3

14	①	②	③	④
15	①	②	③	④
16	①	②	③	④
17	①	②	③	④
18	①	②	③	④
19	①	②	③	④

問 題 4

20	①	②	③	④
21	①	②	③	④
22	①	②	③	④
23	①	②	③	④
24	①	②	③	④
25	①	②	③	④

問 題 5

26	①	②	③	④
27	①	②	③	④
28	①	②	③	④
29	①	②	③	④
30	①	②	③	④
31	①	②	③	④
32	①	②	③	④
33	①	②	③	④
34	①	②	③	④
35	①	②	③	④

問 題 6

36	①	②	③	④
37	①	②	③	④
38	①	②	③	④
39	①	②	③	④
40	①	②	③	④

問 題 7

41	①	②	③	④
42	①	②	③	④
43	①	②	③	④
44	①	②	③	④
45	①	②	③	④

問 題 8

46	①	②	③	④
47	①	②	③	④
48	①	②	③	④
49	①	②	③	④

問 題 9

50	①	②	③	④
51	①	②	③	④
52	①	②	③	④
53	①	②	③	④
54	①	②	③	④
55	①	②	③	④
56	①	②	③	④
57	①	②	③	④
58	①	②	③	④

問 題 10

59	①	②	③	④
60	①	②	③	④
61	①	②	③	④
62	①	②	③	④

問 題 11

63	①	②	③	④
64	①	②	③	④

問 題 12

65	①	②	③	④
66	①	②	③	④
67	①	②	③	④
68	①	②	③	④

問 題 13

69	①	②	③	④
70	①	②	③	④

JLPT N1 모의고사 단기완성　解答用紙

第 2 回　聴解

受験番号
Examinee Registration Number

名前
Name

〈ちゅうい Notes〉
1. くろいえんぴつ (HB、No.2) でかいてください。
   〈ペンやボールペンではかかないでください。〉
   Use a black medium soft (HB or No.2) pencil.
   (Do not use any kind of pen.)
2. かきなおすときは、けしゴムできれいにけしてください。
   Erase any unintended marks completely.
3. きたなくしたり、おったりしないでください。
   Do not soil or bend this sheet.
4. マークれい Marking examples

よいれい Correct Example	わるいれい Incorrect Examples
●	⊗ ◯ ◑ ◉ ◒ ●

もんだい 問題 1

	①	②	③	④
例	①	②	③	●
1	①	②	③	④
2	①	②	③	④
3	①	②	③	④
4	①	②	③	④
5	①	②	③	④
6	①	②	③	④

もんだい 問題 2

	①	②	③	④
例	①	●	③	④
1	①	②	③	④
2	①	②	③	④
3	①	②	③	④
4	①	②	③	④
5	①	②	③	④
6	①	②	③	④
7	①	②	③	④

もんだい 問題 3

	①	②	③	④
例	①	●	③	④
1	①	②	③	④
2	①	②	③	④
3	①	②	③	④
4	①	②	③	④
5	①	②	③	④
6	①	②	③	④

もんだい 問題 4

	①	②	③
例	①	②	●
1	①	②	③
2	①	②	③
3	①	②	③
4	①	②	③
5	①	②	③
6	①	②	③
7	①	②	③
8	①	②	③
9	①	②	③
10	①	②	③
11	①	②	③
12	①	②	③
13	①	②	③
14	①	②	③

もんだい 問題 5

		①	②	③	④
1		①	②	③	④
2		①	②	③	④
3	(1)	①	②	③	④
	(2)	①	②	③	④

memo

memo

JLPT 일본어능력시험 N1
완벽 실전 대비서!

JLPT N1
모의고사
단기완성

2회분

저자 | 황요찬

MP3 파일 무료 다운로드
핵심문제풀이 무료 동영상 8강
www.ybmbooks.com

해석·어휘 및 청해 스크립트, 정답 제공
저자 온라인 개인지도 서비스
kuzirachan@hanmail.net

해석집

YBM 홀딩스

해석집

모의고사 1회　정답

언어지식 ― 문자·어휘·문법 ― 독해　↓　110분

문자·어휘

1	1	2	3	4	5	6
	1	2	4	2	3	3

2	7	8	9	10	11	12	13
	4	4	1	3	3	2	1

3	14	15	16	17	18	19
	3	4	1	4	2	3

4	20	21	22	23	24	25
	4	1	3	2	1	4

문법

5	26	27	28	29	30	31	32	33	34	35
	4	3	2	3	1	3	4	3	1	2

6	36	37	38	39	40
	3	2	1	1	3

7	41	42	43	44	45
	4	1	1	3	2

독해

8	46	47	48	49
	3	4	2	1

9	50	51	52	53	54	55	56	57	58
	2	4	3	1	4	1	3	1	2

10	59	60	61	62
	1	3	2	4

11	63	64
	3	1

12	65	66	67	68
	1	3	1	4

13	69	70
	4	3

청해　↓　60분

1	1	2	3	4	5	6
	4	2	3	2	3	4

2	1	2	3	4	5	6	7
	4	2	3	1	3	4	2

3	1	2	3	4	5	6
	2	3	4	1	3	4

4	1	2	3	4	5	6	7	8	9	10	11	12
	2	3	2	1	3	1	2	2	3	2	1	3
	13	14										
	3	1										

5	1	2	3(1)	3(2)
	4	2	2	4

3

🖋 언어지식(문자·어휘·문법)

問題1

1 마치 일본의 원풍경이라고도 할 수 있는 이 산촌에 요 몇 년 전국에서 이주자가 쇄도하고 있다.
| 어휘 | まるで 마치, 꼭
原風景(げんふうけい) 원풍경, 변화하기 이전의 그리운 풍경
〜とも言(い)える 〜라고도 할 수 있다　山村(さんそん) 산촌
ここ 요, 요새 =「この」数年(すうねん) 수년, 몇 년
移住者(いじゅうしゃ) 이주자　殺到(さっとう) 쇄도

2 도시의 혼잡함에 뒤섞이지 않고, 자연 속에서 나답게 살고 싶다.
| 어휘 | 都会(とかい) 도회, 도시　雑踏(ざっとう) 혼잡, 붐빔
紛(まぎ)れる 뒤섞이다　自分(じぶん) 자신, 나
명사+らしい 〜답다　生(い)きる 살다　あき(呆)れる 기막히다
とぎ(途切)れる 끊어지다, 끊기다　こぼれる 넘치다, 흘러내리다

3 하기 물건에 대해서 광고 전재 승낙을 부탁드립니다.
| 어휘 | 下記(かき) 하기, 아래에 적은 것　物件(ぶっけん) 물건
〜につきまして 〜에 대해서 *「〜について」보다 정중한 표현
広告(こうこく) 광고　転載(てんさい) 전재, 옮겨 실음
承諾(しょうだく) 승낙
お+동사의 ます형+いたす 〜해 드리다, 〜하다 *겸양표현

4 오늘은 여성의 사회진출을 가로막는 이유와 두 가지 문제점에 대해서 말씀드리고 싶습니다.
| 어휘 | 進出(しんしゅつ) 진출　阻(はば)む 저지하다, 가로막다
問題点(もんだいてん) 문제점
お+동사의 ます형+する 〜해 드리다, 〜하다 *겸양표현
こば(拒)む 거절하다, 거부하다　いた(痛)む 아프다, 손상되다
ふく(含)む 포함하다

5 일반적인 학비 마련 방법으로서는 가장 많은 것이 부모의 원조를 받는다는 것입니다.
| 어휘 | 一般的(いっぱんてき) 일반적　学費(がくひ) 학비
工面(くめん) (돈을) 변통함, 돈 마련　親(おや) 부모
援助(えんじょ) 원조　受(う)ける 받다　こうめん(後面) 후면, 뒷면

6 블로그 집필은 꽤 오래간만이라, 서투른 문장이긴 합니다만, 끝까지 함께 해 주시기 부탁드립니다.
| 어휘 | ブログ 블로그　執筆(しっぴつ) 집필　かなり 꽤, 상당히
久(ひさ)しぶり 오래간만임　拙(つた)ない 서투르다, 졸렬하다
文章(ぶんしょう) 문장　付(つ)き合(あ)い (의리나 사교상) 함께 함
あさ(浅)い 얕다　うと(疎)い (물정에) 어둡다
とうと(尊)い 소중하다, 귀중하다

問題2

7 대형가전 양판점과 (백중)하게 경쟁하는 동네의 작은 전파상이 있었다.

| 어휘 | 大手(おおて) 대형　家電(かでん) 가전
量販店(りょうはんてん) 양판점, 대량 판매점
互角(ごかく) 호각, 백중함, 실력이 서로 비슷하여 우열을 가리기 어려움
張(は)り合(あ)う 겨루다, 경쟁하다　町(まち) 마을, 동네
電器屋(でんきや) 전파상　繁盛(はんじょう) 번성, 번창
手薄(てうす) (수중에 가진 것이) 적음　念願(ねんがん) 염원

8 이것은 워크 스페이스가 어느 정도 사용되고 있는지 (가동) 상황을 나타내는 것입니다.
| 어휘 | ワークスペース 워크 스페이스, 작업 공간
使(つか)う 사용하다　稼働(かどう) 가동　表(あらわ)す 나타내다
完結(かんけつ) 완결　アップ 업, 오름　本気(ほんき) 진심

9 선물 등 포장지의 셀로 테이프를 깨끗하게 (떼어내는) 것은 꽤 어렵다.
| 어휘 | 包(つつ)み紙(がみ) 포장지　セロテープ 셀로[스카치] 테이프
は(剝)がす 벗겨내다, 떼어내다　なかなか 상당히, 꽤
さか(逆)らう 거스르다　うるお(潤)う (금전적으로) 윤택해지다
たずさ(携)わる (어떤 일에) 관계하다, 종사하다

10 수많은 명화가 (아무렇게)나 전시되어 있어, 미대 출신인 나에게는 어질어질 현기증이 났다.
| 어휘 | 数々(かずかず) 수가 많음, 다수　名画(めいが) 명화
無造作(むぞうさ) 아무렇게나 하는 모양　展示(てんじ) 전시
타동사+てある 〜되어 있다 *의도적인 상태　美大(びだい) 미대
出身(しゅっしん) 출신　クラクラ 어질어질 *현기증이 나는 모양
目眩(めまい)がする 현기증이 나다　零細(れいさい) 영세
皮肉(ひにく) 빈정거림　無作法(ぶさほう) 무례함

11 120년의 전통을 (이어받는) 장인의 뜨거운 마음이 느껴졌다.
| 어휘 | 伝統(でんとう) 전통　う(受)けつ(継)ぐ 계승하다, 이어받다
職人(しょくにん) 장인　熱(あつ)き思(おも)い 뜨거운 마음
感(かん)じる 느끼다　めぐ(恵)まれる 풍족[풍부]하다, 혜택을 받다
まかな(賄)う 조달하다　ためらう 주저하다, 망설이다

12 정장은 직책상 입을 기회가 많지만, (연한) 색 정장을 입는 캐릭터를 그다지 한 적이 없다.
| 어휘 | スーツ 슈트, 정장　役柄(やくがら) 직책상의 체면
着(き)る (옷을) 입다　あわ(淡)い (빛깔이) 옅다, 연하다
キャラクター 캐릭터　演(えん)じる 하다, 행하다
おもおも(重々)しい 무게 있다, 위엄 있다
ものもの(物々)しい 장엄하다
あわ(慌)ただしい 분주하다, 어수선하다

13 그는 병원의 긴 대기 시간에 (기다림)에 지쳐 돌아가 버렸다.
| 어휘 | 待(ま)ち時間(じかん) 기다리는 시간, 대기 시간
しび(痺)れ 저림, 마비 *「しび(痺)れを切(き)らす」- 기다림에 지치다　フォロー 보조함
よわね(弱音) 약한 소리, 나약한 말　ぐち(愚痴) 푸념

問題3

14 이것은 유해 대기오염 물질에 <u>해당</u>할 가능성이 있는 물질 리스트입니다.

1 경쟁할
2 받을
3 들어맞을
4 친숙해질

| 어휘 | 有害(ゆうがい) 유해 大気(たいき) 대기, 공기
汚染(おせん) 오염 物質(ぶっしつ) 물질
該当(がいとう)する 해당하다 可能性(かのうせい) 가능성
リスト 리스트 きそ(競)う 다투다, 경쟁하다
うけたまわ(承)る 받다 *受(う)ける의 겸양어
なじ(馴染)む 친숙[익숙]해지다 あ(当)てはまる 들어맞다, 적합하다

15 이번에는 사죄를 <u>요청하</u>는 영어표현에 대해서 공부하겠습니다.

1 의미하는
2 거절하는
3 설명하는
4 요구하는

| 어휘 | 謝罪(しゃざい) 사죄
申(もう)し出(で)る 자청하다, 요청하다, (희망·요구·의견 등을) 적극적으로 나서서 말하다
ことわ(断)る 거절하다 もと(求)める 요구하다

16 왜 그가 그런 행동을 취했는지, <u>몹시</u> 의문스럽게 느낍니다.

1 크게
2 부드럽게
3 깨끗이
4 우선

| 어휘 | あんな (서로 알고 있는) 그런 行動(こうどう) 행동
取(と)る 취하다 すこぶる 몹시, 매우 疑問(ぎもん) 의문
おお(大)いに 대단히, 크게 やんわり 넌지시, 부드럽게
いさぎよ(潔)い 미련 없이 깨끗하다 ひとまず 일단, 우선

17 하지만 실제로 <u>존경받</u>는 상사와 그렇지 않은 상사의 차이는 무엇일까?

1 의심받는
2 부탁받는
3 무시당하는
4 존경받는

| 어휘 | 実際(じっさい) 실제
慕(した)う (인격이나 학문 등을) 우러르다 上司(じょうし) 상사
違(ちが)い 차이 疑(うたが)う 의심하다 頼(たの)む 부탁하다
無視(むし) 무시 尊敬(そんけい) 존경

18 왠지 내 인생은 하는 일 모두 항상 <u>꼬인다</u>.

1 잘 된다
2 실패로 끝난다
3 어중간해진다
4 애매하게 끝난다

| 어휘 | 人生(じんせい) 인생 やることなすこと 하는 일 모두
裏目(うらめ) 기대하고 던진 주사위의 반대쪽, 기대가 거꾸로 됨
*裏目(うらめ)に出(で)る - 예상이 틀어지다
失敗(しっぱい) 실패 終(お)わる 끝나다

中途半端(ちゅうとはんぱ) 중동무이, 엉거주춤함, 어느 쪽에도 철저하지 못한 상태 曖昧(あいまい) 애매함

19 영업이라고 하면 <u>작업 할당량</u>을 떠올리는 사람도 많다고 생각합니다.

1 힘듦
2 고됨
3 작업량
4 따분함

| 어휘 | 営業(えいぎょう) 영업 ～と言(い)えば ～라고 하면
ノルマ 노르마, 각 개인에게 할당된 노동 기준량
思(おも)い浮(う)かべる 마음속으로 떠올리다, 생각해 내다
大変(たいへん)さ 힘듦 *な형용사의 어간·い형용사의 어간+さ
- 정도나 성질을 나타냄
きつさ 고됨 作業量(さぎょうりょう) 작업량
退屈(たいくつ)さ 지루함, 따분함

問題4

20 수분을 머금다

1 주차장 경영의 기초지식에서 <u>수분을 머금는</u> 비결까지, 자세하게 전해 드리겠습니다.
2 현시점에서는 이런 것만으로 일본의 전기를 <u>수분을 머금는</u> 것은 곤란하다고 할 수 있습니다.
3 일상생활에서도 주변 사람들의 행동이나 언동에, 나도 모르게 <u>수분을 머금는</u> 것은 흔히 있는 일입니다.
4 부드러운 클렌징 방법이나 촉촉하게 <u>수분을 머금는</u> 스킨케어의 비결도 함께 소개해 드리겠습니다.

| 어휘 | うるお(潤)う 물기를 머금다, 촉촉하다 基礎(きそ) 기초
コツ 비결 詳(くわ)しい 자세하다 伝(つた)える 전하다
現時点(げんじてん) 현시점 これら 이들, 이것들
～のみ ～만, ～뿐 困難(こんなん) 곤란 日常(にちじょう) 일상
言動(げんどう) 언동 思(おも)わず 무의식 중에, 나도 모르게
優(やさ)しい 부드럽다 クレンジング 클렌징, 화장을 지움
しっとり 촉촉하게 スキンケア 스킨케어, 피부 손질
合(あ)わせて 아울러, 함께
ご+한자 명사+する ～해 드리다, ～하다 *겸양표현

21 불쾌한 말, 비아냥

1 걸핏하면 남의 의견이나 행동을 부정하는 듯한 불쾌한 말을 하는 사람은 어디에나 있다.
2 상대의 불쾌한 말을 멋지게 이끌어 내는 '질문의 비결'에 대해서 생각해 봅시다.
3 남성이 여성에게 불쾌한 말을 내뱉을 때 도대체 어떤 기분인 것일까요?
4 수상은 A국의 핵문제에 각국은 불쾌한 말로 대처해야 한다고 UN에서 연설했다.

| 어휘 | いや(嫌)み 일부러 남에게 불쾌감을 주는 말이나 행동을 함
*いや(嫌)みを言(い)う - 불쾌한 말을 하다
何(なに)かにつけて 걸핏하면, 툭하면 否定(ひてい) 부정
鮮(あざ)やか (솜씨 등이) 멋짐
引(ひ)き出(だ)す (재주·능력 등을) 이끌어 내다
吐(は)く 내뱉다 一体(いったい) 도대체
首相(しゅしょう) 수상 核(かく) 핵 各国(かっこく) 각국
取(と)り組(く)む 대처하다 ～べきだ ～해야 한다

国連(こくれん) 국제연합, UN ＊「国際連合(こくさいれんごう)」
의 준말 演説(えんぜつ) 연설

22 회상하다

1 기호에 관계없이 부탁받았다면 회상하지 말고 우선 해 봐야 한다.
2 친구는 도시에 회상했다고 하고 고향에 돌아가 버렸습니다.
3 초중학생 시절을 회상하면 내가 정말로 하고 싶었던 것을 알 수 있습니다.
4 기본적으로 비는 내리지 않기 때문에 어디에 나가도 날씨에 회상당하게 되겠지요.
| 어휘 | 思(おも)い返(かえ)す 회상하다
好(す)き嫌(きら)い 호불호, 좋아함과 싫어함, 기호
～にかか(関)わらず ～에 관계없이 友人(ゆうじん) 우인, 친구
都会(とかい) 도회, 도시 田舎(いなか) 시골, 고향
小中学生(しょうちゅうがくせい) 초중학생 天候(てんこう) 날씨

23 아니나 다를까

1 이전에 제작했던 AZ모델이 그럭저럭 납득이 가는 느낌으로 완성되었으니, 아니나 다를까 완성.
2 먹이 감소가 빠르다고 생각했더니, 아니나 다를까 고양이가 제멋대로 봉지를 열어서 먹고 있었다.
3 (새해의) 첫 참배 역사는 아니나 다를까 얕아, 철도 발달과 함께 퍼진 것이다.
4 그 식당은 아니나 다를까가 아닌 관광객에게는 극히 무뚝뚝하게 응대한다.
| 어휘 | 案(あん)の定(じょう) 아니나 다를까, 생각한 대로
以前(いぜん) 이전 制作(せいさく) 제작 まあまあ 그럭저럭
納得(なっとく)が行(い)く 납득이 가다 まとまる 완성되다
完成(かんせい) 완성 エサ 먹이, 사료 減(へ)り 줄어듦, 감소
勝手(かって) 제멋대로임 袋(ふくろ) 봉지 開(あ)ける 열다
初詣(はつもうで) (새해의) 첫 참배 浅(あさ)い 얕다
鉄道(てつどう) 철도 ～と共(とも)に ～와 함께
広(ひろ)まる (널리) 퍼지다, 널리 행해지다 極(きわ)めて 극히, 매우
無愛想(ぶあいそう) 무뚝뚝함 接(せっ)する 응대하다

24 막다, 저지하다

1 이번에는 '풍진'확산을 막기 위해 우리가 알아 두어야 할 대책을 소개하겠습니다.
2 멋진 경치를 보면서 맥주를 마시며 스테이크를 막는다. 최고의 기분이었습니다.
3 이쪽에서는 반지를 막는 손가락과 그 의미에 대해서 설명해 드리겠습니다.
4 우리는 부부지만, 사고방식이 정반대라서 의견이 막는 경우가 많습니다.
| 어휘 | 食(く)い止(と)める 막다, 저지하다
風(ふう)しん(疹) 풍진 拡散(かくさん) 확산
～べき ～해야 할, ～할 만한 対策(たいさく) 대책
景色(けしき) 경치 ビール 맥주
동사의 ます형+つつ ～하면서 ステーキ 스테이크
リング 반지 指(ゆび) 손가락 夫婦(ふうふ) 부부
考(かんが)え方(かた) 사고방식 正反対(せいはんたい) 정반대

25 척척

1 일본의 여름 더위에 외국인들도 척척하고 있는 것 같네요.
2 안전문화의 확립이 대전제가 되는 것은 척척 말할 필요도 없습니다.
3 근래의 여성의 사회진출은 척척한 것이 있습니다.
4 별로 안 갖고 노는 게임이나 읽지 않는 책 등은 척척 치워 나가자.
| 어휘 | てきぱき 척척 ＊어떤 것을 솜씨 좋고 신속하게 처리하는 모습
暑(あつ)さ 더위 確立(かくりつ) 확립
大前提(だいぜんてい) 대전제
言(い)うまでもない 말할 필요도 없다, 물론이다
近年(きんねん) 근래
～における ～에 있어서의, ～의 ＊어떠한 일이 이루어지는 장소나 경우, 상황을 한정함 進出(しんしゅつ) 진출
片付(かたづ)ける 치우다, 정리하다

問題5

26 일본이 현금지불주의에서 (전혀) 벗어나지 못하는 이유에 대해서 고찰해 가고 싶습니다.

1 마침내
2 설령
3 물론
4 전혀
| 어휘 | 現金払(げんきんばら)い 현금지불 主義(しゅぎ) 주의
まるで (뒤에 부정의 말을 수반하여) 전혀, 전연, 통
脱(だっ)する 벗어나다 考察(こうさつ) 고찰 ついに 마침내
たとえ 설령 むろん(無論) 물론

27 셔츠는 마음에 드는 것을 7장 세트로 사 두면 매일 아침 입을 옷을 (고민하지 않아도 해결되어)서 편리한 것이다.

1 고민해도 해결되어
2 고민한 것을 끝으로는 해결되지 않아
3 고민하지 않아도 해결되어
4 고민하게 해도 해결되지 않아
| 어휘 | 気(き)に入(い)る 마음에 들다
迷(まよ)う 고민하다, 망설이다
済(す)む 끝나다, 해결되다 동사의 た형+きりで ～한 채, ～끝으로

28 조식 내용에 대해서는 지금 당장은 변경하기 어렵습니다만, 받은 의견을 참고로 하여 앞으로 메뉴 내용을 (검토해 볼 생각입니다).

1 검토하게 해 줄 생각입니다
2 검토해 볼 생각입니다
3 검토하게 해 줄 생각입니다
4 검토하게 해 드릴 생각입니다
| 어휘 | 朝食(ちょうしょく) 조식 今(いま)すぐ 지금 당장
変更(へんこう) 변경 동사의 ます형+かねる ～하기 어렵다
頂戴(ちょうだい)する 받다 ＊「もらう」의 겸양어
参考(さんこう) 참고
～(さ)せていただく ～하다 ＊「～する」의 겸양표현
今後(こんご) 앞으로 検討(けんとう) 검토
存(ぞん)じる 생각하다 ＊「思(おも)う」의 겸양어
～てあげる (내가 남에게) ～해 주다
～てくれる (남이 나에게) ～해 주다
～てさしあげる (내가 남에게) ～해 드리다 ＊「～てあげる」의 공손한 표현

29 가와사키시는 이번 화재(에 관련해서), 안전확보가 어려운 간이 숙박소의 거처방에 사는 사람에게 민간아파트로의 이전 등을 촉구하는 생각을 보이고 있다.

1 뿐만 아니라
2 에 관해서는
3 에 관련해서
4 보다 더

| 어휘 | 火災(かさい) 화재
～を受(う)けて ～에 관련해서, ～의 영향으로
安全(あんぜん) 안전 確保(かくほ) 확보 簡易(かんい) 간이
宿泊所(しゅくはくじょ) 숙박소 居室(きょしつ) 거실, 거처방
住(す)む 살다 民間(みんかん) 민간 転居(てんきょ) 전거, 이사
促(うなが)す 촉구하다 考(かんが)え 생각
示(しめ)す 보이다, 나타내다 ～に限(かぎ)らず ～뿐만 아니라
～にかけては ～에 관해서는 ～にもまして ～보다 더

30 골든위크 기간 중에는 가게(란) 가게는 모두 닫혀 있어서 아무것도 살 수 없었다.

1 란
2 의
3 나름으로도
4 만의

| 어휘 | ゴールデンウィーク 골든위크, 황금연휴 *4월 말에서 5월 초의 휴일이 많은 주
～という～ ～라는 ～는 모두 閉(し)まる 닫히다
何(なに)も 아무것도 ～なり ～나름
～ならではの+명사 ～이 아니고는 (할 수 없는), ～만의

31 한마디로, '창업으로 성공하고 싶다'고는 해도 무엇(으로) 성공할지는 사람에 따라서 다를 것이다.

1 에 있어서
2 에 즈음하여
3 으로
4 에 걸쳐서

| 어휘 | 一口(ひとくち) 한마디 起業(きぎょう) 기업, 창업
～とは言(い)っても ～라고는 해도
～をもっ(以)て ～으로, ～로써 *눈에 보이지 않는 도구·수단을 가리킴 異(こと)なる 다르다, 같지 않다
～はず(아마) ～일 것[터]임 *화자의 주관적인 추측
～において (장소·때·상황) ～에 있어서, ～에서
～にあ(当)たって ～에 즈음하여 ～にわた(渡)って ～에 걸쳐서

32 오픈 당초부터 자주 다니던 라면가게였던 만큼, 폐점이라니 (아쉽기 짝이 없다).

1 아쉬워하기만 한다
2 아쉬워하고는 있을 수 없다
3 아쉬워해야 한다
4 아쉽기 짝이 없다

| 어휘 | オープン 오픈, 개업 当初(とうしょ) 당초
通(かよ)う 다니다 ラーメン屋(や) 라면가게 ～だけに ～인 만큼
閉店(へいてん) 폐점 ～とは ～이라니 惜(お)しむ 아쉬워하다
～てならない ～해서 견딜 수 없다, ～하기 짝이 없다
～てばかりだ ～하기만 한다
～てはいられない ～하고 있을 수 없다 ～べきだ ～해야 한다

33 자전거 대 보행자의 사고가 근래 증가하고 있는데, (후회하고 나서는) 너무 늦다. 빨리 대책을 강구해야 한다.

1 후회한 것만으로는
2 후회한 이래로는
3 후회하고 나서는
4 후회해도

| 어휘 | 対(たい) (비교의) 대 歩行者(ほこうしゃ) 보행자
増加(ぞうか) 증가 後悔(こうかい) 후회
～てからでは ～하고 나서는 遅(おそ)い (시기가) 늦다
い형용사의 어간+すぎる 너무 ～하다 対策(たいさく) 대책
講(こう)じる 강구하다 ～のみ ～만, ～뿐
～て以来(いらい) ～한 이래 ～(よ)うが ～해도, ～하든 간에

34 모든 인간은 (태어나면서부터) 자유롭고, 또한 존엄과 권리에 대해서 평등하다.

1 태어나면서부터
2 태어나면서부터일지라도
3 태어나면서부터라고 해도
4 태어나면서부터가 되면

| 어휘 | すべて 모두 生(う)まれる 태어나다
～ながらにして ～하면서부터 かつ 동시에, 또한
尊厳(そんげん) 존엄 権利(けんり) 권리
平等(びょうどう) 평등 ～にしろ ～라고 해도

35 사원 일동 고객님의 기대에 (부응하)도록 열심히 노력해 나가겠으니, 앞으로도 여러분의 지원, 돌봐주시기를 잘 부탁드리겠습니다.

1 따를 수 있
2 부응하
3 호소하
4 당부하

| 어휘 | 社員(しゃいん) 사원 一同(いちどう) 일동
期待(きたい) 기대 そ(添)える 더하다, 부응하다
一意専心(いちいせんしん) 한결같이, 열심히
努力(どりょく) 노력
～てまいる ～해 나가다 *『～ていく』의 겸양표현
今後(こんご)とも 앞으로도 支援(しえん) 지원
愛顧(あいこ) 애고, 사랑해서 돌봄 賜(たまわ)る 주시다
お+동사의 ます형+申(もう)し上(あ)げる ～해 드리다, ～하다
*겸양표현 したが(従)う 따르다
うった(訴)える 호소하다 よ(呼)びか(掛)ける 당부하다

問題6

36 그러나 현실적으로는 많은 사람이 사회인 이 되고 ★연령층이 올라감 에 따라 영어에 대한 관심을 저하시키고 있는 것 같다.
: ところが現実的には多くの人が、社会人 になり ★年代が上がる につれて、英語への関心を低下させているようだ。

| 어휘 | ところが 그런데 現実的(げんじつてき) 현실적
年代(ねんだい) 연대, 연령층 上(あ)がる 올라가다
～につ(連)れて ～에 따라, ～에 의해 関心(かんしん) 관심
低下(ていか) 저하

37 (도쿄) 도내를 이동하다 보면 예전 에 비해서 ★꽤나 외국인 여행객을 보는 경우가 많아졌다.

: 都内を移動していると、一時期 に比べ、★随分と 外国人旅行客を目にすることが多くなった。

| 어휘 | 都内(とない) 도내 *「東京都(とうきょうと)」(도쿄도)의 중심 지역, 특히 23구 안　移動(いどう) 이동
一時期(いちじき) 예전, 과거의 한때　～に比(くら)べ ～에 비해
随分(ずいぶん)と 꽤나　目(め)にする 보다

38 재해 수준이라고까지 일컬어졌던 더위도 날 ★로 누그러져, 가을다운 선선함이 더해지기 시작했다.

: 災害レベルとまで言われた暑さも 日ごと ★に やわらぎ、秋らしい涼しさが増してき た。

| 어휘 | 災害(さいがい) 재해　レベル 레벨, 수준, 정도
～とまで ～라고까지　暑(あつ)さ 더위
日(ひ)ごと 매일, 날마다　やわ(和)らぐ 누그러지다
명사+らしい ～답다　涼(すず)しさ 선선함
増(ま)す (양적·질적으로) 더하다, 정도를 높이다

39 인플루엔자에 감염되면 개인의 건강 피해 뿐만 아니라, ★기업 활동에도 심대한 영향을 줄 위험이 있다.

: インフルエンザに感染すると、個人の健康被害 のみならず、★企業活動にも 甚大な影響を与えるリスクがある。

| 어휘 | インフルエンザ 인플루엔자, 독감　感染(かんせん) 감염
健康(けんこう) 건강　被害(ひがい) 피해
～のみならず ～뿐만 아니라　甚大(じんだい) 심대, 몹시 큼
影響(えいきょう) 영향　与(あた)える 주다　リスク 리스크, 위험

40 정부는 2020년을 위해 ★글로벌하게 활약할 수 있는 인재를 키우려고 하고 있는데, 많은 일본인은 일상적으로 영어를 쓰는 경우가 없고, 학습 의욕도 그다지 높지 않을 것이다.

: 政府は2020年に 向け ★グローバルに 活躍できる人材を育てようとしているが、多くの日本人は日常的に英語を使うことがなく、学習意欲もそれほど高くないのだろう。

| 어휘 | 政府(せいふ) 정부　～に向(む)け ～을 위해
グローバル 글로벌, 전세계적임　活躍(かつやく) 활약
人材(じんざい) 인재　育(そだ)てる 키우다, 육성하다
日常的(にちじょうてき) 일상적　意欲(いよく) 의욕
それほど 그다지

問題7

41-45

　저녁이 되고, 어느 정도 피로를 느끼기 시작했을 무렵에 마시는 맥주. 샌프란시스코·베이 에어리어를 중심으로 한 많은 (주1)신설 회사에서는 이전보다 사내에서의 알코올 무료 제공이 사원에게 41지지받고 있다. 대기업과는 다른 자유로운 근무방식을 상징하는 요소 중 하나다.

　일본에도 예로부터 '마시는 커뮤니케이션'이란 단어가 있는 것처럼 술은 사람의 교류와 대화를 촉구해 주는 것이다. 사원끼리나 사내외의 협업 촉진에 특히 대처하는 근래의 기업 트렌드를 고려하면 42어쩌면 앞으로의 사무실의 필수품이 되는 것일지도 모른다. 그러나 '마시지 않으면 커뮤니케이션할 수 없다는 것인가'라는 논의도 또한 나오는 것처럼, 이 부분은 찬반이 나뉘는 포인트이기도 하다. 43결국 사무실에서의 알코올 제공은 존재하게 되는 것인가?

　업무 후의 한잔은 어느 나라에서나 먼 옛날부터 행해져 왔겠지만, 사무실에서의 알코올의 이미지를 강화한 것은 근래 화제인 OurWorking이라고 생각한다. (주2)코워킹업계를 이끄는 동일한 회사의 세계 각 지역의 공간에도 비어 서버가 설치되어 있고, 이것이 OurWorking의 트레이드 마크 중 하나가 되어 있다. 협업을 촉진하는 차세대의 작업 공간에 맥주 서버가 아무렇지 않게 놓여져 있는 광경은 많은 사람44에게 있어서 충격적인 것이었을 것이다.

　그러나 OurWorking에서는 이미 사내에서의 알코올 제공은 사원에게 있어서 인기 복리후생의 일부가 되어 있으며, 다른 많은 기업도 풍부한 종류의 맥주와 알코올 음료를 제공하고 있다. ANB 사에서는 업무 후에 제한된 공간45에서만 음주가 허가되고 있다.

　또한 이러한 '가볍게 마시는' 기업 문화에 편승하여, 기업용으로 알코올의 제공·배달을 하는 서비스도 생겼다. 신설회사 Hows는 신선한 지역 맥주를 기업 사무실에 판매·제공. 맥주 서버의 무료 제공도 하고, 정액제 서비스로 일정량의 공급을 하거나 또는 사무실에서 개최되는 이벤트용으로도 필요한 만큼 배달을 하는 서비스를 제공하고 있다.

(주1)스타트 업: 신설회사를 말함.
(주2)코워킹: 사무소나 회의실 등을 공유하면서 독립된 일을 하는 새로운 워크 스타일을 가리킨다.

| 어휘 | 夕方(ゆうがた) 저녁　入(はい)る (어느 시기에) 접어들다
ある 어느　程度(ていど) 정도　疲(つか)れ 피로　ところ 즈음
ベイエリア 베이 에어리어, 만안지역 *산업·연구·공공 유락 시설 등으로 개발되어 있는 매립지 등의 해안지역
スタートアップ 스타트 업, 신설회사　アルコール 알코올, 술
提供(ていきょう) 제공　支持(しじ) 지지
大企業(だいきぎょう) 대기업　違(ちが)う 다르다
働(はたら)き方(かた) 일하는 방식　象徴(しょうちょう) 상징
要素(ようそ) 요소
飲(の)みニケーション 마시는 커뮤니케이션, 술자리를 통해 사람들을 사귀는 전략 *「飲(の)み」((술을) 마심)+「コミュニケーション」(커뮤니케이션)의 합성어
交流(こうりゅう) 교류　促(うなが)す 촉구하다
～同士(どうし) ～끼리　コラボレーション 협력, 협동

促進(そくしん) 촉진　取(と)り組(く)む 대처하다
トレンド 트렌드, 경향, 추세　考慮(こうりょ) 고려
ひょっとしたら 어쩌면, 혹시　必需品(ひつじゅひん) 필수품
議論(ぎろん) 논의　挙(あ)がる 나오다, 제기되다
賛否(さんぴ) 찬반　分(わ)かれる 갈라지다, 나뉘다
結局(けっきょく)のところ 결국　大昔(おおむかし) 먼 옛날
行(おこな)う 하다, 행하다　率(ひき)いる 이끌다, 거느리다
設置(せっち) 설치　次世代(じせだい) 차세대
平然(へいぜん) 태연함　光景(こうけい) 광경
～にとって (사람·입장·신분) ～에게 있어서
衝撃的(しょうげきてき) 충격적　ところが 그런데
福利(ふくり) 복리　厚生(こうせい) 후생　豊富(ほうふ) 풍부
飲料(いんりょう) 음료　限(かぎ)る 한정하다, 제한하다
～のみ ～만, ～뿐　飲酒(いんしゅ) 음주　許可(きょか) 허가
乗(じょう)じる 기회를 포착하다, 때를 이용하다
～向(む)け ～용　配達(はいたつ) 배달　生(う)まれる 생기다
販売(はんばい) 판매　ローカル 로컬, 지방
一定量(いっていりょう) 일정량　供給(きょうきゅう) 공급
開催(かいさい) 개최　デリバリー 딜리버리, 배달
新設(しんせつ) 신설　共有(きょうゆう) 공유
独立(どくりつ) 독립　指(さ)す 가리키다

45
1 에서밖에
2 에서만
3 라고 하면
4 의 부분에 따라
| 어휘 | ～しか ～밖에　～というと ～라고 하면

41
1 지지하고 있지 않다
2 지지받지 못하고 있다
3 지지하고 있다
4 지지받고 있다

42
1 어쩌면
2 혹은
3 아니나 다를까
4 생각한 대로
| 어휘 | もしくは 또는, 혹은
案(あん)の定(じょう) 아니나 다를까
思(おも)ったとおり 생각한 대로

43
1 결국
2 단
3 가장
4 지금으로서는
| 어휘 | ただし 단, 다만　今(いま)のところ 지금 단계, 지금으로서는

44
1 에 대해서
2 을 토대로 하여
3 에게 있어서
4 부터 해서
| 어휘 | ～にたい(対)して ～에 대해서
～をもと(基)にして ～을 토대[근거]로 하여
～からして ～부터 해서

📖 독해

問題 8

(1)

최근 인터넷에서 '쌀 커뮤니케이션'이라는 단어를 보았다. '쌀 커뮤니케이션'이란, 흰밥을 먹는 모임. 종래의 '회식'과는 달리 개최장소는 집이 되는 경우가 많다. 자신이 밥에 가장 맞는다고 생각하는 반찬을 각자 가지고 온다는 합리적인 모임으로, 실제로 해 보면 따스함마저 느낄 수 있다고 한다.

옛날에 교수와 상사, 직장 선배와 '마시는 커뮤니케이션'하는 것이 당연한 시절이 있었다. 술이 약한 나는 마시고 싶지도 않은 술을 많이 마시게 만드는 이 '마시는 커뮤니케이션'을 정말 싫어했다. 그래서 술을 마시고 싶지 않은데 억지로 마셔야 할 경우, 어떤 식으로 회피하면 좋을지, 언제나 머리를 쥐어짜고 있었다.

그러나 술과 달리 밥은 모두 먹고, 술을 싫어하는 사람이더라도 밥은 먹는다. 술을 마시지 않는 젊은이와는 잔이 아니라 밥공기를 기울이며 '쌀 커뮤니케이션'할 것을 권해 드리고 싶다. 시대의 변화에 맞추어 가야 하지 않겠는가.

| 어휘 | ネット 인터넷 *「インターネット」의 준말
米(こめ)ニュケーション 쌀 커뮤니케이션, 밥을 먹으면서 친교를 나눔
見(み)かける 눈에 띄다, 보다 会(かい) 모임
従来(じゅうらい) 종래 飲(の)み会(かい) 회식
異(こと)なる 다르다, 같지 않다 開催(かいさい) 개최
合(あ)う 맞다, 어울리다 おかず 반찬 各自(かくじ) 각자
リーズナブル 리즈너블, 합리적임 暖(あたた)かみ 따뜻함
～さえ ～마저
飲(の)みニケーション 마시는 커뮤니케이션, 술을 마시면서 친교를 나눔 当(あ)たり前(まえ) 당연함
大嫌(だいきら)い 몹시 싫어함 無理矢理(むりやり) 억지로
風(ふう) 식, 방법 回避(かいひ) 회피
頭(あたま)を絞(しぼ)る 머리를 쥐어짜다, 고심하여 여러 가지로 생각해 내다
苦手(にがて) 잘하지 못함, 질색 茶碗(ちゃわん) 밥공기
傾(かたむ)ける 기울이다, (술 따위를) 마시다
お+동사의 ます형+する ～해 드리다, ～하다 *겸양표현
勧(すす)める 권하다 合(あ)わせる 맞추다

46 언제나 머리를 쥐어짜고 있었다라고 쓰여 있는데, 어째서인가?

1 쌀 커뮤니케이션을 보급시키기 위해서
2 마시는 커뮤니케이션을 보급시키기 위해서
3 회식에서 잘 술을 거절하기 위해서
4 회식에서 밥을 많이 먹기 위해서
| 어휘 | 普及(ふきゅう) 보급 断(ことわ)る 거절하다

(2)

일본인은 집안에서 어떻게 쉬고 있을까? 수도권의 집합주택에 사는 부부 1,000쌍을 대상으로 인테리어 디자인센터에서 조사했다. 쉴 때에 다다미나 카펫에서 '뒹굴'지, 소파 등에 '앉아 있을'지에서는 '앉아 있겠다'가 60%가 약간 넘었으며, '뒹굴겠다'가 40%에 약간 못 미쳤다. 남녀별의 차이가 크고, 남성에서는 '앉아 있겠다'보다 '뒹굴겠다'가 많았던 것에 비해, 여성은 '앉아 있겠다' 쪽이 압도적으로 많았다.

왜 여성은 앉는 것일까? '집에서는 할 일이 많아서 누워 있을 수 없다'와 '누워 버리면 집안일을 하기가 귀찮아진다'가 그 이유. 한편 남성은 '회사에서 지쳐 돌아오면 어쨌든 눕고 싶다'라는 회답이 눈에 띄었다.

| 어휘 | くつろ(寛)ぐ 편안히 쉬다 首都圏(しゅとけん) 수도권
集合住宅(しゅうごうじゅうたく) 집합주택, 공동주택
住(す)む 살다, 거주하다 ～組(くみ) ～쌍
対象(たいしょう) 대상 インテリア 인테리어
畳(たたみ) 다다미, 일본식 돗자리 じゅうたん 양탄자, 카펫
寝転(ねころ)ぶ (누워) 뒹굴다 ソファー 소파 座(すわ)る 앉다
～強(きょう) ～강, 그 수치보다 약간 많음
～弱(じゃく) ～약, 그 수치보다 약간 적음
男女別(だんじょべつ) 남녀별 違(ちが)い 차이
対(たい)する 비하다 圧倒的(あっとうてき) 압도적
寝(ね)る 눕다 ～ていられない ～하고 있을 수 없다
家事(かじ) 집안일 おっくう 귀찮음
一方(いっぽう) 한편 疲(つか)れる 지치다, 피로해지다
とにかく 어쨌든 横(よこ)になる 눕다
回答(かいとう) 회답 目立(めだ)つ 눈에 띄다

47 본문의 내용으로 옳은 것은 어느 것인가?

1 일본인은 집안에서 쉴 때 남녀를 불문하고 소파에 앉아서 보내는 사람이 많은 것 같다.
2 일본인은 집안에서 쉴 때 남녀를 불문하고 누워서 보내는 사람이 많은 것 같다.
3 일본인 남성은 집안에서 쉴 때 소파에 앉아서 보내는 사람이 많은 것 같다.
4 일본인 여성은 집안에서 쉴 때 소파에 앉아서 보내는 사람이 많은 것 같다.
| 어휘 | ～を問(と)わず ～을 불문하고 過(す)ごす (시간을) 보내다
横(よこ)たわる 눕다

(3)

NIE는 'Newspaper In Education'의 약칭이다. 일본어로는 '교육에 신문을'으로 번역되고 있다. 즉, 신문을 교재로서 학교교육에 유용하게 쓰자는 시도이다. 초중고생의 사회에 대한 관심을 높이고, 정보를 '읽고 이해하는' 힘, '생각하는' 힘, 문제를 '해결하는' 힘을 몸에 익히게 하는 것을 목적으로 삼고 있다. 학습지도요령의 개정으로 사고력, 판단력, 표현력을 몸에 익혀 '살아가는 힘'을 키우기 위해 알맞은 교재로 재평가받은 것이 신문. 개정의 배경에는 활자 기피와 학력 저하가 관련이 있다는 위기감이 있다고도 일컬어지고 있다. 살아 있는 교재가 되는 지면 만들기를 해 주기 바라는 바이다.

| 어휘 | NIE(エヌ・アイ・イー) NIE, 신문을 이용하여 수업하는 방법
略称(りゃくしょう) 약칭　訳(やく)す 번역하다　つまり 즉
教材(きょうざい) 교재　役立(やくだ)てる 유용하게 쓰다
取(と)り組(く)み 시도　児童(じどう) 아동, (특히) 초등학교 학생
生徒(せいと) (중·고등) 학생　高(たか)める 높이다
読(よ)み解(と)く 해독하다, (문장을) 읽고 이해하다
身(み)に付(つ)ける 몸에 익히다, 습득하다
指導(しどう) 지도　要領(ようりょう) 요령
改定(かいてい) 개정, 법률·제도 등 이전의 것을 고쳐서 새로이 하는 것
思考力(しこうりょく) 사고력　判断力(はんだんりょく) 판단력
育(はぐく)む 키우다, 보호 육성하다
格好(かっこう)の+명사 알맞은~, 적당한~
見直(みなお)す 재평가하다　背景(はいけい) 배경
活字離(かつじばな)れ 활자[인쇄물]에 관심을 두지 않음 *「명사+
離ばなれ」-~와 관심이 멀어짐
学力(がくりょく) 학력, 학문의 역량　低下(ていか) 저하
相関(そうかん)する 상관하다, 관련이 있다
危機感(ききかん) 위기감　~とも言(い)われる ~라고도 일컬어지다
紙面(しめん) 지면　명사+作(づく)り ~만들기

[48] 시도라고 쓰여 있는데, 어떠한 시도인가?
1 학교교육에 다양한 미디어를 고도로 이용하여 확실한 학력을 몸에
익히게 하려는 시도
**2 학교교육에 다양한 신문을 고도로 이용하여 확실한 학력을 몸에 익
히게 하려는 시도**
3 학교교육에 있어서의 다양한 교육과제에 대한 대응을 요구하여 확
실한 학력을 몸에 익히게 하려는 시도
4 학교교육에 있어서의 현상과 과제를 추구하여 확실한 학력을 몸에
익히게 하려는 시도
| 어휘 | 多様(たよう) 다양　メディア 미디어, 대중매체
高度(こうど) 고도, 정도가 높음
~における ~에 있어서의, ~의 *어떠한 일이 이루어지는 장소나
경우, 상황을 한정함
課題(かだい) 과제　対応(たいおう) 대응　求(もと)める 요구하다
現状(げんじょう) 현상, 현재의 상태　追求(ついきゅう) 추구

(4)

취침 후에 배뇨 때문에 1회 이상 일어나 버리는 것을 '야간빈뇨'
라고 하는데, 이 문제는 주로 60세 이상의 사람에게 볼 수 있다.
숙면을 취할 수 없게 되는 데다, 생활에 큰 지장을 초래할 가능성
도 있다. 야간빈뇨의 원인은 하나가 아니라 수분의 과다 섭취인
경우도 있고, 방광 용량의 감소, 또는 당뇨병과 신장장애, 수면시
무호흡 증후군 등의 질환에 의한 것도 생각할 수 있다.
　밤의 배뇨에 대해서 조사한 나가사키대학의 연구팀은 염분 섭
취량이 많고 수면장애가 있는 환자에 대해서 식사 중의 염분 섭취
량을 줄이도록 조언한 후, 3개월에 걸쳐 경과 관찰을 했다. 밤에
화장실에 가는 횟수는 평균 하룻밤에 2회 이상에서 1회로 줄었다.
화장실 사용횟수는 야간뿐만 아니라 낮에도 줄어 생활의 질도 개
선되었다. 조사한 나가사키대학병원의 M조교수(비뇨기과·신장
이식외과)는 '감염(減塩)에 의해 입마름이 억제되어 수분을 섭취
하는 양이 준 것과 교감신경에 대한 자극이 억제된 등이 빈뇨
의 개선 이유로 생각된다'고 말한다.

| 어휘 | 就寝(しゅうしん) 취침　排尿(はいにょう) 배뇨
起(お)きる 일어나다, 기상하다　夜間(やかん) 야간
頻尿(ひんにょう) 빈뇨　~という ~라고 한다　主(おも)に 주로
熟睡(じゅくすい) 숙수, 숙면　~上(うえ) ~하는 데다
支障(ししょう) 지장　来(きた)す 초래하다
可能性(かのうせい) 가능성　水分(すいぶん) 수분
摂(と)りすぎ 과다 섭취 *「동사의 ます형+す過)ぎ」- 너무 ~함
~も~ば~も ~도 ~하고 ~도　膀胱(ぼうこう) 방광
容量(ようりょう) 용량　減少(げんしょう) 감소
糖尿病(とうにょうびょう) 당뇨병　腎臓(じんぞう) 신장
障害(しょうがい) 장애, (신체의) 이상　睡眠(すいみん) 수면
無呼吸(むこきゅう) 무호흡　症候群(しょうこうぐん) 증후군
疾患(しっかん) 질환　塩分(えんぶん) 염분
摂取量(せっしゅりょう) 섭취량　患者(かんじゃ) 환자
減(へ)らす 줄이다　助言(じょげん) 조언
~にわた(渡)り ~에 걸쳐서　経過(けいか) 경과
観察(かんさつ) 관찰　トイレ 화장실　回数(かいすう) 횟수
平均(へいきん) 평균　~一晩(ひとばん) 하룻밤　減(へ)る 줄다
日中(にっちゅう) 주간, 낮 동안　質(しつ) 질　改善(かいぜん) 개선
助教授(じょきょうじゅ) 조교수　泌尿器(ひにょうき) 비뇨기
腎移植(じんいしょく) 신장이식　外科(げか) 외과
減塩(げんえん) 감염, 치료나 건강 유지상 염분의 섭취량을 줄임
渇(かわ)き 목마름, 갈증　抑(おさ)える 억제하다
摂(と)る 섭취하다　交感神経(こうかんしんけい) 교감신경
刺激(しげき) 자극

[49] 본문의 내용으로 옳지 않은 것은 어느 것인가?
1 내장기관의 기능과 배뇨장애는 관계없다고 할 수 있다.
2 성인병이 있는 사람은 배뇨장애가 될 수도 있다.
3 염분 섭취량을 줄이는 것으로 생활의 질 개선을 기대할 수 있을 것
같다.
4 방광 용량의 감소가 원인이 되어 배뇨장애를 일으키는 경우가 있다.
| 어휘 | 内臓(ないぞう) 내장　器官(きかん) [생물] 기관
働(はたら)き 작용, 기능　成人病(せいじんびょう) 성인병
동사의 ます형+かねない ~할지도 모른다　もと 원인
引(ひ)き起(お)こす 일으키다, 야기하다

問題9

(1) **50-52**

수도꼭지를 틀면 언제든지 어디든지 청결한 물이 나오는 것은
일본에서는 극히 자연스러운 일이며, 일본에 수자원문제가 존재
한다고 생각하는 사람은 적을 것이다. 오히려 일본은 매우 물이
풍부한 나라라고 생각하기 십상이다.
　그러나 그 반면, 아무리 안심이라고 여겨지는 일본의 물일지라
도 여러 가지 소문이 나도는 수돗물의 불안요소들. 그 때문에 ①정
수기와 미네랄 워터가 팔리고 있는 사실이 있다.
　이처럼 수돗물에 대한 불안 해소와 맛있는 물을 마시고 싶다는
이유에서 보급이 진행되는 가정용 정수기인데, 기능을 살린 사용
법이 소비자에게 요구되고 있다. 사용법에 따라서는 좋은 기능을
제대로 써먹지 못할 수 있으니, 다음 두 가지에 주의하기 바란다.

첫 번째로, 정수기에 있어서는 심장부라고도 해야 할, 수돗물의 정화를 행하는 카트리지의 수명문제가 있다. 정수기는 일정량의 물을 여과하면 수명을 다하기 때문에 정기적으로 카트리지를 교환할 필요가 있다. 2개월에서 반년이라는 제품이 주류였지만, 최근에는 1년이라는 수명이 긴 것도 나오기 시작했다. 설거지 등에는 가급적 사용하지 않는 것이 오래 쓰는 비결이다.

최근 제품은 '정수'와 '수돗물' 전환이 가능한 것이 많으므로, 사용목적에 맞춰, 바지런히 구별해 사용하는 것이 현명하다. 정수기의 카트리지는 사용기한이 지나면 오염과 빨간 녹을 제거하는 기능이 상당히 떨어지므로 주의해야 한다.

또 한 가지는 활성탄으로 '여과'하는 구형 타입의 정수기에는 살균작용이 있는 염소도 함께 제거함으로써, ②정수기 속에서 세균이 번식해 버린다는 난점이 있다. 이것을 막기 위해서는 항균활성탄 등의 여과재를 사용한 제품을 선택하는 것이 좋을 것 같다.

정수기를 설치함으로써, 수돗물의 오염이 아직 남아 있을까라는 불안은 상당히 해소된 것 같지만, 그렇다고 해서 정수기를 만능이라고 믿어 버려서는 안 된다. 예를 들면 트리할로메탄 등 유해한 유기화합물의 제거 능력에는 아직 충분한 기능은 발휘되고 있지 않기 때문이다. 앞으로의 여과방법과 여과재의 연구에서 기대되는 부분이다.

| 어휘 | 蛇口(じゃぐち)をひねる 수도꼭지를 틀다
清潔(せいけつ) 청결, 깨끗함 ごく 극히
水資源(みずしげん) 수자원 むしろ 오히려
恵(めぐ)まれる 풍족[풍부]하다, 혜택을 받다
동사의 ます형+がちだ 자주 ~하다, (자칫) ~하기 쉽다[십상이다]
反面(はんめん) 반면 どんなに 아무리
取(と)り沙汰(ざた) 소문, 화제가 됨, 입에 오르내림
水道水(すいどうみず) 수돗물 要素(ようそ) 요소
浄水器(じょうすいき) 정수기
ミネラルウォーター 미네랄 워터, 생수 売(う)れる (잘) 팔리다
解消(かいしょう) 해소 普及(ふきゅう) 보급
進(すす)む 진행되다 機能(きのう) 기능
活(い)かす 살리다, 발휘하다 使(つか)い方(かた) 사용법
消費者(しょうひしゃ) 소비자 求(もと)める 요구하다
명사+次第(しだい) ~에 따라, ~나름
宝(たから)の持(も)ち腐(ぐさ)れ 보물을 가지고 썩힘 *훌륭한 재주를 제대로 활용하지 못한다는 뜻
동사의 ます형+かねない ~할지도 모른다
気(き)を付(つ)ける 조심[주의]하다
~てほしい ~해 주었으면 하다 第一(だいいち) 제일, 첫 번째
~にとって (사람·입장·신분) ~에게 있어서
心臓部(しんぞうぶ) 심장부 ~べき ~해야 할, ~할 만한
浄化(じょうか) 정화 行(おこな)う 하다, 행하다
カートリッジ 카트리지
寿命(じゅみょう) 수명, 사물이 사용될 수 있는 기간 ろ過(か) 여과
迎(むか)える (자연히 돌아오는 것을) 맞이하다, 그때가 되다
定期的(ていきてき) 정기적
取(と)り換(か)える 바꾸다, 교환하다 半年(はんとし) 반년
主流(しゅりゅう) 주류 洗(あら)い物(もの) 설거지
なるべく 되도록, 가급적 長持(ながも)ち 오래 감, 오래 씀
コツ 비결 切(き)り替(か)え 전환
合(あ)わせる 맞추다 小(こ)まめ 바지런함

使(つか)い分(わ)ける (일의 성질·조건·목적 등에 따라 구별하여 사용하다 賢明(けんめい) 현명 期限(きげん) 기한
汚(よご)れ 더러움, 오염 赤錆(あかさび) 빨간 녹
除去(じょきょ) 제거 落(お)ちる 떨어지다
活性炭(かっせいたん) [화학] 활성탄, 높은 흡착성을 지닌 탄소질 물질
旧型(きゅうがた) 구형 殺菌(さっきん) 살균
作用(さよう) 작용 塩素(えんそ) 염소
取(と)り除(のぞ)く 제거하다 細菌(さいきん) 세균
繁殖(はんしょく) 번식 難点(なんてん) 난점, 곤란한 점
防(ふせ)ぐ 막다 抗菌(こうきん) 항균 ろ過材(かざい) 여과재
選(えら)ぶ 선택하다 取(と)り付(つ)ける 설치하다
かといって 그렇다고 해서 万能(ばんのう) 만능
思(おも)い込(こ)む 믿어 버리다
~てはいけない ~해서는[하면] 안 된다
トリハロメタン [화학] 트리할로메탄, 유기 염소계 화합물의 일종으로, 수돗물에 포함된 부식질과 멸균용 염소가 화합하여 생김, 발암성을 지님 有害(ゆうがい) 유해
有機化合物(ゆうきかごうぶつ) 유기화합물 発揮(はっき) 발휘

50 ①정수기와 미네랄 워터가 팔리고 있는 사실이 있다라고 쓰여 있는데, 왜인가?

1 일본에서는 언제든지 어디든지 깨끗한 물을 마실 수 있으니까
2 수돗물을 위협하는 다양한 수질상의 문제가 있으니까
3 정수기를 사용하면 안심하고 물을 마실 수 있으니까
4 일본은 풍부한 수자원의 혜택을 받고 있는 나라니까
| 어휘 | 清(きよ)らか 맑음, 깨끗함 脅(おびや)かす 위협하다
水質(すいしつ) 수질 ~上(じょう) ~상 豊(ゆた)か 풍부함

51 ②정수기 속에서 세균이 번식해 버린다라고 쓰여 있는데, 왜인가?

1 항균활성탄 등의 여과재를 설치한 제품을 사용하니까
2 구형 타입의 정수기는 카트리지의 수명이 짧으니까
3 보통 활성탄에는 염소가 포함되어 있지 않으니까
4 활성탄을 사용하면 소독작용이 있는 염소도 제거하니까
| 어휘 | 含(ふく)む 포함하다 消毒(しょうどく) 소독

52 정수기에 대해서 필자는 어떻게 생각하고 있는가?

1 일본은 수자원의 혜택을 받고 있는 나라이므로, 정수기나 미네랄 워터 등은 필요 없다.
2 정수기도 사용법에 따라서는 보석처럼 가치가 높은 것이 될 수 있다.
3 수돗물의 정화를 행하는 카트리지는 설거지에 사용하지 않으면 더욱 오래 사용할 수 있다.
4 정수기의 개선으로 이어질 듯한 연구는 이미 충분히 행해지고 있다.
| 어휘 | 要(い)る 필요하다 宝石(ほうせき) 보석
価値(かち) 가치 皿洗(さらあら)い 접시 닦기, 설거지
改善(かいぜん) 개선 繋(つな)がる 이어지다, 연결되다
なす 하다, 행하다 *문어적인 말씨

　　외식산업과 소매업, 운수 등, 폭넓은 업종에서 일손부족이 표면화되고 있다. 일할 사람의 감소라는 구조적인 요인에 더해, 경기회복 기조로 파트·아르바이트생 쟁탈전이 일어나고 있기 때문이다. 시급 상승뿐 아니라, 상여금을 지급하거나 정사원화하거나 하는 움직임도 나오기 시작했다.

　　'(오후) 9시 반이 마지막 주문입니다. 입구를 닫을 테니, 뒷문으로 돌아가 주세요'. 도쿄 도심에 있는 규동 체인점 '모모야' 점원은 식사 중인 손님에게 이렇게 알렸다. 통상 24시간 영업이지만, 이달 하순부터 오전 9시부터 오후10시로 단축했다. 아르바이트생이 그만두어, 가게를 돌릴 수 없게 되었기 때문이다.

　　다른 가게에서는 아르바이트 모집 포스터의 심야시급 1,430엔이라는 인쇄 문자 위에, 손으로 1,570엔으로 정정되어 있었다. (도쿄) 도내의 '모모야'에서 일하는 복수의 아르바이트생 점원은 '대학생 아르바이트생이 그만두고 사람이 모이지 않는다', '아침까지 혼자라서 일이 고되다'고 말한다. 금년도 4월 이후, 약 250점이 일시휴업과 단축영업으로 내몰렸다.

　　규동 대형 3사 중에서 최후발인 '모모야'는 급피치 출점으로 2015년에 '우시야'를 제치고, 업계 수위로 나섰다. 급성장을 떠받친 것이 심야에 점원 1명의 최소한의 인원으로 접객과 조리를 담당하는 전략이었다. 그러나 메뉴의 다양화로 일이 늘어나자, 영업할 수 없을 정도의 대량 퇴직이 잇따랐다.

　　선술집 체인점 '다미노 고코로'도, 전체 점포수의 약 10%에 해당하는 60점을 금년도 안에 폐쇄, 1점당 인원을 늘려, 직장환경 개선을 진행할 것을 결정했다. 장시간 노동이 상시화되어 있는 체인점도 있어 음식업은 원래 경원되기 십상이었는데, 경기가 좋아져서 타업종에서도 아르바이트생의 조건이 개선되었다. '아르바이트생에 대한 교육이 불충분해서 의욕, 보람을 제대로 끌어내지 못하고 있는' 것도 요인인 것 같다. 일손이 부족한 것은 음식업뿐만이 아니다. 건설업에서는 부흥수요와 공공사업의 증가로, 입찰 부조와 공사기간 지연으로 이어지고 있는 것이 현상이다. 운송업계도 '사재기 수요로 배송의뢰가 늘어나, 일감을 다 받을 수 없게 되었다'고 한다.

　　구인난, 일손부족, 인건비 상승 등과 같은 말을 눈앞에서 보게 된 것은 언제 이후일까? 구직자에게 있어서는 구인상황이 개선되어도 가장 중요한 기업이 없다면 의미는 없다. 오랫동안 이어진 기업에 유리한 시장에서 구직자에게 유리한 시장으로의 전환에 본격적인 대응이 기업에 요구되고 있다.

| 어휘 | 小売業(こうりぎょう) 소매업　運輸(うんゆ) 운수
幅広(はばひろ)い 폭넓다　業種(ぎょうしゅ) 업종
人手不足(ひとでぶそく) 일손부족　表面化(ひょうめんか) 표면화
働(はたら)き手(て) 일할 사람　減少(げんしょう) 감소
構造的(こうぞうてき) 구조적　要因(よういん) 요인
加(くわ)える 더하다, 보태다　基調(きちょう) 기조, 바탕
パート 파트, 시간제 근무자 *パートタイマー(파트타이머)의 준말
アルバイト 아르바이트, 아르바이트생
奪(うば)い合(あ)い 서로 빼앗음, 쟁탈함
上昇(じょうしょう) 상승　賞与(しょうよ) 상여, 상여금
支給(しきゅう) 지급　正社員(せいしゃいん) 정사원
動(うご)き 움직임　ラストオーダー 라스트 오더, 마지막 주문
閉(し)める (문을) 닫다　裏口(うらぐち) 뒷문

牛丼(ぎゅうどん) 규동, 소고기덮밥　チェーン店(てん) 체인점
告(つ)げる 고하다, 알리다　通常(つうじょう) 통상, 보통
下旬(げじゅん) 하순　短縮(たんしゅく) 단축
辞(や)める (일자리를) 그만두다　回(まわ)す 돌리다
募集(ぼしゅう) 모집　深夜(しんや) 심야
時給(じきゅう) 시급　印刷(いんさつ) 인쇄
手書(てが)き 손으로 씀　訂正(ていせい) 정정
複数(ふくすう) 복수, 둘 이상의 수　集(あつ)まる 모이다
きつい 힘들다, 고되다　口(くち)にする 말하다
以降(いこう) (기준이 되는 때를 포함하여) 이후
休業(きゅうぎょう) 휴업
追(お)い込(こ)む 몰아넣다, (괴로운 지경에) 빠지게 하다
大手(おおて) 대형　最後発(さいこうはつ) 최후발
急(きゅう)ピッチ 급피치　出店(しゅってん) 출점, 새로 가게를 냄
抜(ぬ)く 앞지르다, 제치다　首位(しゅい) 수위
躍(おど)り出(で)る (남을 앞질러) 나서다, 갑자기 두드러진 지위에 오르다　急成長(きゅうせいちょう) 급성장
支(ささ)える 떠받치다　ギリギリ 빠듯함　人員(じんいん) 인원
接客(せっきゃく) 접객　調理(ちょうり) 조리
戦略(せんりゃく) 전략　多様化(たようか) 다양화
大量(たいりょう) 대량　相次(あいつ)ぐ 잇따르다
居酒屋(いざかや) 선술집　店舗(てんぽ) 점포
当(あ)たる 해당하다　閉鎖(へいさ) 폐쇄　〜当(あ)たり 〜당
増(ふ)やす (수량을) 늘리다　改善(かいぜん) 개선
進(すす)める 진행하다　労働(ろうどう) 노동
常態(じょうたい) 상태, 정상적인 상태　もともと 원래
敬遠(けいえん) 경원, 의식해서 사물이나 사람을 피함
동사의 ます형+がちだ 자주 〜하다, (자칫) 〜하기 쉽다[십상이다]
業種(ぎょうしゅ) 업종　不十分(ふじゅうぶん) 불충분
やる気(き) 의욕　やりがい 하는 보람
引(ひ)き出(だ)す (재주·능력 등을) 끌어내다
復興(ふっこう) 부흥　需要(じゅよう) 수요
公共(こうきょう) 공공　入札(にゅうさつ) 입찰
不調(ふちょう) 부조, 상태나 형편이 나쁜 것
工期(こうき) 공기, 공사기간　遅(おく)れ 늦음, 지연
繋(つな)がる 이어지다, 연결되다
現状(げんじょう) 현상, 현재의 상태　運送(うんそう) 운송
駆(か)け込(こ)み需要(じゅよう) 사재기 수요
配送(はいそう) 배송　依頼(いらい) 의뢰
동사의 ます형+切(き)る 완전히[다] 〜하다
求人難(きゅうじんなん) 구인난　人件費(じんけんひ) 인건비
目(ま)の当(あ)たりにする 눈앞에서 직접 보다
以来(いらい) (그때부터 지금까지) 이래, 이후
肝心(かんじん) 가장 중요함　長(なが)らく 오랫동안
買(か)い手市場(てしじょう) 공급에 비하여 수요가 적어서 살 사람한테 유리한 시장
売(う)り手市場(てしじょう) 수요에 비해서 공급이 적기 때문에 파는 사람에게 유리한 시장　転換(てんかん) 전환

53 움직임도 나오기 시작했다라고 쓰여 있는데, 왜인가?

1 가동인구가 줄어들기 시작하여 일손을 확보하는 것이 힘들어졌기 때문

2 외식산업의 번창에 의해 일손을 모으는 것이 어려워졌기 때문

3 경기회복에도 불구하고 인원을 늘리지 않는 기업이 많기 때문

4 일할 사람 감소와 함께 인건비 상승으로 취직이 어려워졌기 때문

｜어휘｜ 稼働(かどう) 가동, 일함　細(ほそ)る 줄어들다
確保(かくほ) 확보　繁盛(はんじょう) 번성, 번창
〜にもかかわらず 〜에도 불구하고

54 '모모야'는 어떻게 '우시야'를 제치고, 업계 수위로 나설 수 있었
는가?

1 다른 체인점과는 달리 24시간 영업을 일관해 온 것이 소비자에게
먹혔다.
2 다른 체인점과는 달리 영업시간을 단축하여 인건비를 억제할 수 있
었다.
3 다른 체인점과는 달리 메뉴의 다양화를 꾀한 것이 소비자에게 먹
혔다.
4 다른 체인점과는 달리 인건비를 최대한으로 억제할 수 있었다.
｜어휘｜ 違(ちが)う 다르다, 같지 않다
貫(つらぬ)く 관철하다, 일관하다　抑(おさ)える 억제하다
図(はか)る 도모하다, 꾀하다　最大限(さいだいげん) 최대한

55 본문의 내용과 맞는 것은 어느 것인가?

**1 인재확보를 위해 종업원의 처우와 직장환경의 대우 개선을 도모하
는 기업이 늘어나기 시작했다.**
2 건설업에서는 건설자재의 급등에 의한 건설비 상승으로 인건비를
깎을 수밖에 없게 되었다.
3 운송업계에서는 예상외의 원인으로 배송 의뢰가 급증했는데, 인원
을 늘리는 것으로 해결하고 있다.
4 음식업에서는 아직도 장시간 노동이 깊이 뿌리내려 있으며, 24시간
영업도 상시화되어 있는 곳이 많다.
｜어휘｜ 処遇(しょぐう) 처우　待遇(たいぐう) 대우
동사의 ます형+始(はじ)める 〜하기 시작하다
資材(しざい) 자재　高騰(こうとう) 앙등, 급등, (물건값이) 뛰어오름
削(けず)る (예산 등을) 깎다　予想外(よそうがい) 예상외
急増(きゅうぞう) 급증　未(いま)だに 아직도
根付(ねづ)く 뿌리내리다[박다]

(3) **56-58**

스마트TV는 컴퓨터의 편리기능이 TV와 융합한 새로운 방향성
의 TV로, 컴퓨터와 휴대전화가 융합한 스마트폰과 마찬가지로 ①앞
으로의 전개가 기대되고 있다. TV의 디지털화에 수반하여 인터
넷상의 영상 콘텐츠를 시청할 수 있는 인터넷TV가 등장했는데,
2011년 1월에 미국에서 개최된 세계 최대의 가전쇼에서 어느 가
전업계가 새로운 사용법의 TV로, 스마트TV를 크게 다루어 다른
업체도 같은 방향성을 제시하는 등 하여 특히 주목받게 되었다.

스마트TV의 특징은 방송국과 인터넷 공급자로부터 전송된 방
송을 수동적으로 보기만 하는 TV가 아니라, 이용자 측에서 적극
적으로 나서서 필요한 영상·정보를 (주1)온 디맨드로 이용할 수 있
는 것과 영상 콘텐츠에 관한 각종 정보를 검색하여 표시할 수 있
는 것과 인터넷상의 SNS를 이용할 수 있는 것 등, 고도의 (주2)인터
랙티브성이 '스마트'라는 단어가 나타내는 하나의 특징이라고 할
수 있다.

또한 영상을 비롯한 각종 콘텐츠와의 인터랙티브성과 스마트폰
과 태블릿 단말장치 등의 모바일 기기와 관련 디지털 기기와의 인
터랙티브성을 실현하기 위한 앱을 스마트폰처럼 추가해 갈 수 있
는 것도 '스마트'가 나타내는 특징이라 할 수 있다.

게다가 TV를 조작하는 인터페이스로서 스마트폰과 태블릿 단
말장치를 이용할 수 있다는 점도 특징 중 하나이다. 예를 들면 TV의
컨트롤을 스마트폰의 터치 조작으로 하거나 태블릿으로 보고 있
는 영상 등을 터치 조작으로 TV 화면상에 표시할 수 있다는 것 등
이 있다.

그리고 가정 내외의 생활정보(건강, 쇼핑, 에너지 절약 등)와도
연계하여, 영상을 보기 위한 TV에서 더욱 정보를 현명하게 이용·
조작하는 인터페이스로서 활용하는 것에 의해 스마트TV를 중심
으로 한 ②스마트홈을 구축해 가고자 하는 생각도 있다.

(주1)온 디맨드: 고객으로부터의 요구에 맞게 데이터를 보내거나
서비스를 제공하는 것
(주2)인터랙티브성: '대화' 또는 '쌍방향'이라는 의미로, 이용자가
컴퓨터 화면을 보면서 대화를 하는 듯한 형식으로 조작하는 형태
를 가리킨다.

｜어휘｜ スマートテレビ 스마트TV　パソコン 개인용 컴퓨터
融合(ゆうごう) 융합　携帯電話(けいたいでんわ) 휴대전화
スマートホン 스마트폰　〜と同様(どうよう)に 〜와 마찬가지로
展開(てんかい) 전개　デジタル化(か) 디지털화
〜に伴(ともな)い 〜에 따라, 〜에 수반하여
インターネット 인터넷　〜上(じょう) 〜상　映像(えいぞう) 영상
コンテンツ 콘텐츠　視聴(しちょう) 시청　登場(とうじょう) 등장
家電(かでん)メーカー 가전 메이커, 가전업체
使(つか)い方(かた) 사용법　取(と)り上(あ)げる 문제삼다, 다루다
示(しめ)す 내보이다, 제시하다　注目(ちゅうもく) 주목
特徴(とくちょう) 특징　プロバイダー 공급자
配信(はいしん) (정보·데이터 등의) 전송, 배포
受動的(じゅどうてき) 수동적　ユーザー 유저, 사용자, 이용자
働(はたら)きかける (상대방이 응하도록 적극적으로) 작용하다
関(かん)する 관하다　各種(かくしゅ) 각종
表(あらわ)す 나타내다　〜を始(はじ)めとする 〜을 비롯한
タブレット 태블릿　行(おこな)う 하다, 행하다
端末(たんまつ) 단말장치 ※「端末装置(たんまつそうち)」의 준말
モバイル 모바일　機器(きき) 기기　実現(じつげん) 실현
アプリケーション 애플리케이션, 앱　追加(ついか) 추가
さらに 게다가, 더욱　操作(そうさ) 조작
インターフェース 인터페이스, 접속　タッチ 터치
表示(ひょうじ) 표시
省(しょう)エネ 에너지 절약 ※「省(しょう)エネルギー」의 준말
連携(れんけい) 연계　賢(かしこ)い 현명하다
活用(かつよう) 활용　構築(こうちく) 구축
考(かんが)え方(かた) 생각, 사고방식　要求(ようきゅう) 요구
応(おう)じる 〜에 (걸)맞게 〜하다
提供(ていきょう) 제공　対話(たいわ) 대화
双方向(そうほうこう) 쌍방향　形態(けいたい) 형태
指(さ)す 가리키다

56 ①앞으로의 전개가 기대되고 있다고 쓰여 있는데, 그 계기로
생각되는 것은 어느 것인가?

1 TV가 컴퓨터의 편리기능과 융합하여 새로운 방향성을 제시하게 된 것
2 이미 컴퓨터와 휴대전화가 융합한 스마트폰이 등장하고 있는 것
3 어느 가전업계가 TV의 새로운 사용법을 제시한 것
4 스마트폰과 마찬가지로 스마트TV도 일반가정의 필수품이 되어 있
는 것

| 어휘 | きっかけ 계기 すでに 이미
使(つか)い道(みち) 사용법, 용법 提示(ていじ) 제시
必需品(ひつじゅひん) 필수품

57 ②스마트홈을 구축하기 위해서는 어떤 과정이 필요한가?

1 정보시스템과 연계하여 우리에게 빼놓을 수 없는 가까운 정보를 현명하게 이용할 수 있도록 하는 과정
2 스마트TV의 컨트롤을 스마트폰의 터치 조작으로 행할 수 있도록 하는 과정
3 스마트폰과 태블릿 단말장치를 이용하여 스마트TV를 조작할 수 있도록 하는 과정
4 태블릿으로 보고 있는 영상 등을 터치 조작으로 TV 화면상에 표시할 수 있도록 하는 과정
| 어휘 | 過程(かてい) 과정 提携(ていけい) 제휴, 연계
我々(われわれ) 우리
欠(か)かせない 빠뜨릴 수 없는, 없어서는 안 될
身近(みぢか) 밀접함, 가까움 賢明(けんめい) 현명
コントロール 컨트롤, 통제

58 스마트TV의 특징으로 적합하지 않은 것은 어느 것인가?

1 기존의 TV와는 달리 방송 등을 수동적인 입장이 되어 받아 보기만 하는 TV가 아니다.
2 필요한 영상·정보를 시청자의 요구에 맞게 제공하는 데까지는 이르지 못하고 있다.
3 TV를 조작하는 인터페이스로서 스마트폰과 태블릿 단말장치를 이용할 수 있다.
4 영상 콘텐츠에 관한 각종 정보를 검색하여 표시할 수 있으며, 인터넷상의 SNS를 이용할 수 있다.
| 어휘 | 当(あ)てはまる 들어맞다, 적합하다
既存(きぞん) 기존 立場(たちば) 입장
至(いた)る 이르다, 도달하다 検索(けんさく) 검색

問題10

59-62

최근 일본에서 주목을 모으고 있는 호스텔. 도쿄와 오사카 등의 대도시뿐만 아니라, 지방의 관광도시에서도 늘어나고 있다. 해외에서는 ㈜1버젯 트래블러의 숙박지로서 매우 대중적인 존재이다. 호스텔이란, ㈜2어메니티 서비스 등을 최소한으로 한 합리적인 가격의 숙박만 하는 숙소로, 일본에서는 게스트 하우스라고도 불리고 있다. 커뮤니티 공간이 있으며, 다양한 나라의 여행자가 모이는 숙소다.

최대한 셀프서비스로 하는 것과 쓸데없는 설비가 없으므로, 1박당 가격이 통상의 호텔에 비해 싸다. 또한 많은 호스텔에서는 기본적으로 '도미토리'라고 불리는 타인과 공유하는 방을 제공하고 있다. 도미토리란, 방 크기에 맞춰 이층 침대가 몇 대인가 들어 있는 타인과 한방을 쓰는 저가숙박시설을 가리킨다. 1인 1실이 아니라 '1인 1베드'라는 감각이며, 모르는 사람과 같은 방에 숙박하는 것이 대부분. 독실도 갖추고 있지만, 그 수는 극히 적은 것이 현실. 화장실과 세면, 샤워 등은 공동 이용이 된다.

일본의 호스텔은 보통 호텔과 마찬가지로 청소가 빈틈없이 잘 되어 있어 청결한 것으로 유명하며, 안심, 안전, 청결이 세일즈 포인트가 되어 있다.

도미토리에서 신경이 쓰이는 것이 타인이 내는 소리와 불빛. 밤늦게나 이른 아침에는 너무 큰 소리를 내거나 전등을 켜거나 하지 않도록 주의하자. 만약 아침 일찍 출발한다면 전날 밤에 짐꾸리기를 끝내 두자. 또한 샤워 룸과 화장실, 부엌 등은 다 같이 사용하는 곳이므로, 혼자서 오래 점령하지 않을 것과 가능한 한 깨끗하게 사용할 것을 유념하자. 방의 콘센트도 수가 제한되어 있는 경우가 많아서, 계속 독점하고 있으면 빈축을 사 버리게 되므로 주의를. 모두 당연한 일이지만, 서로 양보하는 정신을 갖고, 다른 숙박자에게 폐를 끼치지 않도록 하면 게스트 하우스에서의 트러블은 대부분 막을 수 있다.

커다란 백팩을 짊어지고 긴 여행을 하는 여행자를 백패커(배낭여행자)라 부르는데, 그들은 싸게 숙박할 수 있는 도미토리식 숙박시설을 자주 이용한다. 저렴한 숙박요금도 매력적이지만, 호스텔에 여행자가 끌리는 최대 이유는 바로 여행자끼리의 교류다. 각국의 여행자, 다양한 국적, 연령층의 여행자들이 모여든다. 그 날 막 만난 동료와 식사하러 나가 술잔을 주고받거나 거실에서 한밤 중까지 대화를 나누거나 함께 관광하러 나가거나 하며, 그야말로 여행이 아니고는 할 수 없는 만남이 기다리고 있는 곳이 호스텔이다.

여행자끼리의 공통어는 영어가 많다. 다만 영어를 몰라도 이런 기회이기에 더욱이 적극적으로 상대에게 말을 걸어 보자. 중요한 것은 자신의 마음을 전하고 싶은, 의사소통을 하고 싶다는 마음이다.

일본에서는 아직 익숙지 않은 도미토리지만, 구미 제국에서는 젊은이의 여행이라고 하면 대개 도미토리다. 외국인 여행자는 모두 도미토리에 묵는 것에 익숙해져 있으며, 필요 이상으로 간섭하지 않는다. 잊으면 안 되는 것은 그들은 일본을 좋아해서 일본을 선택하여 여행하러 와 있는 것이다. 당신이 용기를 내어 마음을 열면 틀림없이 스스럼없이 이야기를 해 줄 것이다. 말이 통하지 않더라도 미소와 제스처와 그리고 약간의 용기가 있으면 의사소통도 할 수 있을 것이다.

㈜1버젯 트래블러: 저예산 여행자
㈜2어메니티 서비스자: 여기서는 호텔의 설비

| 어휘 | 注目(ちゅうもく)を集(あつ)める 주목을 모으다
ホステル 호스텔 宿泊先(しゅくはくさき) 숙박지
非常(ひじょう)に 매우, 대단히 ポピュラー 포퓰러, 대중적
最小限(さいしょうげん) 최소한
リーズナブル 리즈너블, (가격 등이) 적당함, 비싸지 않음
素泊(すど)まり (식사는 하지 않고) 잠만 자는 숙박
ゲストハウス 게스트 하우스
コミュニティー空間(くうかん) 커뮤니티 공간
旅人(たびびと) 여행자 集(つど)う 모이다 宿(やど) 숙소
極力(きょくりょく) 극력, 힘껏 セルフサービス 셀프서비스
無駄(むだ) 쓸데없음 設備(せつび) 설비 一泊(いっぱく) 1박
~当(あ)たり ~당 通常(つうじょう) 통상
~に比(くら)べて ~에 비해

ドミトリー 도미토리, 저가형 공동주택형 숙소
相部屋(あいべや) (여관 등에서) 같은 방에 묵음, 한방을 씀
合(あ)わせる 맞추다　二段(にだん)ベッド 이층 침대
格安(かくやす) 품질에 비해 가격이 쌈　指(さ)す 가리키다
宿泊(しゅくはく) 숙박　個室(こしつ) 독실, 개인용의 방
備(そな)える 갖추다　極(きわ)めて 극히
洗面(せんめん) 세면, 세수　シャワー 샤워
共同(きょうどう) 공동
行(い)き届(とど)く 구석구석까지 마음을 쓰다, 모든 면에 빈틈이 없다
清潔(せいけつ) 청결
売(う)り 세일즈 포인트 *『売(う)り物(もの)』의 준말
気(き)になる 신경 쓰이다　立(た)てる (소리를) 내다
明(あ)かり 불빛　早朝(そうちょう) 이른 아침
電気(でんき)をつける 전등을 켜다
気(き)を付(つ)ける 조심[주의]하다
パッキング 패킹, 짐꾸러기　済(す)ませる 끝내다, 마치다
占領(せんりょう) 점령　できるだけ 가능한 한, 되도록
心(こころ)がける 유의[유념]하다　限(かぎ)る 제한하다
独占(どくせん) 독점　ひんしゅくを買(か)う 빈축을 사다
当(あ)たり前(まえ) 당연함　譲(ゆず)り合(あ)い 서로 양보함
迷惑(めいわく)をかける 폐를[불편을] 끼치다
トラブル 트러블, 문제　防(ふせ)ぐ 막다
バックパック 백팩, 배낭
背負(せお)う 짊어지다　長旅(ながたび) 오랜[긴] 여행
バックパッカー 백팩커, 배낭여행자
魅力的(みりょくてき) 매력적　惹(ひ)かれる (마음 등이) 끌리다
ズバリ 정곡을 정확히 찌르는 모양　～同士(どうし) ~끼리
交流(こうりゅう) 교류　国籍(こくせき) 국적
出会(であ)う 만나다, 마주치다
동사의 た형+ばかりだ 막 ~한 참이다, ~한 지 얼마 안 되다
仲間(なかま) 동료　동작성 명사+に ~하러 *동작의 목적
出(で)かける 외출하다, 나가다
杯(さかずき)を交(か)わす 술잔을 주고받다
夜中(よなか) 한밤중
語(かた)らう 이야기를 주고받다, 함께 이야기하다
まさに 바로, 틀림없이, 그야말로
～ならではの+명사 ~이 아니고는 (할 수 없는), ~만의
～からこそ ~이기에 더욱더 *이유를 강조
話(はな)しかける 말을 걸다　伝(つた)える 전하다
コミュニケーションを取(と)る 커뮤니케이션[의사소통]을 하다
まだまだ 아직, 아직도 *『まだ』의 힘줌말
馴染(なじ)みが薄(うす)い 친분이 얕다, 익숙지 않다
欧米(おうべい) 구미, 유럽과 미국
諸国(しょこく) 제국, 여러 나라　若者(わかもの) 젊은이
泊(と)まる 묵다, 숙박하다　慣(な)れる 익숙해지다
干渉(かんしょう) 간섭　～てはいけない ~해서는[하면] 안 된다
勇気(ゆうき)を出(だ)す 용기를 내다
心(こころ)を開(あ)ける 마음을 열다
気(き)さく 담백하고 상냥함
～はず (아마) ~일 것[터]임 *화자의 주관적인 추측
通(つう)じる 통하다　笑顔(えがお) 웃는 얼굴
ジェスチャー 제스처

59 필자는 호스텔을 왜 합리적인 가격의 숙박만 하는 숙소라고 말하고 있는 것인가?

1 인건비 등을 줄임으로써 가격을 억제하고 있으니까
2 다양한 국적의 사람이 모여드는 곳이니까
3 멋진 커뮤니티 공간을 갖추고 있으니까
4 해외에서는 매우 대중적인 존재가 되어 있으니까
|어휘| 述(の)べる 말하다, 서술하다
人件費(じんけんひ) 인건비　省(はぶ)く 줄이다, 덜다
抑(おさ)える 억제하다　多様(たよう) 다양
国籍(こくせき) 국적　集(あつ)まる 모이다

60 '도미토리'에 대해서 옳은 것은 무엇인가?

1 기본적으로는 독실이지만, 경우에 따라서는 타인과 한방을 쓰게 되는 경우도 있다.
2 도미토리에 지인과 같은 방에 묵을 수는 없다.
3 시설과 설비 등을 복수의 사람으로 활용하게 되어 있다.
4 도미토리는 사치스러운 설비가 되어 있는 곳이 많다.
|어휘| 知(し)り合(あ)い 아는 사이[사람], 지인
複数(ふくすう) 복수　ぜいたく(贅沢) 사치
施(ほどこ)す 설비하다

61 호스텔이 여행자에게 인기가 있는 가장 큰 이유는 무엇인가?

1 저렴한 가격으로 묵을 수 있는 점
2 새로운 만남을 기대할 수 있는 점
3 지인과 느긋하게 쉴 수 있는 점
4 혼자서라도 부담없이 묵을 수 있는 점
|어휘| 安価(あんか) 값쌈, 싼 값　くつろ(寛)ぐ 편히 쉬다
気軽(きがる) 부담없음

62 이 글의 내용과 맞는 것은 어느 것인가?

1 호스텔은 일본 발상으로, 이미 일본에서는 널리 알려져 있으며, 이용객도 많다.
2 호스텔의 요금은 통상의 호텔보다 약간 비싼 설정으로 되어 있다.
3 호스텔에서는 직원의 극진한 서비스를 받을 수 있다.
4 호스텔에서는 공용 설비 등의 독점 때문에 문제가 일어나는 경우도 있다.
|어휘| 発祥(はっしょう) 발상
知(し)れ渡(わた)る 널리 알려지다
やや 약간　형용사의 어간+め 약간 그런 경향이 있음
至(いた)れり尽(つ)くせり 극진함
独(ひと)り占(じ)め 독점, 독차지　起(お)こる 일어나다, 발생하다

問題11

A

18세라고 하면 성인과 그다지 차이가 없으며, 선거에 참가할 수 있는 인원수가 늘어나는 것은 좋은 일로, 정치라고 하는 것이 자신의 가까운 곳에 존재하는 것을 이해·침투시키기 위해서는 좋다고 생각한다. 즉, 젊은이에게 일찍부터 권리와 책임을 부여하면서 어엿한 어른으로의 완만한 이행을 사회에서 떠받쳐 가는 시스템을 동시에 갖추는 것이 가장 중요하다고 할 수 있다.

'18세는 아직 어린아이'라는 의견도 있으나, 어린아이로 취급하니까 어린아이처럼 행동하는 것으로, 어른으로 취급하면 제대로 어른처럼 행동할 수 있다. 또한 젊은이의 소비자 피해 확대를 우려하는 소리도 있지만, 이미 선거권을 포함하여 '권리'도 부여되고 있다. '당신들은 어른이에요'라고 자각을 촉구하는 의미에서도 성인 연령을 18세로 하는 것은 당연한 흐름이 아닐까. 어른들이 일방적으로 '어린아이니까 판단력이 없다'고 일방적으로 단정하는 것은 이상하다. 성숙도는 개인차가 있으며, '미숙한 젊은이가 많으니 성인 연령을 낮추어서는 안 된다'고 하는 주장은 부적당하다. 정보 감도가 좋고, 자기자신을 객관적으로 보면서 장래를 똑똑히 보고 있다. 장래에 자신을 갖지 못하는 아이도 있지만, 사회가 '너는 어른이야'라고 인정하는 것으로 의식이 바뀌기 시작할 터. 따라서 '18세 성인'에 나는 찬성이며, 아무런 이상함도 없다. 덧붙여 선진국 대부분이 18세 성인제를 채용하고 있다.

| 어휘 | さほど (뒤에 부정의 말을 수반하여) 그다지, 별로
変(か)わり 차이 選挙(せんきょ) 선거 人数(にんずう) 인원수
身近(みぢか) 밀접함, 가까움 浸透(しんとう) 침투
与(あた)える 부여하다 동사의 ます형+つつ ~하면서
一人前(いちにんまえ) 어른, 어른과 같은 자격·능력을 인정받음
緩(ゆる)やか 완만함 移行(いこう) 이행
支(ささ)える 떠받치다 仕組(しく)み 짜임새, 구조, 시스템
整(ととの)える 마련하다, 갖추다
扱(あつか)う 다루다, 취급하다 振(ふ)る舞(ま)う 행동하다
~わけだ ~인 것[셈]이다 懸念(けねん) 염려, 우려
自覚(じかく) 자각 促(うなが)す 촉구하다
当然(とうぜん) 당연 流(なが)れ 흐름, 추이, 추세
判断力(はんだんりょく) 판단력
決(き)め付(つ)ける 일방적으로 단정하다
成熟度(せいじゅくど) 성숙도 未熟(みじゅく) 미숙
引(ひ)き下(さ)げる 낮추다 ~べきだ ~해야 한다
感度(かんど) 감도 見据(みす)える 확실히 보다
認(みと)める 인정하다
~はず (아마) ~일 것[터]임 *화자의 주관적인 추측
不思議(ふしぎ) 불가사의, 이상함 ちなみに 덧붙여서 (말하면)
先進国(せんしんこく) 선진국 採用(さいよう) 채용

B

성인 연령의 인하는 이점이 거의 없으며 결점이 훨씬 크다. 환경은 갖추어 있지 않아서 인하는 나중으로 미루어야 한다. 최대의 결점은 부모의 동의가 없는 법률 행위를 취소할 수 있는 '미성년자 취소권'이 18세부터 적용되지 않게 되므로, 뭔가를 저질렀을 때 완전히 자신만의 책임이 되어 버리기 때문에 소비자 피해가 확대될 개연성이 극히 높다. 정부는 대응책의 하나로서, 소비자 계약법의 개정을 들고 있다. 부당한 계약을 취소할 수 있는 규정을 담는 내용이지만, 아주 불충분하다.

인하가 실현되면 고등학교에서 성인과 미성년자가 혼재하지만, 부모와 교사, 국민 사이에서 결점에 관한 이해가 깊어졌다고는 할 수 없다. 정부는 충분한 대응책을 강구한 후에 국민의 목소리에 귀를 기울여, 그 시비를 생각해야 할 것이다.

지금 현재 18세지만, 아직 학교라는 좁은 세계에 있는 신분이므로 시야가 좁고, 아직 어린애 같은 사람이 너무 많다. 또한 현재의 사회는 이전에 비해 복잡화되어 있어, 자신이 책임을 지기 위한 지식, 능력, 경험을 몸에 익히는 데에 보다 시간이 걸린다. 마지막으로 술과 담배는 늦으면 늦을수록 좋다.

| 어휘 | 引(ひ)き下(さ)げ 인하 メリット 메리트, 장점, 이점
デメリット 디메리트, 단점, 결점 はるか(遥)かに 훨씬, 매우
整(ととの)う 갖추어지다 ~ず ~하지 않아서
先送(さきおく)り 판단이나 처리를 그때그때 하지 않고 뒤로 미룸
同意(どうい) 동의 取(と)り消(け)す 취소하다
未成年者(みせいねんしゃ) 미성년자 しでかす 일을 저지르다
拡大(かくだい) 확대 蓋然性(がいぜんせい) 개연성
極(きわ)めて 극히 契約(けいやく) 계약
改正(かいせい) 개정, 부적당한 것이나 미비한 점을 고치는 것
挙(あ)げる (예로서) 들다 不当(ふとう) 부당 規定(きてい) 규정
盛(も)り込(こ)む 담다, 포함시키다 全(まった)く 완전히, 아주
不十分(ふじゅうぶん) 불충분 混在(こんざい) 혼재
教諭(きょうゆ) (유치원·초등학교·중고등학교) 교사
深(ふか)まる 깊어지다
~とは言(い)えない ~라고는 말할 수 없다
講(こう)じる 강구하다 동사의 た형+上(うえ)で ~한 후에
耳(みみ)を傾(かたむ)ける 귀를 기울이다
是非(ぜひ) 시비, 옳음과 그름 身(み) 몸, 신분
視野(しや) 시야 子供(こども)っぽい 어린애 같다, 어리다
責任(せきにん)を取(と)る 책임을 지다
身(み)に付(つ)ける 몸에 익히다, 습득하다
かかる (시간이) 걸리다 ~ば~ほど ~하면 ~할수록

63 성인 연령을 인하하는 것에 대해서 A와 B는 어떻게 생각하고 있는가?

1 A는 미숙한 젊은이가 많으므로 성인 연령을 낮추어서는 안 된다고 생각하고, B는 성인 연령을 낮출 환경은 이미 갖추어져 있다고 생각하고 있다.
2 A는 18세 미만은 아직 자기자신을 객관적으로 볼 수 없다고 생각하고, B는 18세 미만이라도 어른으로서 취급하면 된다고 생각하고 있다.
3 A는 어엿한 어른으로 키우기 위해서라도 성인 연령을 낮추어야 한다고 생각하고, B는 정부의 대응책은 불충분하다고 생각하고 있다.

4 A는 18세라도 아직 어린애 같은 사람이 많다고 생각하고, B는 자신이 책임을 질 수 있도록 되려면 보다 시간이 걸린다고 생각하고 있다.

| 어휘 | 引(ひ)き下(さ)げる (지위·수준을) 낮추다
客観的(きゃっかんてき) 객관적 育(そだ)てる 키우다, 기르다

64 A와 B의 인식에서 공통되어 있는 것은 무엇인가?

1 A도 B도 잘못된 판단에 의한 젊은이의 소비자 피해 확대에 대해서 알고 있다.

2 A도 B도 18세 미만의 젊은이는 아직 판단력이 부족하다고 생각하고 있다.

3 A도 B도 흡연·음주 개시 연령의 인하를 반대하고 있다.

4 A도 B도 18세 미만은 반드시 부모의 동의를 얻고 법률 행위를 해야 한다고 주장하고 있다.

| 어휘 | 誤(あやま)る 잘못하다 乏(とぼ)しい 부족하다
喫煙(きつえん) 흡연 飲酒(いんしゅ) 음주 得(え)る 얻다

問題12

65-68

　'부부별성'이란, 결혼한 부부가 각각 다른 성을 사용하는 것이다. 이전의 일본에서는 사회적으로 '아내는 남편의 성을 대야 하는 법'이란 상식감이 있었지만, 근래 여성의 사회 진출에 수반하여, 이 부부별성이 재검토되기 시작하고 있다. 그러나 ①이 부부별성이라는 제도는 일본에서는 아직 낯설은 것으로, 다양한 장점과 단점이 존재하고 있는데, 이 부부별성은 앞으로의 일본에서 늘어날 것이다.

　우선 일본에서 '부부별성'이 어떻게 생각되고 있는지를 알기 위해서는 법무성의 생각을 아는 것이 가장 적절할 것이다. 일반적으로는 '부부별성'이라고 불리지만, 법적으로는 '성(姓)'이나 '성(名字)'을 '씨(氏)'라고 하므로, 정확하게는 '부부별씨', 그리고 부부별성이 가능한 제도를 '선택적 부부별씨 제도'라고 한다.

　지금 현재 일본에서는 국제결혼일 경우를 제외하고, 이 부부별성은 인정받지 못하고 있다. 게다가 부부별성이 인정받지 못하고 있는 것은 세계에서 유일하게 일본뿐이라고 한다. 그럼, 부부별성에는 어떤 장점·단점과 문제점이 있는 것일까?

　부부별성의 최대의 장점은 '결혼한 후에도 결혼하기 전과 같은 성으로 생활할 수 있다'는 점이라고 생각한다. 실제로 결혼하고 성이 바뀐 후에 여러 가지 불합리함을 느낀 적이 있는 사람은 적지 않을 것이다. 부부별성으로 결혼한 후에도 전과 같은 성으로 생활을 할 수 있다면 이러한 불합리함은 발생하지 않는다. 역설적이지만, 부부별성의 장점이란 '부부동성(결혼 후, 이름이 바뀌는 것)의 단점을 해소할 수 있다는 점'이라고 할 수 있을 것이다.

　그럼, 부부동성(이름이 바뀌는 것)은 어떤 단점이 있는 것일까? 대표적인 것으로는 다음과 같은 것을 들 수 있다.

　우선 처음에 들 수 있는 것은 성을 바꾸는 것에 따른 각종 등기 등의 수속이다. 성을 바꾸게 되면 당연히 여러 가지 수속을 하지 않으면 안 된다. 면허증 갱신 등의 공적인 것부터 신용카드 등의 사적인 것까지, 주위의 내 이름이 붙은 모든 것을 한 번 바꿔 써야 하는 엄청난 수고가 발생하고 만다. 덧붙여 우편물 등은 주소가 맞으면 기본적으로는 온다.

　또한 업무 등에서의 불합리함도 있다. 예를 들면 부부동성에 의거하여 이름을 바꾸었을 경우, 지금까지 '사토(佐藤) 씨'라고 부르고 있던 사람을 '스즈키(鈴木) 씨'라고 부르지 않으면 않게 된다. 이웃사촌끼리라면 약간의 호칭 실수도 애교가 지되도 모르지만, 업무에서는 이름의 호칭 실수 등은 있어서는 안 된다. 게다가 부르는 상대가 윗분일 경우, 대단한 실례가 되고 만다. 작은 커뮤니티라면 이름이 바뀐 것은 주변에도 침투하기 쉬우리라 생각하지만, 큰 커뮤니티이면일수록 어려워지며, 가벼운 패닉이 될 수도 있다. 또한 큰 커뮤니티이면일수록 침투에 시간이 걸리기 때문에 '실은 반년 동안 이름을 잘못 부르고 있었다' 등과 같은 일도 있을 수 있다.

　부부동성의 마지막 단점은 '이혼했을 때 어색하다'는 것이라고 생각한다. 조금 전 예에서 말하자면 지금까지 '사토(佐藤) 씨'라고 부르고 있던 사람이 결혼해서 '스즈키(鈴木) 씨'라고 부르게 되었다고 해도, 이혼해 버리면 다시 '사토(佐藤) 씨'로 돌아가 버린다. 이런 상태는 당사자가 가장 어색할 것이라고는 생각하지만, ②주위 사람도 꽤나 신경을 쓰고 만다. 더구나 근래의 일본, 이혼하는 케이스가 해마다 증가하고 있다.

　부부별성에도 여러 가지 단점은 있지만, 이것들은 사회의 인식이 바뀌면 간단히 극복할 수 있는 허들이다. 한편 장점으로는 '이름을 바꾼다'는 실무적인 수고를 덜 수 있다는 명확한 이익이 있다. 이름의 변경은 개개인에게 있어서는 그다지 부담이 안 될지도 모르지만, 사회 전체로 보았을 때는 큰 비용이 된다. 시민·국민의 상황 관리가 어려웠던 옛날과는 달리 현재는 컴퓨터가 발달되어 있다. 개인번호 등의 제도도 보급되고 있는 가운데, 개개인·사회 전체가 이것들의 비용을 계속 지불하는 것은 합리적이 아닐까.

| 어휘 | 夫婦(ふうふ) 부부 別姓(べっせい) 별성, 다른 성
違(ちが)う 다르다 名字(みょうじ) 성씨(姓氏), 성
妻(つま) 아내 夫(おっと) 남편 名乗(なの)る 자기 이름을 대다
常識感(じょうしきかん) 상식감 進出(しんしゅつ) 진출
〜にともな(伴)って 〜에 따라, 〜에 수반하여
見直(みなお)す 재검토하다 馴染(なじ)み 친숙[익숙]함
薄(うす)い 옅다, 적다 メリット 메리트, 장점, 이점
デメリット 디메리트, 단점, 결점
法務省(ほうむしょう) 법무성 *우리나라의 법무부에 해당
適切(てきせつ) 적절 〜と言(い)われる 〜라고 불리다
選択的(せんたくてき) 선택적 今(いま)のところ 지금 현재
国際結婚(こくさいけっこん) 국제결혼 除(のぞ)く 제외하다
認(みと)める 인정하다 しかも 게다가, 더구나
唯一(ゆいいつ) 유일 変(か)わる 바뀌다
不都合(ふつごう) 불합리, 도리에 맞지 않는 것
生(しょう)じる (사물이) 발생하다, 생기다
逆説的(ぎゃくせつてき) 역설적 解消(かいしょう) 해소
代表的(だいひょうてき) 대표적 挙(あ)げる (예로서) 들다
変(か)える 바꾸다 登記(とうき) 등기 手続(てつづ)き 수속
免許証(めんきょしょう) 면허증 更新(こうしん) 갱신
公的(こうてき) 공적 私的(してき) 사적
身(み)の回(まわ)り 신변, 주변 付(つ)く 붙다
あらゆる 모든 書(か)き換(か)える 고체[바꿔] 쓰다
手間(てま) 수고 ちなみに 덧붙여서
郵便物(ゆうびんぶつ) 우편물

届(とど)く (보낸 물건이) 도착하다
基(もと)づく 의거하다, 기인하다
近所付(きんじょづ)き合(あ)い 이웃집과의 교제[왕래]
多少(たしょう) 다소, 약간 呼(よ)び間違(まちが)え 잘못 부름
愛嬌(あいきょう) 애교 ～てはならない ～해서는 안 된다
目上(めうえ) 나이가 위임, 또 윗사람 コミュニティー 커뮤니티
周(まわ)り 주변, 주위 浸透(しんとう) 침투
～ば～ほど ～하면 ～할수록 パニック 패닉
동사의 ます형+かねない ～할지도 모른다
かかる (시간이) 걸리다 半年間(はんとしかん) 반년간
あり得(う)る 있을 수 있다 離婚(りこん) 이혼
気(き)まずい 어색하다 先(さき)ほど 조금 전
当人(とうにん) 당사자, 본인 年々(ねんねん) 해마다
認識(にんしき) 인식 乗(の)り越(こ)える 극복하다
ハードル 허들 一方(いっぽう) 한편 省(はぶ)く 줄이다, 덜다
個々人(ここじん) 개개인 負担(ふたん) 부담
マイナンバー 개인번호 *사회 보장·납세자 관리 제도에서 특정 개인을 식별하기 위해 국민 개개인에게 할당한 번호(개인 번호)의 명칭
普及(ふきゅう) 보급
동사의 ます형+続(つづ)ける 계속 ～하다

65 ①이 부부별성이란 제도는 일본에서는 아직 낯설다고 쓰여
했는데, 왜인가?

1 일본에서는 법률로, 혼인시의 부부동성이 의무 지어져 있으므로
2 국제결혼하는 일본인이 젊은 세대를 중심으로 급증하고 있으므로
3 일본의 법률에서는 부부동성이 인정받지 못하고 있으므로
4 선택적 부부별씨 제도가 있는 나라는 세계에서 일본밖에 없으므로
| 어휘 | 法律(ほうりつ) 법률 婚姻(こんいん) 혼인
義務付(ぎむづ)ける 의무를 지우다 世代(せだい) 세대
急増(きゅうぞう) 급증 ～しか ～밖에

66 ②주위 사람도 꽤나 신경을 쓰고 만다고 쓰여 있는데, 그 이유
로 생각되는 것은 어느 것인가?

1 만약 이혼한 사람이 주위에 있으면 그 사람의 눈치를 보지 않을 수
없게 되므로
2 결혼과 이혼에 의해 성이 바뀌면 그때마다 여러 비용이 발생하므로
3 결혼과 이혼에 의해 성이 바뀌면 틀리지 않도록 조심해야 하므로
4 이혼한 사람은 언제나 언짢아하며 또한 신경질적이 되어 주변 분위
기를 안 좋게 해 버리므로
| 어휘 | 顔色(かおいろ)をうかがう 안색을 살피다, 눈치를 보다
～ざるを得(え)ない ～하지 않을 수 없다, ～할[하는] 수밖에 없다
不機嫌(ふきげん) 기분이 좋지 않음, 언짢음
神経質(しんけいしつ) 신경질(적임)

67 부부동성의 단점이 아닌 것은 무엇인가?
1 결혼해도 성이 바뀌지 않고, 같은 성으로 생활할 수 있다는 점
2 결혼해서 성이 바뀐 것에 의해 여러 가지 불합리함을 느끼는 점
3 결혼해서 성이 바뀐 것에 의해 쓸데없는 비용이 발생하는 점
4 결혼해서 성이 바뀌면 공사에 걸쳐 불합리함이 발생하는 점
| 어휘 | 無駄(むだ) 쓸데없음 公私(こうし) 공사
～にわた(渡)って ～에 걸쳐서

68 필자의 주장과 맞는 것은 무엇인가?
1 부부별성은 좋은 것만 있으니, 빨리 추진해야 한다.
2 사회 전체가 부담하는 비용을 줄일 수 있는 것이 부부동성의 장점
으로 들 수 있다.
3 성가신 수고를 들이지 않고 해결할 수 있는 것이 부부동성의 장점
이라 할 수 있다.
4 부부별성에도 문제는 있지만, 극복할 수 없는 벽은 아니다.
| 어휘 | 명사+ずくめ 온통 그것뿐임, ～일색, ～만
推(お)し進(すす)める 추진하다 ～べきだ ～해야 한다
減(へ)らす 줄이다 面倒(めんどう) 귀찮음, 성가심
手間(てま)をかける 수고를 들이다
～ずに ～하지 않고, ～하지 말고 壁(かべ) 벽

問題13

69 이 체육관에서 행하는 공사 내용으로 옳은 것은 어느 것인가?
1 지붕을 해체하고 새로운 지붕을 설치한다.
2 체육관의 기존 창문을 모두 철거한다.
3 체육관의 일부 시설에 공사용 발판을 만들고 행한다.
4 벽 표면에 새로 페인트를 칠한다.
| 어휘 | 体育館(たいいくかん) 체육관 屋根(やね) 지붕
解体(かいたい) 해체 設置(せっち) 설치 既存(きぞん) 기존
撤去(てっきょ) 철거 足場(あしば) (공사장 등의) 비계[발판]
組(く)む 짜다, 만들다 表面(ひょうめん) 표면 塗(ぬ)る 칠하다

70 이 글의 내용과 맞는 것은 무엇인가?
1 부실공사에 의해 지붕에서 빗물이 새는 문제가 발생했다.
2 공사기간 중에는 주차장은 전면 주차금지가 된다.
3 장마가 시작되면 이 체육관의 문제는 더욱 심해진다.
4 공사기간 중, 체육관 창문은 전면 개방하고 공사를 행한다.
| 어휘 | 手抜(てぬ)き工事(こうじ) 날림[부실]공사
雨漏(あまも)り (지붕·천장에서) 비가 샘, 또, 그 빗물
全面(ぜんめん) 전면
梅雨(つゆ)に入(はい)る 장마가 시작되다

体育館大規模改修工事お知らせ (체육관 대규모 개수 공사 알림)

헤이세이 31년 4월
종합운동장을 이용하시는 여러분께
후쿠오카시 스포츠 진흥과

평소부터 당시설을 이용해 주셔서 감사드립니다. 당시설에서는 경기장 내의 빗물 누수 등에 대응하기 위한 대규모 개수 공사를 실시합니다. 공사에 대해서는 체육관 전체에 공사용 발판을 설치하고 실시하므로, 안전확보를 위해 일부 시설의 사용에 제한이 발생합니다. 이용자 여러분께는 불편, 폐를 끼쳐서 죄송합니다만, 시설을 앞으로도 안전하게 이용하시기 위한 공사가 되므로, 이해와 협력해 주시기를 부탁드립니다.

1. 공사예정기간 : 헤이세이 31년 4월 1일~6월 30일
   ※ 공사진행방식에 따라 날짜가 당겨지거나 늦춰지는 경우가 있습니다. 아무쪼록 양해해 주시기를 부탁드립니다.

2. 공사내용
   ① 지붕개수: 현재 많이 발생하고 있는 경기장 내의 빗물 누수를 개선하기 위해, 체육관 등 전체에 공사용 발판을 설치하고, 지붕 상부에 새로운 지붕을 설치합니다.
   ② 외벽개수: 체육관 외벽에 균열이 보여, 빗물 침입 등이 우려되므로, 현상의 외벽 도장을 벗겨낸 후에, 보수와 도장을 실시합니다. 또한 노후화된 창호를 교환합니다.

3. 사용이 제한되는 내용
   ① 체육관 외주에 공사용 발판을 설치하므로, 주차공간이 일부 주차불가가 되는 곳이 있습니다.
   ② 먼지와 도료의 냄새, 소음이 발생하기 때문에 공사기간 중에는 체육관 창문을 닫도록 하겠습니다.
   ③ 계단에 면한 창호를 수리하기 때문에 2층 갤러리를 이용할 수 없는 기간이 있습니다. 기간에 관해서는 현재 업자와 일정 조정을 하고 있습니다. 결정하는 대로 수시로 고지를 하겠습니다.
   ④ 체육관 앞(옥외)에 설치되어 있는 물 마시는 곳을 개수하므로, 개수기간 중에는 이용하실 수 없게 됩니다.

이상

| 어휘 | 日頃(ひごろ) 평소 施設(しせつ) 시설
大規模(だいきぼ) 대규모 改修(かいしゅう) 개수, 수리
かける 설치하다 制限(せいげん) 제한
迷惑(めいわく)をかける 폐를[불편을] 끼치다
申(もう)し訳(わけ)ない 미안하다
동사의 ます형+方(かた) ~하는 법[방식] 日(ひ)にち 날짜
前後(ぜんご) 전후함 何卒(なにとぞ) 아무쪼록
了承(りょうしょう) 양해 多発(たはつ) 다발, 많이 발생함
改善(かいぜん) 개선 外壁(がいへき) 외벽
ひび割(わ)れ 균열 雨水(あまみず) 빗물

侵入(しんにゅう) 침입 懸念(けねん) 염려, 우려
現状(げんじょう) 현상, 현재의 상태 塗装(とそう) 도장
剥(は)がす 벗기다 동사의 た형+上(うえ)で ~한 후에
老朽化(ろうきゅうか) 노후화 建具(たてぐ) 창호
外周(がいしゅう) 외주, 바깥 둘레 箇所(かしょ) 개소, 장소
塗料(とりょう) 도료 騒音(そうおん) 소음
~(さ)せていただく ~하다 *『~する』의 겸양표현
修繕(しゅうぜん) 수선, 수리 ギャラリー 갤러리, 화랑
調整(ちょうせい) 조정 명사+次第(しだい) ~하는 대로
随時(ずいじ) 수시, 그때그때 告知(こくち) 고지
水飲(みずの)み場(ば) 물 마시는 곳

1-1番 🎧 01

男の人と引っ越しセンターの女の人が話しています。男の人はいつ引っ越しますか。

남자와 이사센터의 여성이 이야기하고 있습니다. 남자는 언제 이사합니까?

（電話の音）

女 はい、ニコニコ引っ越しセンターでございます。

男 すみません、急いで今週中に引っ越したいんですが。

女 はい、ありがとうございます。ただ今、木曜日特別パックといたしまして、木曜日のお引っ越しですと、通常の料金から30％の割引をさせていただいておりますが…。

男 あ、そうですか。でも、休みが土日なので…。

女 そうですか。では、今週の土曜日の午前中でよろしいでしょうか。

男 あ、午前中はちょっと無理なんですけど…。

女 でも、午後ですと、来週になりますが…。

男 あ、今週はダメなんですか。それじゃ、日曜日の方はどうですか。

女 申し訳ございません。今週の日曜日は午前午後とも、もういっぱいですが…。

男 ふ～ん、しょうがないな…。じゃ、翌週の土曜日の午後ってことで…。

女 はい、ありがとうございます。それでは、お名前とお電話番号を教えていただけますでしょうか。

（전화 소리）

여 예, 니코니코 이사센터입니다.

남 실례합니다. 급하게 이번 주 중에 이사하고 싶은데요.

여 예, 감사합니다. 지금 목요일 특별 패키지로 하여, 목요일에 이사하시면 통상 요금에서 30% 할인해 드리고 있는데요….

남 아, 그래요? 하지만 쉬는 날이 토요일과 일요일이라서….

여 그래요? 그럼, 이번 주 토요일 오전 중으로 괜찮으시겠어요?

남 아, 오전 중에는 좀 무리인데요….

여 하지만 오후라면 다음 주가 되는데요….

남 아, 이번 주는 안 되는 거예요? 그럼, 일요일 쪽은 어때요?

여 죄송합니다. 이번 주 일요일은 오전오후 모두, 이미 꽉 차 있는데요…..

남 으~음, 어쩔 수 없네…. 그럼, 다음 주 토요일 오후에 하는 걸로….

여 예, 감사합니다. 그럼, 성함과 전화번호를 알려 주시겠어요?

| 어휘 | 引(ひ)っ越(こ)し 이사　引(ひ)っ越(こ)す 이사하다
急(いそ)ぐ 서두르다　ただ今(いま) 지금, 현재
パック 패키지 *『パッケージ』의 준말　割引(わりびき) 할인
土日(どにち) 토요일과 일요일
いっぱい 가득, 참　しょうがない 어쩔 수 없다
翌週(よくしゅう) 다음 주
～ていただく (남에게) ～해 받다 *『～てもらう』의 공손한 표현

男の人はいつ引っ越しますか。
1 今週の土曜日の午前
2 今週の土曜日の午後
3 来週の土曜日の午前
4 来週の土曜日の午後

남자는 언제 이사합니까?
1 이번 주 토요일 오전
2 이번 주 토요일 오후
3 다음 주 토요일 오전
4 다음 주 토요일 오후

1-2番 🎧 02

男の学生と先生が話しています。男の学生はどうしますか。

남학생과 교수님이 이야기하고 있습니다. 남학생은 어떻게 합니까?

男 先生、卒業論文計画書を見ていただきたいんですが…。

女 この前、確かデータの処理方法で悩んでるとか言ってたよね。どうなってる、決まったの？

男 それが、まだなんです。

女 そのデータってどうやって集めるの？

男 アンケートで集めようと思ってますが。

女 アンケートか…。

男 もっと客観的なデータにした方がいいでしょうか。

女 いや、というより、全体を数で、つまり量的に捉えるのではなく、一つ一つの事例の質的な調査にした方がいいんじゃないかと思って…。

男 それじゃ、アンケート調査は止めた方が…。

女 そうね、それより面接調査が必要でしょ。

男 あ、面接調査ですか。

女 他にも方法はいろいろあるわよ。例えば、集合調査といって、一定の場所に集合している調査対象者に調査票を配付し、調査員が説明して、その場で回答してもらう方法もあるし。

男 先生、でも、今ちょっと時間的余裕がないので、質の方は諦めるしかないと思います。

女 あ、そう、だったら仕方ないわね。

남 교수님, 졸업논문계획서를 봐 주셨으면 하는데요….

여 지난번에 틀림없이 데이터 처리방법 때문에 고민하고 있다든가 했었지? 어떻게 되고 있어? 정해졌어?

남 그게 아직이에요.

여 그 데이터는 어떻게 모을 건데?

남 앙케트로 모으려고 생각하고 있는데요.

여 앙케트라….

남 좀 더 객관적인 데이터로 하는 편이 좋을까요?

여 아니, 그것보다 전체를 수로, 즉 양적으로 파악하는 게 아니라, 하나하나 사례의 질적인 조사로 하는 편이 좋지 않을까 해서….

남 그럼, 앙케트 조사는 그만두는 편이….

여 글쎄, 그것보다 면접조사가 필요하겠지.

남 아, 면접조사요?

여 그 밖에도 방법은 여러 가지 있어. 예를 들면 집합조사라고 해서, 일정한 장소에 집합해 있는 조사 대상자에게 조사표를 배부하고 조사원이 설명하고, 그 자리에서 회답을 받는 방법도 있고.

남 선생님, 하지만 지금 좀 시간적 여유가 없어서 질 쪽은 포기하는 수밖에 없다고 생각해요.

여 아, 그래, 그렇다면 어쩔 수 없지.

| 어휘 | 論文(ろんぶん) 논문　確(たし)か 아마, 틀림없이
悩(なや)む 고민하다　決(き)まる 정해지다, 결정되다
集(あつ)める 모으다　アンケート 앙케트, 설문조사
客観的(きゃっかんてき) 객관적　〜というより 〜라기 보다
数(かず) 수, 숫자　つまり 결국, 즉　量的(りょうてき) 양적
捉(とら)える 파악하다　質的(しつてき) 질적
止(や)める 그만두다　面接(めんせつ) 면접
集合(しゅうごう) 집합　配付(はいふ) 배부
回答(かいとう) 회답　諦(あきら)める 포기하다, 단념하다
〜しかない 〜하는 수밖에 없다　だったら 그렇다면
仕方(しかた)ない 어쩔 수 없다

男の学生はどうしますか。
1 面接調査を行う。

2 アンケート調査を行う。
3 集合調査を行う。
4 卒業論文計画書を見直す。

남학생은 어떻게 합니까?
1 면접조사를 행한다.
2 앙케트 조사를 행한다.
3 집합조사를 행한다.
4 졸업논문계획서를 재검토한다.

| 어휘 | 行(おこな)う 하다, 행하다　見直(みなお)す 재검토하다

問題 1-3番 🎧 03

先生と女の学生が話しています。女の学生はこの後何をしますか。

교수님과 여학생이 이야기하고 있습니다. 여학생은 이후에 무엇을 합니까?

女 先生、これは人が待たされている時、時間の長さをどう感じるかという実験です。

男 あ、そう、おもしろそうだね。

女 はい、まずグループを二つに分けて、Aグループには、どれだけ待たされるのかという時間の情報を与えて、Bグループには何の情報も与えないで、感じ方を比較してみようと思います。

男 ふん、これも悪くないが、もう一つの条件のグループを加えるのはどうかな。

女 もう一つの条件といいますと…。

男 うん、例えば、なぜ待たされるのかという理由の情報が与えられたグループも入れたらもっとおもしろくなると思うよ。

女 あ〜、そうですね。

男 時間の情報と理由の情報を与えた場合と、そのどっちの情報もない場合とを比較してはじめて、正しい判断ができるわけじゃないかな。

女 あ、なるほど。では、早速準備します。

여 교수님, 이것은 사람이 기다리고 있을 때, 시간의 길이를 어떻게 느끼는가라는 실험입니다.

남 아, 그래, 재미있겠군.

여 예, 우선 그룹을 둘로 나눠서 A그룹에는 어느 정도 기다리는지라는 시간의 정보를 주고, B그룹에는 아무런 정보도 주지 않고 느끼는 방식을 비교해 보려고 생각해요.

남 흠, 이것도 나쁘지 않지만, 또 한 가지 조건의 그룹을 추가하는 건 어떨까?

여 또 한 가지 조건이라고 하면….

남 응, 예를 들면 왜 기다리는지라는 이유의 정보가 주어진 그룹도 넣으면 더욱 재미있어질 거라고 생각해.

여 아~, 그렇네요.

남 시간의 정보와 이유의 정보를 주었을 경우와 그 어느 쪽의 정보도 없는 경우와를 비교하고 비로소, 올바른 판단을 할 수 있는 게 아닐까?

여 아, 과연. 그럼, 즉시 준비할게요.

| 어휘 | 長(なが)さ 길이　分(わ)ける 나누다　与(あた)える 주다
比較(ひかく) 비교　加(くわ)える 추가하다
~してはじめて ~하고 비로소
~わけじゃない ~인 것은[것이] 아니다
なるほど (남의 주장을 긍정할 때나 상대방의 말에 맞장구를 치며)
정말, 과연　早速(さっそく) 즉시, 바로

女(おんな)の学生(がくせい)はこの後(あとなに)何をしますか。
1 どのような情報(じょうほう)も与(あた)えられないグループを作(つく)る。
2 待(ま)たされる時間(じかん)の情報(じょうほう)が与(あた)えられるグループを作(つく)る。
3 待(ま)たされる理由(りゆう)の情報(じょうほう)が与(あた)えられるグループを作(つく)る。
4 待(ま)たされる時間(じかん)と理由(りゆう)の情報(じょうほう)が与(あた)えられるグループを作(つく)る。

여학생은 이후에 무엇을 합니까?
1 어떠한 정보도 주어지지 않는 그룹을 만든다.
2 기다리는 시간의 정보가 주어지는 그룹을 만든다.
3 기다리는 이유의 정보가 주어지는 그룹을 만든다.
4 기다리는 시간과 이유의 정보가 주어지는 그룹을 만든다.

問題 1-4番 🎧04

男(おとこ)の学生(がくせい)と大学(だいがく)の職員(しょくいん)が話(はな)しています。男(おとこ)の学生(がくせい)はどうしなければなりませんか。

남학생과 대학 직원이 이야기하고 있습니다. 남학생은 어떻게 해야 합니까?

男 すみません、入寮申請(にゅうりょうしんせい)をしたいんですが。

女 あ、入寮申請(にゅうりょうしんせい)ですか。じゃ、この書類(しょるい)に必要(ひつよう)事項(じこう)を記入(きにゅう)して、判子(はんこ)を押(お)してください。

(しばらくして)

男 はい、これでいいですか。

女 ええ、あと保証人(ほしょうにん)の同意書(どういしょ)も出(だ)してください。

男 はい。

(何日後(なんにちご))

女 あれ、判子(はんこ)を押(お)してないんですね。

男 えっ、保証人(ほしょうにん)の判子(はんこ)も要(い)りますか。

女 ええ、これでは受(う)け取(と)れませんよ。

男 すみません…。

女 それから、新(あたら)しい住所(じゅうしょ)の住民票(じゅうみんひょう)も出(だ)してください。

男 あ、すみません、それもうっかり…。

남 실례합니다, 기숙사 입실 신청을 하고 싶은데요.

여 아, 기숙사 입실 신청이요? 그럼, 이 서류에 필요사항을 기입하고 도장을 찍어 주세요.

(잠시 후)

남 예, 이걸로 되나요?

여 네, 나중에 보증인의 동의서도 제출해 주세요.

남 예.

(며칠 후)

여 어머, 도장을 찍지 않았네요.

남 넷? 보증인의 도장도 필요해요?

여 네, 이래서는 받을 수 없어요.

남 죄송합니다….

여 그리고 새로운 주소의 주민표도 제출해 주세요.

남 아, 죄송합니다, 그것도 깜빡….

| 어휘 | 入寮(にゅうりょう) 기숙사에 들어감
判子(はんこ)を押(お)す 도장을 찍다　あと (시기적으로) 나중
保証人(ほしょうにん) 보증인　同意書(どういしょ) 동의서
出(だ)す 내다, 제출하다　要(い)る 필요하다
受(う)け取(と)る 수취하다, 받다
住民票(じゅうみんひょう) 주민표, 주민등록표　うっかり 깜빡

男(おとこ)の学生(がくせい)はどうしなければなりませんか。
1 同意書(どういしょ)に保証人(ほしょうにん)の判子(はんこ)を押(お)して、保証人(ほしょうにん)の住民票(じゅうみんひょう)を出(だ)す。
2 同意書(どういしょ)に保証人(ほしょうにん)の判子(はんこ)を押(お)して、自分(じぶん)の住民票(じゅうみんひょう)を出(だ)す。
3 同意書(どういしょ)に自分(じぶん)の判子(はんこ)を押(お)して、保証人(ほしょうにん)の住民票(じゅうみんひょう)を出(だ)す。
4 同意書(どういしょ)に自分(じぶん)の判子(はんこ)を押(お)して、自分(じぶん)の住民票(じゅうみんひょう)を出(だ)す。

남학생은 어떻게 해야 합니까?
1 동의서에 보증인의 도장을 찍고 보증인의 주민표를 제출한다.
2 동의서에 보증인의 도장을 찍고 자신의 주민표를 제출한다.
3 동의서에 자신의 도장을 찍고 보증인의 주민표를 제출한다.

4 동의서에 자신의 도장을 찍고 자신의 주민표를 제출한다.

問題 1-5番 🎧 05

男の人と看護師が病院で話しています。男の人はこの後何をしますか。

남자와 간호사가 병원에서 이야기하고 있습니다. 남자는 이후에 무엇을 합니까?

男	すみません、さっき子供の怪我で電話した者なんですが。
女	はい、お子さんが怪我をなさった方ですね。
男	ええ、自転車で転んで足を折っちゃいまして。
女	今外科の先生がこちらに来ているところなので、少しお待ちください。
男	あの、なるべく早くお願いできませんか。
女	じゃ、診察室に看護師がいますので、お子さんを先に診察室に連れて行ってください。それからお父さんは、保険証を持って1階の受付へいらして診察手続きをしてくださいね。
男	薬はもらえるんですか。痛がってずっと泣いているんですよ。痛み止めの注射でも打った方が…。
女	それは先生が診てから、決めることです。
男	そうですか…。

남	실례합니다, 조금 전에 아이가 다쳐서 전화한 사람인데요.
여	예, 자녀분이 다치신 분이죠?
남	네, 자전거를 타다 넘어져서 다리가 부러져 버려서.
여	지금 외과 선생님이 이쪽으로 오는 중이니까, 잠시 기다려 주세요.
남	저기, 되도록 빨리 부탁할 수 없을까요?
여	그럼, 진찰실에 간호사가 있으니, 자녀분을 먼저 진찰실에 데려가 주세요. 그리고 아버님은 보험증을 가지고 1층 접수처로 가셔서 진찰 수속을 해 주세요.
남	약은 받을 수 있나요? 아파하며 계속 울고 있어요. 진통제 주사라도 놓는 편이….
여	그건 선생님이 진찰하고 나서 결정할 일이에요.
남	그래요….

| 어휘 | 看護師(かんごし) 간호사 さっき 아까, 조금 전
お子(こ)さん 자녀분 *남의 자식을 높여 부르는 말
怪我(けが)をする 다치다, 부상을 입다
なさる 하시다 *『する』의 존경어 転(ころ)ぶ 넘어지다
足(あし)を折(お)る 다리를 부러뜨리다 外科(げか) 외과
~ているところだ ~하고 있는 중이다

お+동사의 ます형+ください ~해 주십시오 *존경표현
なるべく 되도록, 가급적 診察室(しんさつしつ) 진찰실
連(つ)れる 데리고 개[오]다 保険証(ほけんしょう) 보험증
受付(うけつけ) 접수처
いらす 가시다 *『いらっしゃる』의 축약형
手続(てつづ)き 수속 薬(くすり) 약 もらう 받다
痛(いた)がる 아파하다, 아픔을 호소하다 ずっと 쭉, 계속
泣(な)く 울다 痛(いた)み止(ど)め 진통제
注射(ちゅうしゃ) 주사 打(う)つ (주사를) 놓다
診(み)る (환자를) 보다, 진찰하다

男の人はこの後何をしますか。
1 子供を診察室へ連れて行ってから、診察室で診察手続きをする。
2 子供を受付へ連れて行ってから、診察室で薬をもらう。
3 子供を診察室へ連れて行ってから、受付で診察手続きをする。
4 子供を受付へ連れて行ってから、受付で薬をもらう。

남자는 이후에 무엇을 합니까?
1 아이를 진찰실에 데리고 가고 나서 진찰실에서 진찰 수속을 한다.
2 아이를 접수처에 데리고 가고 나서 진찰실에서 약을 받는다.
3 아이를 진찰실에 데리고 가고 나서 접수처에서 진찰 수속을 한다.
4 아이를 접수처에 데리고 가고 나서 접수처에서 약을 받는다.

問題 1-6番 🎧 06

男の人と女の人が話しています。男の人はこれからはどうしますか。

남자와 여자가 이야기하고 있습니다. 남자는 앞으로는 어떻게 합니까?

女	今日の午後、ABC商社へ打ち合わせに行くでしょ?
男	うん、でも、あまり行きたくないんだ。
女	どうして?あそこ、打ち合わせの時、いつもおいしいお菓子が出るって喜んでたじゃないの?
男	うん、時々記念品を持たせてくれたりもするんだ。
女	じゃ、何で行きたくないの?
男	それがさ、この前、帰る時、小さい箱を渡されたんだけど、家に帰って開けてみたら、高価な腕時計が入ってたんだよ。ネットで調べたら、5万円もする腕時計だったよ。

女 ええっ! それまずいでしょ。うちの社長、そういうの厳しいでしょ。何ですぐに、上に相談しなかったの。

男 だって、もらってその場で開けることができなくてさ。

女 記念品ぐらいならいいけど、そんな高価なものは受け取らない方がいいわよ。それでその腕時計はどうしたの?

男 うん、送り返そうと思ってる。

女 あ、そうした方が絶対いいわよ。早く送り返して。

男 また今度も何か渡されたらどうしよう。

女 これからは、その場で「何でしょうか」って聞いてみて。

男 うん、そうする。

여 오늘 오후에 ABC상사에 미팅하러 가지?

남 응, 그런데 별로 가고 싶지 않아.

여 어째서? 거기 미팅 때 항상 맛있는 과자가 나온다고 좋아하지 않았나?

남 응, 가끔 기념품을 안겨 주기도 해.

여 그럼, 왜 가고 싶지 않은 거야?

남 그게 말이야, 요전에 돌아갈 때 작은 상자를 건네받았는데, 집에 돌아가서 열어 봤더니, 고가의 손목시계가 들어 있었어. 인터넷으로 조사했더니, 5만 엔이나 하는 손목시계였어.

여 뭐! 그거 좋지 않아. 우리 사장님, 그런 거 엄하잖아. 어째서 바로 위에 상담하지 않았던 거야.

남 하지만 받고 그 자리에서 열 수 없어서 말이야.

여 기념품 정도라면 괜찮지만, 그런 고가의 물건은 받지 않는 편이 좋아. 그래서 그 손목시계는 어떻게 했어?

남 응, 돌려주려고 생각하고 있어.

여 아, 그렇게 하는 편이 절대로 좋아. 빨리 돌려줘.

남 또 이번에도 뭔가 건네받으면 어떡하지.

여 앞으로는 그 자리에서 '이게 뭔가요?'라고 물어봐.

남 응, 그렇게 할게.

| 어휘 | 商社(しょうしゃ) 상사
打(う)ち合(あ)わせ 사전 회의, 미팅
동작성 명사+に ~하러 *동작의 목적
喜(よろこ)ぶ 기뻐하다, 좋아하다 時々(ときどき) 가끔, 때때로
記念品(きねんひん) 기념품 持(も)たせる 가지게 하다
何(なん)で 왜, 어째서 箱(はこ) 상자 渡(わた)す 건네주다
開(あ)ける 열다 高価(こうか) 고가, 값이 비쌈
腕時計(うでどけい) 손목시계 入(はい)る 들다
まずい 난처하다, 좋지 않다

厳(きび)しい 엄하다 上(うえ) 위, 상급
相談(そうだん) 상담, 의논 だって 그래도, 하지만
その場(ば) 그 자리[즉석] 受(う)け取(と)る 받다, 수취하다
送(おく)り返(かえ)す (보내 온 물건을 보낸 사람에게) 돌려주다

男(おと)の人(ひと)はこれからはどうしますか。
1 何(なに)かもらったら、その場(ば)で開(あ)けて中身(なかみ)を確認(かくにん)する。
2 何(なに)かもらったら、会社(かいしゃ)の上司(じょうし)に相談(そうだん)する。
3 何(なに)かもらったら、中身(なかみ)に関係(かんけい)なく全部(ぜんぶ)返(かえ)してしまう。
4 何(なに)かもらったら、くれた人(ひと)に中身(なかみ)を確認(かくにん)する。

남자는 앞으로는 어떻게 합니까?
1 무언가 받으면 그 자리에서 열어서 내용물을 확인한다.
2 무언가 받으면 회사 상사에게 상담한다.
3 무언가 받으면 내용물에 관계없이 전부 돌려줘 버린다.
4 무언가 받으면 준 사람에게 내용물을 확인한다.
| 어휘 | 中身(なかみ) 속에 든 것, 내용물 返(かえ)す 돌려주다

問題 2-1番 🎧07

男(おとこ)の人(ひと)と女(おんな)の人(ひと)が話(はな)しています。どうしてプリンターの調子(ちょうし)がよくないのですか。

남자와 여자가 이야기하고 있습니다. 왜 프린터의 상태가 좋지 않은 것입니까?

女 あれ～、どうしたんだろう。プリンターの調子がおかしい。

男 どうしたの?

女 また紙が詰まっちゃったみたい。

男 紙(かみ)が詰(つ)まっちゃったの?

女 このプリンター、最近調子(さいきんちょうし)が変(へん)なのよ。

男 そう?どうしてだろう。紙(かみ)のセットの仕方(しかた)は間違(ちが)ってないし、紙(かみ)の枚数(まいすう)もこれくらいなら大丈夫(だいじょうぶ)なはずだし。

女 きっと紙(かみ)のせいだよ。いつも使(つか)ってたA社(エーしゃ)の紙(かみ)が値上(ねあ)がりして、B社(ビーしゃ)の紙(かみ)にしてからしょっちゅう詰(つ)まるのよ。

男 ふん、それよりたぶん季節(きせつ)と関係(かんけい)があると思(おも)うよ。

女 季節(きせつ)と?

男 冬(ふゆ)は空気(くうき)が乾燥(かんそう)しているため、静電気(せいでんき)が起(お)きやすくなるね。

女 静電気(せいでんき)と関係(かんけい)があるの?

男 静電気が発生することによって起きるプリンターのトラブルが、この紙詰まりだよ。静電気が紙を密着させるため、紙詰まりを引き起こしてしまうのよ。

女 へ～、じゃあ、どうすればいいの?

男 簡単。紙を用紙トレイにセットする時パラパラとさばいて、紙の間に空気を入れると解決できるよ。

여 어머, 왜 이러지? 프린터 상태가 이상해.

남 왜 그래?

여 또 종이가 걸려 버린 것 같아.

남 종이가 걸려 버렸어?

여 이 프린터, 요즘 상태가 이상해.

남 그래? 왜 그러지? 종이 세트 방법은 잘못되지 않았고, 종이 매수도 이 정도라면 괜찮을 거고.

여 틀림없이 종이 탓이야. 항상 쓰던 A사 종이가 값이 올라서 B사 종이로 하고 나서 노상 걸리는 거야.

남 흠, 그것보다 아마 계절과 관계가 있다고 생각해.

여 계절과?

남 겨울은 공기가 건조하기 때문에 정전기가 발생하기 쉽지.

여 정전기와 관계가 있어?

남 정전기가 발생하는 것에 의해 일어나는 프린터 문제가 이 종이 걸림이야. 정전기가 종이를 밀착시키기 때문에 종이 걸림을 일으키고 마는 거야.

여 허~, 그럼, 어떻게 하면 돼?

남 간단. 종이를 용지 트레이에 세트할 때 훌훌 종이를 떼어 놓아서 종이 사이에 공기를 넣으면 해결할 수 있어.

| 어휘 | あれ 어, 어머 *놀라거나 의외로 여길 때 내는 소리
プリンター 프린터 調子(ちょうし) 상태 おかしい 이상하다
詰(つ)まる 막히다 変(へん) 이상함 仕方(しかた) 방법
間違(まちが)う 잘못되다, 틀리다
枚数(まいすう) 매수 ～せい ～탓
値上(ねあ)がり 값이 오름 しょっちゅう 노상, 언제나
たぶん 아마 乾燥(かんそう) 건조 静電気(せいでんき) 정전기
起(お)きる 일어나다, 발생하다 トラブル 트러블, 문제
紙詰(かみづ)まり 종이 걸림 密着(みっちゃく) 밀착
トレイ 트레이, 속이 얕은 상자 パラパラ (책장을) 훌훌
さばく (엉킨 것을) 잘 풀(어내)다 空気(くうき) 공기

どうしてプリンターの調子がよくないのですか。
1 用紙トレイに紙を入れすぎたから
2 紙のセットの仕方が間違っていたから
3 静電気を除去した紙を使ったから
4 静電気を帯びた紙を使ったから

어째서 프린터 상태가 좋지 않은 것입니까?
1 용지 트레이에 종이를 너무 많이 넣어서
2 종이 세트 방법이 잘못되어 있어서
3 정전기를 제거한 종이를 사용해서
4 정전기를 띤 종이를 사용해서
| 어휘 | 除去(じょきょ) 제거 帯(お)びる 띠다, 머금다

問題 2-2番 🎧 08

男の人と女の人が話しています。男の人は就活で何が一番重要だと言っていますか。

남자와 여자가 이야기하고 있습니다. 남자는 취직활동에서 무엇이 가장 중요하다고 말하고 있습니까?

女 あ、木村先輩、お久しぶりですね。

男 久しぶり、由美子。

女 どこに行くんですか。

男 うん、キャリアセンターへ。就職のことでいろいろ相談したいことがあって。

女 あ、先輩もいよいよ就活ですか。

男 うん、そろそろ始めなきゃね。

女 企業説明会に行ったり、面接を受けたりしますか。

男 いや、それはまだまだ先の話だよ。今は、入りたい会社で具体的にどんな仕事ができるかを調べている段階なんだ。

女 あ、そうですか。

男 就活で何よりも重要なのは、自分がどんな仕事をしたいのか、またどんな仕事に向いてるかを知ることだよ。ここから就活は始まるんだよ。

女 そうですね、私は何となくその企業のイメージだけで選ぶのだと思ってました。

여 아, 기무라 선배님, 오랜만이네요.

남 오랜만이야. 유미코.

여 어디에 가는 거예요?

남 응, 커리어센터에. 취직 때문에 여러 가지 상담하고 싶은 게 있어서.

여 아, 선배님도 드디어 취직활동하는군요.

남 응, 이제 슬슬 시작해야지.

여 기업설명회에 가거나 면접을 보거나 해요?

남 아니, 그건 아직 나중 얘기야. 지금은 들어가고 싶은 회사에서 구체적으로 어떤 일을 할 수 있는지를 조사하고 있는 단계야.

여 아, 그래요.

남 취직활동에서 무엇보다 중요한 건 자신이 어떤 일을 하고 싶은 것인지, 또 어떤 일에 적합한지를 아는 거야. 여기에서부터 취직활동은 시작되는 거야.

여 그렇군요, 저는 왠지 그 기업의 이미지만으로 선택하는 거라고 생각하고 있었어요.

| 어휘 | 就活(しゅうかつ) 취직활동 *「就職活動(しゅうしょくかつどう)」의 준말
キャリアセンター 커리어센터 *학교 내의 취업지원부서
就職(しゅうしょく) 취직 いよいよ 마침내, 드디어
そろそろ 이제 슬슬 始(はじ)める 시작하다
~なきゃ ~하지 않으면 안 된다, ~해야 한다 *「~なければならない」의 회화체 표현
面接(めんせつ)を受(う)ける 면접을 보다 先(さき) 장래, 앞날
具体的(ぐたいてき) 구체적 何(なに)よりも 무엇보다도
向(む)く 적합하다, 어울리다 始(はじ)まる 시작되다
何(なん)となく 어쩐지, 왠지 모르게

男(おとこ)の人(ひと)は就活(しゅうかつ)で何(なに)が一番重要(いちばんじゅうよう)だと言(い)っていますか。
1 いろいろな会社(かいしゃ)の面接(めんせつ)を受(う)けること
2 自分(じぶん)の適性(てきせい)を見極(みきわ)めること
3 多種多様(たしゅたよう)な企業説明会(きぎょうせつめいかい)に行(い)くこと
4 いろいろな企業(きぎょう)のイメージを調(しら)べること

남자는 취직활동에서 무엇이 가장 중요하다고 말하고 있습니까?
1 여러 회사의 면접을 보는 것
2 자신의 적성을 파악하는 것
3 다종다양한 기업설명회에 가는 것
4 여러 기업의 이미지를 조사하는 것
| 어휘 | 適性(てきせい) 적성
見極(みきわ)める (속속들이) 알다, 파악하다
多種多様(たしゅたよう) 다종다양, 종류나 성질이 다양한 것

問題 2-3番 🎧 09
男(おとこ)の学生(がくせい)と先生(せんせい)が話(はな)しています。男(おとこ)の学生(がくせい)はどうして海外(かいがい)でボランティアをしようと思(おも)うようになりましたか。

남학생과 교수님이 이야기하고 있습니다. 남학생은 어째서 해외에서 자원봉사를 하려고 생각하게 되었습니까?

女 田村君(たむらくん)は、海外(かいがい)で1年間(いちねんかん)のボランティア活動(かつどう)をしてきたよね。ボランティア活動(かつどう)なら国内(こくない)でもできるはずなのに、どうして大学(だいがく)を休学(きゅうがく)してまで参加(さんか)したの?

男 もちろん日本(にほん)でもボランティア活動(かつどう)はできます。それに日本(にほん)って自然災害(しぜんさいがい)が多(おお)い国(くに)じゃないですか。でも、日本(にほん)で自然災害(しぜんさいがい)が起(お)きるたび、何(なに)か手伝(てつだ)いたいと心(こころ)では思(おも)っていても、実際(じっさい)は何(なに)もできなかったんです。それで海外(かいがい)でのボランティア活動(かつどう)を通(とお)して、そんな自分(じぶん)を鍛(きた)え直(なお)したいと思(おも)いました。

女 あ、そう。で、実際(じっさい)に行(い)ってみてどうだったの?

男 ええ、他(ほか)の国(くに)から来(き)たボランティアのメンバーと交流(こうりゅう)しながら、異(こと)なる文化(ぶんか)を知(し)るとともに、自分(じぶん)がなぜここに来(き)たのかを考(かんが)えさせられました。

女 あ、それは海外(かいがい)ならではの大切(たいせつ)な体験(たいけん)だよね。

男 ええ、自分(じぶん)を試(ため)すことで、自分(じぶん)を鍛(きた)え直(なお)すことができました。本当(ほんとう)によかったと思(おも)います。

女 田村君(たむらくん)の人生(じんせい)においても、絶対(ぜったい)いい経験(けいけん)になると思(おも)うよ。

男 ありがとうございます。

여 다무라 군은 해외에서 1년간의 자원봉사활동을 하고 왔지? 자원봉사활동이라면 국내에서도 할 수 있을 텐데, 어째서 대학을 휴학하면서까지 참가한 거지?

남 물론 일본에서도 자원봉사활동은 할 수 있어요. 게다가 일본은 자연재해가 많은 나라 잖아요? 하지만 일본에서 자연재해가 일어날 때마다, 뭔가 돕고 싶다고 마음으로는 생각하고 있어도 실제로는 아무것도 할 수 없었어요. 그래서 해외에서의 자원봉사활동을 통해서 그런 자신을 다시 단련하고 싶다고 생각했어요.

여 아, 그래. 그래서 실제로 가 보니 어땠어?

남 네, 다른 나라에서 온 자원봉사 멤버와 교류하면서 다른 문화를 앎과 동시에 자신이 왜 여기에 왔는지를 생각하게 되었어요.

여 아, 그것은 해외에서만의 소중한 체험이지.

남 네, 자신을 시험함으로써, 자신을 다시 단련할 수 있었어요. 정말로 좋았다고 생각해요.

여 다무라 군의 인생에 있어서도 절대 좋은 경험이 되리라 생각해.

남 감사합니다.

| 어휘 | ボランティア 자원봉사 活動(かつどう) 활동
休学(きゅうがく) 휴학 参加(さんか) 참가 それに 게다가
災害(さいがい) 재해 ~たび ~때마다
手伝(てつだ)う 돕다, 도와주다

~を通(とお)して ~을 통해서　鍛(きた)える 단련하다
動詞のます形+直(なお)す 다시 ~하다　交流(こうりゅう) 교류
異(こと)なる 다르다, 같지 않다　~とともに ~와 함께[동시에]
~ならではの+名詞 ~이 아니고는 (할 수 없다), ~만의
試(ため)す 시험하다

男の学生はどうして海外でボランティアをしようと
思うようになりましたか。
1 日本とは異なる外国の文化に触れたかったから
2 地震の際、ボランティアの経験を活かしたかった
　から
**3 海外でボランティアをして、自分を鍛錬したかっ
　たから**
4 自分の人生において、いい経験になると思った
　から

남학생은 어째서 해외에서 자원봉사를 하려고 생각하게 되었습니까?
1 일본과는 다른 해외문화에 접하고 싶었으니까
2 지진이 났을 때 자원봉사 경험을 살리고 싶었으니까
3 해외에서 자원봉사를 하여 자신을 단련하고 싶었으니까
4 자신의 인생에 있어서 좋은 경험이 될 것이라고 생각했으니까
| 어휘 | 触(ふ)れる 접하다　活(い)かす 살리다, 발휘하다
鍛錬(たんれん) 단련

問題 2-4番 🎧 10

男の人と女の人が環境問題について話しています。
男の人は環境問題の一番の原因は何だと言っていま
すか。

남자와 여자가 환경문제에 대해서 이야기하고 있습니다. 남자는 환경
문제의 가장 큰 원인은 무엇이라고 말하고 있습니까?

男 現在はモノを生産する方法は、大量生産が主
　流になってるよね。
女 うん、企業側にとっては生産コストを安くし
　て、効率的に生産するための方法だよね。
男 でもね、この方法は環境問題を引き起こして
　しまうから、気を付けなきゃいけないんだ。
女 環境問題を引き起こすの?
男 うん、大量生産をするために、大きな工場を
　特定の地域に集中させて生産を行っているけ
　ど、その工場からは、当然大量の工業廃棄物
　も出されるだろう。
女 そうだね。

男 自然環境が処理し切れないほどの廃棄物が出
　ると、自然はどんどん破壊されていくのよ。
　だから、この問題を解決するためには、まず
　工場を分散させて小規模にしなきゃいけない。
女 ふん、それで各工場から出る廃棄物の量を減
　らすよね。
男 うん、その通り。こうすると各工場からは自
　然が処理し切れるぐらいの量の廃棄物しか出
　ないから、環境も守れると思うよ。

남 현재는 물건을 생산하는 방법은 대량생산이 주류가 되어 있
　지.
여 응, 기업측에게 있어서는 생산비용을 싸게 하고, 효율적으로
　생산하기 위한 방법이지.
남 그런데 말이야, 이 방법은 환경문제를 일으켜 버리기 때문에
　조심해야 해.
여 환경문제를 일으켜?
남 응, 대량생산을 하기 위해서 큰 공장을 특정지역에 집중시켜
　서 생산을 하고 있는데, 그 공장에서는 당연히 대량 공업폐기
　물도 배출되겠지.
여 그렇겠네.
남 자연환경이 다 처리할 수 없을 정도의 폐기물이 나오면 자연
　은 점점 파괴되어 가는 거야. 따라서 이 문제를 해결하기 위해
　서는 우선 공장을 분산시켜서 소규모로 해야 해.
여 흠, 그래서 각 공장에서 나오는 폐기물의 양을 줄이는 거네.
남 응, 그 말대로. 이렇게 하면 각 공장에서는 자연이 처리할 수
　있을 정도의 양의 폐기물밖에 나오지 않으니까, 환경도 지킬
　수 있으리라 생각해.

| 어휘 | 環境(かんきょう) 환경　生産(せいさん) 생산
大量(たいりょう) 대량　主流(しゅりゅう) 주류
コスト 코스트, 비용　効率的(こうりつてき) 효율적
引(ひ)き起(お)こす 일으키다, 야기하다　特定(とくてい) 특정
廃棄物(はいきぶつ) 폐기물
動詞のます形+切(き)れない 완전히[끝까지] ~할 수 없다
どんどん 점점　分散(ぶんさん) 분산
小規模(しょうきぼ) 소규모　減(へ)らす 줄이다
その通(とお)り 그대로, 그와 같이　処理(しょり) 처리
~しか ~밖에　守(まも)る 지키다

男の人は環境問題の一番の原因は何だと言っていま
すか。
1 巨大な工場が一か所に集中していること
2 工場の生産コストを削減していること
3 工場の廃棄物をきちんと処理していないこと

4 最も効率的な生産方式を取っていること

남자는 환경문제의 가장 큰 원인은 무엇이라고 말하고 있습니까?

1 거대한 공장이 한곳에 집중되어 있는 것
2 공장의 생산비용을 삭감하고 있는 것
3 공장의 폐기물을 깔끔히 처리하고 있지 않은 것
4 가장 효율적인 생산방식을 취하고 있는 것

| 어휘 | 巨大(きょだい) 거대　削減(さくげん) 삭감
きちんと 깔끔히, 말끔히　取(と)る 취하다

問題 2-5番 🎧 11

男の人と女の人が「企業のモニター」について話して
います。男の人は、なぜ女の人がモニターに向いて
いると言っていますか。

남자와 여자가 '기업 모니터'에 대해서 이야기하고 있습니다. 남자는
왜 여자가 모니터에 적합하다고 말하고 있습니까?

男　由紀ちゃん、今バイトやってる?

女　ううん、今は何もやってない。どうしたの、
　　急に?

男　あ、これ見て。ワクワク社で「モニター」を募
　　集してる。

女　モニター? それって何をするの?

男　その会社の商品とかサービスについて、消費
　　者の立場で意見を言うのよ。

女　私みたいに専門知識がなくてもいいの?

男　うん、会社としては、消費者からの率直な意
　　見や不満を聞きたいわけだから、専門家じゃ
　　なくてもかまわないんだよ。由紀ちゃんって
　　いつも文句ばかり言ってるじゃん。だからこ
　　のバイトは由紀ちゃんにぴったりだと思うよ。

女　失礼ね、はっきり言わないでよ!

男　ま、そんなに怒らないでよ。とにかくやって
　　みない? 時給もいいみたいよ。

女　でも、文句ばかり言ってるだけなら、問題の
　　改善には繋がらないでしょ。

男　それは専門家の仕事で、モニターはとにかく
　　問題点をたくさん挙げてあげればいいんだ。

남　유키, 지금 아르바이트하고 있어?
여　아니, 지금은 아무것도 안 하고 있어. 왜 그래, 갑자기?
남　아, 이거 봐. 와쿠와쿠사에서 '모니터'를 모집하고 있어.
여　모니터? 그게 뭘 하는 건데?

남　그 회사의 상품이라든가 서비스에 대해서 소비자의 입장에서
　　의견을 말하는 거야.
여　나처럼 전문지식이 없어도 괜찮은 거야?
남　응, 회사로서는 소비자로부터의 솔직한 의견이나 불만을 듣
　　고 싶은 거니까, 전문가가 아니라도 상관없는 거야. 유키는 늘
　　불평만 하잖아. 그러니까 이 아르바이트는 유키한테 딱이라
　　고 생각해.
여　실례네, 확실히 말하지 마!
남　뭐, 그렇게 화내지 마. 어쨌든 해 보지 않을래? 시급도 괜찮은
　　것 같아.
여　하지만 불평만 하고 있는 것뿐이라면 문제 개선으로는 이어
　　지지 않을 텐데.
남　그건 전문가의 일이고, 모니터는 어쨌든 문제점을 많이 들어
　　주면 되는 거야.

| 어휘 | モニター 모니터　向(む)く 적합하다, 어울리다
急(きゅう)に 갑자기　募集(ぼしゅう) 모집
商品(しょうひん) 상품　消費者(しょうひしゃ) 소비자
立場(たちば) 입장　率直(そっちょく) 솔직
不満(ふまん) 불만　〜てもかまわない 〜라도 상관없다
文句(もんく) 불평　〜ばかり 〜만, 〜뿐
ぴったり 딱, 꼭 *꼭 알맞은 모양
はっきり 분명히, 확실히　怒(おこ)る 화내다　とにかく 어쨌든
時給(じきゅう) 시급　改善(かいぜん) 개선
繋(つな)がる 이어지다, 연결되다　挙(あ)げる (예로서) 들다
〜てあげる (내가 남에게) 〜해 주다

男の人は、なぜ女の人がモニターに向いていると言
っていますか。
1 製品の改善に繋がるアイデアを持っているから
2 製品に対する専門的な知識を豊富に持っている
　から
3 製品の問題点をたくさん指摘できるから
4 このバイトは高い時給がもらえるから

남자는 왜 여자가 모니터에 적합하다고 말하고 있습니까?
1 제품 개선으로 이어지는 아이디어를 갖고 있으니까
2 제품에 대한 전문적인 지식을 풍부하게 갖고 있으니까
3 제품의 문제점을 많이 지적할 수 있으니까
4 이 아르바이트는 높은 시급을 받을 수 있으니까

| 어휘 | 製品(せいひん) 제품　豊富(ほうふ) 풍부

男の学生と女の学生が話しています。女の学生はどうして疲れましたか。

남학생과 여학생이 이야기하고 있습니다. 여학생은 어째서 피곤합니까?

女 あ〜、疲れて死にそう。

男 どうしたの? バイト? まさか徹夜で勉強でも?

女 違うよ。実は授業で育児体験をしたのよ。

男 育児体験? つまり赤ちゃんの面倒を見るってこと?

女 本物の赤ちゃんじゃなくて、赤ちゃんの人形だけどね。

男 あ、人形か。で、どんなことやったの?

女 先生に「自分の赤ちゃんだと思って大事にしてあげてね」って言われたのよ。それで1週間、私の赤ちゃんだと思いながら、抱っこしたり、おんぶしたりしてずっと一緒にいたの。

男 でも、人形だったらミルク飲ませなくてもいいし、オムツだって替えなくてもいいから楽じゃないの?

女 そう思うの? でも、それがそうでもないのよ。ずっと抱っこするのってけっこう疲れるのよ。

男 へ〜、そうなんだ。

女 それに、本物の赤ちゃんだったらぶつけちゃいけないでしょ。どこかにぶつけるんじゃないかって心配だったから、それが何より疲れたのよ。

男 始終そばにいて面倒を見るのって大変だよな。

女 うん、そうなのよ。その上、本物の赤ちゃんだったら泣くでしょ。育児って本当に大変だなってつくづく思ったよ。

여 아~, 피곤해서 죽을 것 같아.

남 왜 그래? 아르바이트? 설마 밤새워 공부라도?

여 아니야. 실은 수업에서 육아 체험을 했거든.

남 육아 체험? 즉, 아기를 돌보는 거 말이야?

여 진짜 아기가 아니고, 아기 인형이지만 말이야.

남 아, 인형이야? 그래서 어떤 거 했는데?

여 선생님께 '자기 아기라고 생각하고 소중히 여겨야 해'라는 말을 들었거든. 그래서 1주일 동안 내 아기라고 생각하면서 안아 주기도 하고, 업어 주기도 하면서 쭉 함께 있었어.

남 하지만 인형이라면 우유 먹이지 않아도 되고, 기저귀도 갈아 주지 않아도 되니까 편하지 않아?

여 그렇게 생각해? 그런데 그게 그렇지도 않아. 계속 안고 있는 거 꽤 피곤해.

남 허~, 그렇구나.

여 게다가 진짜 아기라면 부딪치면 안 되잖아. 어딘가에 부딪치지 않을까 걱정돼서, 그게 무엇보다 피곤한 거야.

남 시종 옆에 있으면서 돌보는 거 힘들지.

여 응, 그래. 더구나 진짜 아기라면 울잖아. 육아는 정말로 힘들구나하고 절실히 생각했어.

| 어휘 | まさか 설마 徹夜(てつや) 철야, 밤새움
育児(いくじ) 육아 赤(あか)ちゃん 갓난아기
面倒(めんどう)を見(み)る 돌보다 本物(ほんもの) 진짜
大事(だいじ)にする 소중히 여기다 抱(だ)っこ [유아어] 안음
おんぶ [유아어] 어부바, 업음 ずっと 쭉, 계속 オムツ 기저귀
〜だって 〜도 替(か)える 교환하다, 갈다
楽(らく) 편안함 けっこう(結構) 제법, 꽤
それに 게다가, 그 위에 ぶつける 부딪치다
〜ちゃいけない 〜해서는[하면] 안 된다 *「〜てはいけない」의 회화체 표현
何(なに)より 무엇보다도, 가장
始終(しじゅう) 시종, 처음부터 끝까지 そば 옆, 곁
大変(たいへん) 힘듦 その上(うえ) 더구나, 게다가
泣(な)く 울다 つくづく 절실히 *마음속 깊이 느끼는 모양

女の学生はどうして疲れましたか。

1 ミルクを飲ませるのが大変だったから

2 オムツを替えるのが大変だったから

3 ずっと抱っこしていたから

4 赤ちゃんの安全に気を使っていたから

여학생은 어째서 피곤합니까?

1 우유를 먹이는 것이 힘들었으니까

2 기저귀를 가는 것이 힘들었으니까

3 계속 안고 있었으니까

4 아기의 안전에 신경을 쓰고 있었으니까

| 어휘 | 気(き)を使(つか)う 신경을 쓰다

問題 2-7番 🎧13

男の人と女の人が話しています。女の人がこのクレジットカードを選んだ最も大きな理由は何ですか。

남자와 여자가 이야기하고 있습니다. 여자가 이 신용카드를 선택한 가장 큰 이유는 무엇입니까?

男 小島さん、クレジットカード持ってる?

女 うん、1枚だけどね。どうしたの?

男 あ、僕もそろそろ作ろうかと思って。

女 あれ、どうしたの? いつも現金決済が一番って言ってたじゃないの?

男 その考えは今も変わらないよ。でも現金を持ち歩くと危ないし、またクレジットカードって会社によっては、いろいろなサービスがあるんだよね。買い物したらポイントも貯まるし。小島さんはどうして今のカードにしたの?

女 私は別に、サービスとかで選んだわけじゃないの。あ、そうそう、今のカードで払えば、5%割引になるエステサロンがある。

男 ふん、エステサロンね。

女 それからこのカードで飛行機の切符を買うと、自動的に旅行保険が付くの。

男 へ〜、いろいろなサービスがあるんだね。

女 でも、私飛行機に乗るのあまり好きじゃないし、海外へ行くチャンスもそんなにないから関係ないかな。

男 じゃ、何でこのカードを?

女 どこのカードにしようかって迷っている時に、このカードだけは会費がかからないって聞いて決めたのよ。

男 な〜んだ、そんなことか。

남 고지마 씨, 신용카드 갖고 있어?

여 응, 1장이지만. 왜?

남 아, 나도 이제 슬슬 만들까 해서.

여 어머, 웬일이야. 언제나 현금결제가 최고라고 말하지 않았어?

남 그 생각은 지금도 바뀌지 않았어. 하지만 현금을 가지고 다니면 위험하고, 또 신용카드는 회사에 따라서는 여러 가지 서비스가 있잖아. 쇼핑하면 포인트도 쌓이고. 고지마 씨는 어째서 지금 카드로 한 거야?

여 나는 특별히 서비스라든가로 선택한 게 아니야. 아, 맞다맞다, 지금 카드로 지불하면 5% 할인이 되는 에스테틱 살롱이 있어.

남 흠, 에스테틱 살롱 말이지.

여 그리고 이 카드로 비행기표를 사면 자동적으로 여행보험이 따라와.

남 허〜, 여러 가지 서비스가 있구나.

여 하지만 나 비행기를 타는 거 별로 좋아하지 않고, 해외에 갈 기회도 그렇게 없으니 관계없지.

남 그럼, 어째서 이 카드를?

여 어디 카드로 할까 망설이고 있을 때 이 카드만은 회비가 들지 않는다고 들어서 정한 거야.

남 뭐〜야, 그런 거야?

| 어휘 | クレジットカード 신용카드　そろそろ 이제 슬슬
現金(げんきん) 현금　決済(けっさい) 결제
持(も)ち歩(ある)く 들고[가지고] 다니다　ポイント 포인트
貯(た)まる (돈·재산 등이) 모이다, 쌓이다
〜わけじゃない 〜인 것은[것이] 아니다
払(はら)う 지불하다　割引(わりびき) 할인
エステサロン 에스테틱 살롱, 전신 미용원 ＊「エステティック·サロン」의 준말
付(つ)く 붙다, 딸리다　乗(の)る (탈것에) 타다
何(なん)で 어째서, 왜　迷(まよ)う 고민하다, 망설이다
会費(かいひ) 회비　かかる (비용이) 들다

女の人がこのクレジットカードを選んだ最も大きな理由は何ですか。

1 いろいろなサービスが付いているから
2 年会費が無料だから
3 安い料金でエステサロンが利用できるから
4 現金を持ち歩くと危ないと思うから

여자가 이 신용카드를 선택한 가장 큰 이유는 무엇입니까?
1 여러 가지 서비스가 딸려 있으니까
2 연회비가 무료니까
3 싼 요금으로 에스테틱 살롱을 이용할 수 있으니까
4 현금을 갖고 다니면 위험하다고 생각하니까
| 어휘 | 年会費(ねんかいひ) 연회비　無料(むりょう) 무료

問題 3-1番 🎧14

歯医者が話しています。

치과의사가 이야기하고 있습니다.

男 歯は、私たちの健康と深く関わっています。歯や歯肉が健康で、ものがよく噛めれば、胃や腸に負担をかけずに、全身に栄養を行き渡らせることができます。

また、会話がスムーズにできるのも、歯が揃っていて、はっきりと発音できるおかげです。この他、歯ざわりや歯ごたえを楽しみ、味覚を豊かに保ち、美しい表情を作るなど、歯の働きは様々で、しかも、健康的な生活をする上で欠かせないものばかりなのです。

남 이는 우리의 건강과 깊이 관계되어 있습니다. 이와 잇몸이 건강하여 음식을 잘 씹을 수 있으면 위와 장에 부담을 주지 않고, 온몸에 영양을 골고루 퍼지게 할 수 있습니다.
또한 대화를 원활하게 할 수 있는 것도 이가 갖추어져 있어서 확실하게 발음할 수 있는 덕분입니다. 이 밖에 씹는 느낌이나 식감을 즐기고, 미각을 풍부하게 유지하고, 아름다운 표정을 만드는 등, 이의 기능은 다양하며, 게다가 건강한 생활을 하는 데 있어 빼놓을 수 없는 것뿐인 것입니다.

| 어휘 | 歯医者(はいしゃ) 치과의사　歯(は) 이
健康(けんこう) 건강　関(かか)わる 관계되다
歯肉(しにく) 잇몸　噛(か)む 씹다　胃(い) 위
腸(ちょう) 장, 창자　負担(ふたん)をかける 부담을 주다
～ずに ～하지 않고, ～하지 말고
全身(ぜんしん) 전신, 온몸　栄養(えいよう) 영양
行(い)き渡(わた)る (넓은 범위에) 골고루 미치다
スムーズ 스무스, 원활함　揃(そろ)う 갖추어지다
発音(はつおん) 발음　おかげ 덕분, 덕택
歯(は)ざわり 음식을 씹을 때의 느낌　歯(は)ごたえ 씹는 맛, 식감
味覚(みかく) 미각　豊(ゆた)か 풍부함　保(たも)つ 유지하다
表情(ひょうじょう) 표정　働(はたら)き 작용
しかも 게다가, 더구나
동사의 기본형+上(うえ)で ～하는 데 있어서
欠(か)かせない 빠뜨릴 수 없는, 없어서는 안 될
～ばかり ～만, ～뿐

この話のテーマは何ですか。
1 全身に栄養を行き渡らせる方法
2 健康な暮らしに欠かせない、大切な歯
3 歯や歯肉の健康と胃や腸の健康との関係
4 健康な歯を維持するための管理法

이 이야기의 주제는 무엇입니까?
1 온몸에 영양을 골고루 퍼지게 하는 방법
2 건강한 생활에 빼놓을 수 없는 소중한 이
3 이와 잇몸의 건강과 위와 장의 건강과의 관계
4 건강한 치아를 유지하기 위한 관리법

| 어휘 | テーマ 테마, 주제　暮(く)らし 생활　維持(いじ) 유지

問題 3-2番 🎧 15

ダイエットの専門家が話しています。

다이어트 전문가가 이야기하고 있습니다.

女 大人であれば、必ず仕事や交友関係で外食をすることがよくあります。しかし、ダイエット中に外食に行くのは、気が引けるという方や不安がある方も多いでしょう。
そもそも、外食はなぜダイエットに向かないのでしょうか。外食の料理は基本的にどんな人でもおいしく感じられるように、油や味付けが家庭料理より多く使われています。味付けが濃いということは塩分も多く、浮腫の原因になってしまうし、油はダイエット中にはもってのほかです。こってりした中華料理やイタリアン、揚げ物などはおいしいですが、やはりダイエットには向かないメニューです。
また外食には野菜が少ない料理も多いし、野菜が含まれていても少量だったりすることがあります。野菜が少ないと食物繊維が不足したり、ヘルシーな野菜がない分高カロリーなメニューを食べてしまったりするので、太りやすいと言えます。

여 성인이라면 반드시 업무나 교우 관계로 외식을 하는 경우가 자주 있습니다. 그러나 다이어트 중에 외식하러 가는 것은 내키지 않는다는 분이나 불안이 있는 분도 많겠지요.
도대체 외식은 왜 다이어트에 적합하지 않는 것일까요? 외식 요리는 기본적으로 어떤 사람이라도 맛있게 느낄 수 있도록 기름과 양념이 가정요리보다 많이 사용되고 있습니다. 양념이 진하다는 것은 염분도 많아서 부종의 원인이 되어 버리고, 기름은 다이어트 중에는 당치도 않습니다. 맛이 진한 중화요리나 이탈리아식, 튀김 등은 맛있지만, 역시 다이어트에는 적합하지 않는 메뉴입니다.
또한 외식에는 채소가 적은 요리도 많고, 채소가 포함되어 있어도 소량이거나 하는 경우가 있습니다. 채소가 적으면 식물섬유가 부족하거나 건강에 좋은 채소가 없는 만큼 고칼로리인 메뉴를 먹어 버리거나 하므로 살이 찌기 쉽다고 할 수 있습니다.

| 어휘 | 必(かなら)ず 반드시, 꼭
交友関係(こうゆうかんけい) 교우 관계　外食(がいしょく) 외식
気(き)が引(ひ)ける 어쩐지 마음이 꺼려지다　そもそも 도대체
向(む)く 적합하다, 어울리다　油(あぶら) 기름
味付(あじづ)け (양념하여) 맛을 냄, 맛을 낸 것

33

濃(こ)い (맛이) 진하다　塩分(えんぶん) 염분　浮腫(ふしゅ) 부종
もっ(以)てのほか(外) 당치도 않음　こってり (맛・빛깔 등이) 진한
中華料理(ちゅうかりょうり) 중화요리
イタリアン 이탈리아풍의　揚(あ)げ物(もの) 튀김
含(ふく)む 포함하다　少量(しょうりょう) 소량
食物繊維(しょくもつせんい) 식물섬유 *농작물에서 얻을 수 있는 섬유성분의 총칭. 그 중 먹을 수 있는 것을 식이섬유라고 함
ヘルシー 헬시, 건강함　〜分(ぶん) 〜만큼
高(こう)カロリー 고칼로리　太(ふと)る 살찌다

何(なに)についての話(はなし)ですか。
1 野菜(やさい)とダイエットとの関係(かんけい)
2 ヘルシーな外食(がいしょく)メニューを選(えら)ぶコツ
3 外食(がいしょく)がダイエットに向(む)かない理由(りゆう)
4 ヘルシーな外食(がいしょく)を楽(たの)しむための方法(ほうほう)

무엇에 대한 이야기입니까?
1 채소와 다이어트와의 관계
2 건강한 외식 메뉴를 고르는 비결
3 외식이 다이어트에 적합하지 않는 이유
4 건강한 외식을 즐기기 위한 방법
| 어휘 | コツ 비결

問題 3-3番 🎧16
男(おとこ)の人(ひと)が話(はな)しています。

남자가 이야기하고 있습니다.

男　皆(みな)さんは、毎日日記(まいにちにっき)をつけることを面倒(めんどう)くさいと思(おも)いませんか。日記(にっき)をつける時間(じかん)がない人(ひと)もいると思(おも)います。そんな時(とき)に日記(にっき)をつけ続(つづ)けるにはどうすればいいか。それは、書(か)かなければいいのです。
　日記(にっき)を毎日(まいにち)つけることは、良(よ)いことです。しかし、無理(むり)して毎日書(まいにちか)くことで、日記(にっき)をつけ続(つづ)けることは難(むずか)しくなります。そのため、気負(きお)わずに自分(じぶん)のペースで書(か)くことが大切(たいせつ)です。
　私(わたし)は、一行(いちぎょう)でもいいから書(か)くことにしています。また写真(しゃしん)にコメントするスタイルで日記(にっき)をつけることもあります。これは、毎日携帯(まいにちけいたい)で写真(しゃしん)を一枚撮(いちまいと)り、それにコメントするスタイルの日記(にっき)です。写真(しゃしん)にコメントすることは日記(にっき)をつける上(うえ)で何(なに)について書(か)くのかが決(き)まっているので非常(ひじょう)に楽(らく)で、手軽(てがる)に行(おこな)えると思(おも)います。

それに、この方法(ほうほう)が習慣(しゅうかん)になると、外出(がいしゅつ)しようと思(おも)う機会(きかい)が増(ふ)えるので、オススメです。

남　여러분은 매일 일기를 쓰는 것을 귀찮다고 생각하지 않습니까? 일기를 쓸 시간이 없다는 사람도 있을 거라고 생각합니다. 그런 때에 일기를 계속 쓰려면 어떻게 하면 좋을까? 그것은 쓰지 않으면 되는 것입니다.
일기를 매일 쓴다는 것은 좋은 일입니다. 그러나 무리해서 매일 쓰는 것 때문에 일기를 계속 쓰는 것은 어려워집니다. 그 때문에 가벼운 마음으로 자신의 페이스로 쓰는 것이 중요합니다.
저는 한 줄이라도 좋으니 쓰기로 하고 있습니다. 또 사진에 코멘트하는 스타일로 일기를 쓰는 것도 있습니다. 이것은 매일 휴대폰으로 사진을 한 장 찍어, 그것에 코멘트하는 스타일의 일기입니다. 사진에 코멘트하는 것은 일기를 쓰는 데 있어 무엇에 대해서 쓸 것인가가 정해져 있으므로 매우 편하며, 손쉽게 할 수 있으리라 생각합니다.
게다가 이 방법이 습관이 되면 외출하려고 하는 기회가 늘어나므로 추천합니다.

| 어휘 | 日記(にっき)をつける 일기를 쓰다
面倒(めんどう)くさい 아주 귀찮다, 몹시 성가시다
동사의 ます형+続(つづ)ける 계속 〜하다
気負(きお)う 기를 쓰다　〜ずに 〜하지 않고, 〜하지 말고
ペース 페이스　一行(いちぎょう) 한 줄　コメント 코멘트, 설명
携帯(けいたい) 휴대전화 *『携帯電話(けいたいでんわ)』의 준말
撮(と)る (사진을) 찍다　楽(らく) 편안함
手軽(てがる) 손쉬움, 간단함　増(ふ)える 늘다, 증가하다
オススメ 추천

この人(ひと)は何(なに)について話(はな)していますか。
1 日記(にっき)を上手(じょうず)につけるコツ
2 日記(にっき)をつける理由(りゆう)とそのメリット
3 写真(しゃしん)を添付(てんぷ)する日記(にっき)
4 日記(にっき)をつけ続(つづ)けるコツ

이 사람은 무엇에 대해서 이야기하고 있습니까?
1 일기를 잘 쓰는 비결
2 일기를 쓰는 이유와 그 장점
3 사진을 첨부하는 일기
4 일기를 계속 쓰는 비결
| 어휘 | メリット 메리트, 장점, 이점　添付(てんぷ) 첨부

問題 3-4番 🎧17

大学の授業で先生が話しています。

대학 수업에서 교수님이 이야기하고 있습니다.

女 首都圏の水資源の不安を解消していくため、水を再利用・有効利用していくことは必要不可欠です。水の再利用に対する意識は高まっており、雨水や一度使用した水を水洗トイレや、植物の水やりなどに利用する取り組みも増えてきています。しかし、このような取り組みには多くの時間と費用がかかります。実際に、これら雑用水の生活用水使用量に対する割合は、現状では約1%に過ぎません。このため、首都圏では、水資源開発を進めるとともに、水資源の有効活用も進めています。

여 수도권의 수자원 문제를 해결하기 위해 물을 재이용·유효 이용해 가는 것은 필요 불가결합니다. 물의 재이용에 대한 의식은 높아지고 있으며, 빗물과 한 번 사용한 물을 수세식 화장실이나 식물 물주기 등에 이용하는 대처도 늘기 시작하고 있습니다. 그러나 이러한 대처에는 많은 시간과 비용이 듭니다. 실제로 이들 잡용수의 생활용수 사용량에 대한 비율은 현재 상태에서는 약 1%에 불과합니다. 이 때문에 수도권에서는 수자원 개발을 진행함과 동시에 수자원의 유효 활용도 추진하고 있습니다.

| 어휘 | 首都圏(しゅとけん) 수도권　水資源(みずしげん) 수자원
再利用(さいりよう) 재이용　有効(ゆうこう) 유효
必要不可欠(ひつようふかけつ) 필요 불가결
高(たか)まる 높아지다　雨水(あまみず) 빗물
水洗(すいせん)トイレ 수세식 화장실
水(みず)やり 관수, (초목 등에) 물주기　取(と)り組(く)み 대처
かかる (시간·비용 등이) 걸리다, 들다
雑用水(ざつようすい) 잡용수, 막 쓰는 물
割合(わりあい) 비율　現状(げんじょう) 현상, 현재의 상태
~に過(す)ぎない ~에 불과하다　進(すす)める 진행하다, 추진하다
~とともに ~와 함께[동시에]

何についての話ですか。
1 水資源の再利用と有効活用について
2 水資源の再利用と保全について
3 水資源の再利用と枯渇対策について
4 水資源の再利用と確保について

무엇에 대한 이야기입니까?
1 수자원의 재이용과 유효 활용에 대해서
2 수자원의 재이용과 보전에 대해서
3 수자원의 재이용과 고갈 대책에 대해서
4 수자원의 재이용과 확보에 대해서

| 어휘 | 保全(ほぜん) 보전　枯渇(こかつ) 고갈　確保(かくほ) 확보

問題 3-5番 🎧18

ニュースを聞いてください。

뉴스를 들어 주세요.

男 農林水産省は、今年の米は近年にない凶作になることを明らかにしました。米の収穫量は平年に比べて、80%前後になる見込みで、これほどの凶作は 1975 年の夏の低温による凶作以来のことです。
今年は空梅雨のため、米の収穫量が早くから心配されていました。米の作柄がこんなに悪化したのは、梅雨の雨量が少なく、稲の生育に必要な水が足りなかったためと見られています。

남 농림수산성은 올해 쌀은 근래에 없는 흉작이 될 것임을 밝혔습니다. 쌀 수확량은 평년에 비해 80% 전후가 될 전망이며, 이 정도의 흉작은 1975년 여름의 저온에 의한 흉작 이래의 일입니다.
올해는 마른장마여서 쌀 수확량이 일찍부터 걱정되고 있었습니다. 쌀 작황이 이렇게 악화된 것은 장마철 강우량이 적어서 벼의 생육에 필요한 물이 부족했기 때문으로 보이고 있습니다.

| 어휘 | 農林水産省(のうりんすいさんしょう) 농림수산성 *우리의 농림축산식품부에 해당　米(こめ) 쌀
近年(きんねん) 근래　凶作(きょうさく) 흉작
明(あき)らかにする 분명히 하다, 밝히다
収穫量(しゅうかくりょう) 수확량　平年(へいねん) 평년
~に比(くら)べて ~에 비해　前後(ぜんご) 전후
見込(みこ)み 전망, 예상　低温(ていおん) 저온
空梅雨(からつゆ) 마른장마, 장마철에 비가 오지 않음
作柄(さくがら) 작황　悪化(あっか) 악화　梅雨(つゆ) 장마철
雨量(うりょう) 강수량　稲(いね) 벼　生育(せいいく) 생육
足(た)りない 부족하다

この人は何について話していますか。
1 夏の低温の原因
2 水不足の原因
3 凶作の原因
4 空梅雨の原因

이 사람은 무엇에 대해서 이야기하고 있습니까?
1 여름 저온의 원인
2 물부족의 원인

3 흉작의 원인
4 마른장마의 원인
|어휘| 水不足(みずぶそく) 물부족

問題3-6番 🎧19

大学で先生が話しています。

대학에서 교수님이 이야기하고 있습니다.

女 え～、まずは、相手に関心を寄せ、相手が充分に話せる場を作ること、そして、相手の話に充分に耳を傾ける余裕を持つことです。これらは相互に作用しながら、同時に進行します。相手に関心を持ち、集中するほど、相手への関心が生まれます。すると心が静かになり、相手の言うことに耳を傾けるようになり、話し手から学ぼうという余裕が生まれます。聞くという作業とは、相手の言うことを蓄積し、総括し、記録し、考察するということの繰り返しです。そして、最も大切なのは、聞き手が話し手の「学習者」となることです。この感覚を把握することができれば、話し手の言うことを聞き、そこからもっと引き出すことを自然に行えるようになります。

여 음…, 우선은 상대에게 관심을 두고, 상대가 충분히 말할 수 있는 자리를 만드는 것, 그리고 상대의 이야기에 충분히 귀를 기울이는 여유를 갖는 것입니다. 이런 것들은 서로에게 작용하면서 동시에 진행됩니다. 상대에게 관심을 가지고 집중할수록 상대에 대한 관심이 생깁니다. 그러면 마음이 차분해지고 상대가 하는 말에 귀를 기울이게 되며, 화자에게 배우려고 하는 여유가 생겨납니다. 듣는다는 작업이란 상대가 하는 말을 축적하고, 총괄하며, 기록하고, 고찰하는 것의 반복입니다. 그리고 가장 중요한 것은 청자가 화자의 '학습자'가 되는 것입니다. 이 감각을 파악하는 것이 가능하면 화자가 하는 말을 듣고, 거기에서 더욱 이끌어 내는 것을 자연스레 할 수 있게 됩니다.

|어휘| 関心(かんしん)を寄(よ)せる 관심을 두다
充分(じゅうぶん) 충분 場(ば) 자리, 분위기
耳(みみ)を傾(かたむ)ける 귀를 기울이다 余裕(よゆう) 여유
相互(そうご) 상호, 서로 ～ほど ～할수록
生(う)まれる 없던 것이 새로 생기다 すると 그러면, 그렇다면
話(はな)し手(て) 화자, 이야기하는 사람 学(まな)ぶ 배우다
作業(さぎょう) 작업 蓄積(ちくせき) 축적 総括(そうかつ) 총괄
考察(こうさつ) 고찰 繰(く)り返(かえ)し 반복
聞(き)き手(て) 청자, 듣는 사람 感覚(かんかく) 감각

把握(はあく) 파악
引(ひ)き出(だ)す (재주·능력 등을) 이끌어 내다

この話の主な内容は何ですか。
1 自由に話せる場を作る方法
2 心を落ち着かせる方法
3 話す能力を高める方法
4 聞く能力を高める方法

이 이야기의 주된 내용은 무엇입니까?
1 자유롭게 이야기할 수 있는 자리를 만드는 방법
2 마음을 안정시키는 방법
3 이야기하는 능력을 높이는 방법
4 듣는 능력을 높이는 방법
|어휘| 落(お)ち着(つ)く 안정되다 能力(のうりょく) 능력

問題4-1番 🎧20

男 あ、すみませんが、どちら様でしょうか。
女 1 どちらでもかまいませんが。
　　2 ABC商社の西村と申します。
　　3 あの人は課長の佐藤です。

남 아, 실례입니다만, 누구신지요?
여 1 어느 쪽이든 상관없습니다만.
　　2 ABC상사의 니시무라라고 합니다.
　　3 저 사람은 과장인 사토입니다.

|어휘| どちら様(さま) 어느 분
～て[で]もかまわない ～라도 상관없다 商社(しょうしゃ) 상사

問題4-2番 🎧21

男 レストランの予約はもう済みましたか。
女 1 はい、これで長時間待ちそうです。
　　2 いいえ、私は予約担当ではありませんが。
　　3 はい、もう終わりました。

남 레스토랑 예약은 이미 끝났나요?
여 1 예, 이로써 오랜 시간 기다릴 것 같아요.
　　2 아니요, 저는 예약 담당이 아닌데요.
　　3 예, 이미 끝났어요.

|어휘| 予約(よやく) 예약 もう 이미
済(す)む (일이) 완료되다, 끝나다 これで 이것으로, 이로써
長時間(ちょうじかん) 장시간, 오랜 시간 担当(たんとう) 담당
終(お)わる 끝나다

問題 4-3番 🎧 22

女 その足の怪我、どうしましたか。

男 1 けんかはしたくありませんでしたが。

　　2 道で転んでしまいました。

　　3 そうですね、どうしましょうか。

여 그 다리의 상처, 왜 그런 거예요?

남 1 싸움은 하고 싶지 않았었는데요.

　 2 길에서 넘어지고 말았어요.

　 3 그러게요, 어떻게 할까요?

| 어휘 | 怪我(けが) 부상, 상처　けんか(喧嘩) 싸움
転(ころ)ぶ 넘어지다

問題 4-4番 🎧 23

女 このままじゃ遅刻だよ、どうする?

男 1 とりあえず、先方に電話を入れた方がいい。

　　2 このままでいいから、何も心配することはない。

　　3 また遅刻かよ。困ったもんだね。

여 이대로는 지각이야, 어떻게 해?

남 1 우선 상대에게 전화를 거는 편이 좋아.

　 2 이대로 괜찮으니까, 아무 걱정할 필요 없어.

　 3 또 지각이야? 곤란하군.

| 어휘 | 遅刻(ちこく) 지각　先方(せんぽう) 상대편, 상대방
電話(でんわ)を入(い)れる 전화를 넣다[걸다]
동사의 기본형+ことはない ~할 필요는 없다
困(こま)る 곤란하다

問題 4-5番 🎧 24

男 チケットを拝見させていただきます。

女 1 はい、拝見してください。

　　2 はい、ご存知ですか。

　　3 はい、これです。

남 티켓을 보여 주시겠습니까?

여 1 예, 봐 주세요. (틀린 표현)

　 2 예, 아세요?

　 3 예, 여기요.

| 어휘 | チケット 티켓, 표
拝見(はいけん)する 배견하다, 삼가 보다 *「見(み)る」(보다)의 겸양어
~(さ)せていただく ~하다 *「~する」의 겸양표현
ご存知(ぞんじ) 알고 계심

問題 4-6番 🎧 25

女 佐藤さん、びしょ濡れじゃないですか。

男 1 あ、急に降り出したものですから。

　　2 傘はちゃんと差していますよ。

　　3 傘、貸してあげましょうか。

여 사토 씨, 흠뻑 젖었잖아요?

남 1 아, 갑자기 내리기 시작해서요.

　 2 우산은 제대로 쓰고 있어요.

　 3 우산, 빌려 줄까요?

| 어휘 | びしょ濡(ぬ)れ 흠뻑 젖음　急(きゅう)に 갑자기
降(ふ)り出(だ)す (비·눈 등이) 내리기 시작하다　傘(かさ) 우산
差(さ)す (우산을) 쓰다　貸(か)す 빌려 주다
~てあげる (내가 남에게) ~해 주다

問題 4-7番 🎧 26

男 この温泉の最寄り駅はどこですか。

女 1 近くまで来たら、寄ってください。

　　2 JR吾妻線の「中之条駅」でございます。

　　3 駅まで徒歩で20分ぐらいかかります。

남 이 온천에서 가장 가까운 역은 어디예요?

여 1 근처까지 오면 들러 주세요.

　 2 JR아가쓰마선(JR吾妻線)의 '나카노죠역'(中之条駅)이에요.

　 3 역까지 도보로 20분 정도 걸려요.

| 어휘 | 温泉(おんせん) 온천　最寄(もよ)り 가장 가까움
近(ちか)く 근처　寄(よ)る 들르다　徒歩(とほ) 도보
かかる (시간이) 걸리다

問題 4-8番 🎧 27

女 鈴木さんは人の意見に耳を傾けないタイプですね。

男 1 おおらかな性格ですからね。

　　2 頑固な性格ですからね。

　　3 大雑把な性格ですからね。

여 스즈키 씨는 남의 의견에 귀를 기울이지 않는 타입이네요.

남 1 서글서글한 성격이라서요.

　 2 완고한 성격이라서요.

　 3 대범한 성격이라서요.

| 어휘 | タイプ 타입　おおらか 느긋하고 대범한 모양
頑固(がんこ) 완고, 고집스러움　大雑把(おおざっぱ) 대범함

問題 4-9番 🎧 28

女 部屋の掃除がいい加減だよね。

男 1 あ、そう? ちょうどよかったね。
2 塩加減って難しいよ。
3 きっとホテル側の教育が問題だよ。

여 방 청소가 엉터리네.
남 1 아, 그래? 마침 잘됐네.
2 간 맞추기는 어려워.
3 틀림없이 호텔 측의 교육이 문제야.

| 어휘 | 掃除(そうじ) 청소
いい加減(かげん) 철저하지 못함, 엉터리 ちょうど 마침
塩加減(しおかげん) 간, 간을 맞춤

問題 4-10番 🎧 29

男 最近、肩コリがひどくて大変ですよ。

女 1 毎日残業って、ひどい話ですね。
2 パソコン作業のせいでしょうね。
3 肩幅ぐらいに足を開いてください。

남 요즘 어깨 결림이 심해서 큰일이에요.
여 1 매일 야근이라니, 심한 이야기네요.
2 컴퓨터 작업 탓이겠죠.
3 어깨폭 정도로 다리를 벌려 주세요.

| 어휘 | 肩(かた)コリ 어깨가 뻐근함[결림]
残業(ざんぎょう) 잔업, 야근 〜せい 〜탓
肩幅(かたはば) 어깨폭 足(あし)を開(ひら)く 다리를 벌리다

問題 4-11番 🎧 30

女 すみません、ここにハンコお願いします。

男 1 すみません、サインでもいいですか。
2 すみません、私は結構です。
3 すみません、レシートもらえませんか。

여 실례합니다, 여기에 도장 부탁드려요.
남 1 죄송합니다, 사인으로도 괜찮아요?
2 죄송합니다, 저는 됐어요.
3 죄송합니다, 영수증 받을 수 있어요?

| 어휘 | ハンコ 도장 サイン 사인, 서명
結構(けっこう) (정중하게 사양하는 뜻으로) 괜찮음, 이제 됐음
レシート 영수증 もらう 받다

問題 4-12番 🎧 31

男 理由の如何を問わず、政治家の汚職事件は許しがたい。

女 1 選挙に負けたから、仕方ないよ。
2 次の選挙は、確か来年だったよね?
3 国民のお手本にならなきゃならないのにね。

남 이유 여하를 불문하고, 정치가의 부정 사건은 용서하기 어려워.
여 1 선거에서 졌으니 어쩔 수 없어.
2 다음 선거는 틀림없이 내년이지?
3 국민의 모범이 되지 않으면 안 되는데 말이야.

| 어휘 | 如何(いかん) 여하 〜を問(と)わず 〜을 불문하고
汚職(おしょく) 오직, 공직자의 부정 許(ゆる)す 용서하다
동사의 ます형+がたい 〜하기 어렵다 選挙(せんきょ) 선거
負(ま)ける 지다 仕方(しかた)ない 어쩔 수 없다
手本(てほん) 모범, 본보기

問題 4-13番 🎧 32

女 今日は財布は落とすわ、車をぶつけるわ、大変な一日だった。

男 1 いいことずくめだよね。
2 田舎に行ってきたの?
3 ついてないね。

여 오늘은 지갑은 잃어버렸지, 차는 부딪쳤지, 힘든 하루였어.
남 1 좋은 일만 있네.
2 시골에 다녀왔어?
3 운이 없네.

| 어휘 | 財布(さいふ) 지갑 落(お)とす 잃어버리다, 분실하다
ぶつける 부딪치다 〜ずくめ 〜투성이, 〜만 つ(付)く 운이 좋다

問題 4-14番 🎧 33

男 あれ、この箱、いびつになってるよ。

女 1 ごめん、うっかり落としちゃって。
2 あ、でも一人で持てるから大丈夫。
3 おかしいね、確かに箱の中に入れといたのにね。

남 어, 이 상자, 찌그러져 있어.
여 1 미안, 그만 떨어뜨려 버려서.
2 아, 하지만 혼자서 들 수 있으니까 괜찮아.
3 이상하네, 분명히 상자 속에 넣어 두었는데.

| 어휘 | 箱(はこ) 상자 いびつ(歪) 찌그러짐
うっかり 깜빡, 무심코 落(お)とす 떨어뜨리다
確(たし)かに 분명히
～とく ～해 놓[두]다 *「～ておく」의 회화체 표현

問題 5-1番 🎧 34

<ruby>大学<rt>だいがく</rt></ruby>のオリエンテーションが<ruby>終<rt>お</rt></ruby>わった<ruby>後<rt>あと</rt></ruby>、<ruby>学生課<rt>がくせいか</rt></ruby>の
<ruby>人<rt>ひと</rt></ruby>と<ruby>学生<rt>がくせい</rt></ruby>が<ruby>話<rt>はな</rt></ruby>しています。
대학 오리엔테이션이 끝난 후, 학생과의 사람과 학생이 이야기하고
있습니다.

男 それでは、これでオリエンテーションを<ruby>終<rt>お</rt></ruby>わ
らせていただきます。

女 あの、すみません…。<ruby>留学生<rt>りゅうがくせい</rt></ruby>ですが、<ruby>電車<rt>でんしゃ</rt></ruby>を
<ruby>乗<rt>の</rt></ruby>り<ruby>過<rt>す</rt></ruby>ごして<ruby>遅<rt>おく</rt></ruby>れてしまいました。

男 あれ、ということはオリエンテーションを<ruby>受<rt>う</rt></ruby>
けてないということですか。

女 はい、<ruby>本当<rt>ほんとう</rt></ruby>にすみません。それで<ruby>明日<rt>あした</rt></ruby>からど
うすればいいのか、<ruby>全然<rt>ぜんぜん</rt></ruby>わからなくて…。

男 しょうがないな…。じゃ、よく<ruby>聞<rt></rt></ruby>いてくださ
いね。

女 はい、すみません。

男 まず、<ruby>履修届<rt>りしゅうとどけ</rt></ruby>ですが、<ruby>今週<rt>こんしゅう</rt></ruby>の<ruby>金曜日<rt>きんようび</rt></ruby>までに<ruby>提<rt>てい</rt></ruby>
<ruby>出<rt>しゅつ</rt></ruby>してください。

女 はい。

男 それから、<ruby>今日<rt>きょう</rt></ruby>は<ruby>体育館<rt>たいいくかん</rt></ruby>に<ruby>集<rt>あつ</rt></ruby>まってもらいま
したが、<ruby>明日<rt>あした</rt></ruby>からは<ruby>授業<rt>じゅぎょう</rt></ruby>のある<ruby>教室<rt>きょうしつ</rt></ruby>に<ruby>行<rt>い</rt></ruby>って
くださいね。ただし、その<ruby>前<rt>まえ</rt></ruby>に<ruby>学生課<rt>がくせいか</rt></ruby>の<ruby>前<rt>まえ</rt></ruby>に
ある<ruby>掲示板<rt>けいじばん</rt></ruby>を<ruby>必<rt>かなら</rt></ruby>ずチェックしてください。<ruby>学<rt>がく</rt></ruby>
<ruby>生<rt>せい</rt></ruby>の<ruby>呼<rt>よ</rt></ruby>び<ruby>出<rt>だ</rt></ruby>しとか、<ruby>休講<rt>きゅうこう</rt></ruby>や<ruby>補講<rt>ほこう</rt></ruby>のお<ruby>知<rt>し</rt></ruby>らせな
どが<ruby>掲示<rt>けいじ</rt></ruby>してあるので、ちゃんと<ruby>見<rt>み</rt></ruby>てくださ
い。

女 はい、それから<ruby>単位<rt>たんい</rt></ruby>の<ruby>取<rt>と</rt></ruby>り<ruby>方<rt>かた</rt></ruby>なんですが…。

男 あ、それは<ruby>大学<rt>だいがく</rt></ruby>のホームページに<ruby>載<rt>の</rt></ruby>ってるか
ら、そこで<ruby>確認<rt>かくにん</rt></ruby>できますよ。

女 はい、ありがとうございました。

남 그럼, 이것으로 오리엔테이션을 끝마치겠습니다.

여 저기, 죄송합니다… 유학생인데요, 내릴 역을 지나쳐서 늦고
말았어요.

남 어, 그 말은 오리엔테이션을 받지 못했다는 건가요?

여 예, 정말로 죄송합니다. 그래서 내일부터 어떻게 하면 좋은 건
지, 전혀 몰라서….

남 어쩔 수 없군…. 그럼, 잘 들어 주세요.

여 예, 죄송합니다.

남 우선 이수 신청서인데요, 이번 주 금요일까지 제출해 주세요.

여 예.

남 그리고 오늘은 체육관에 모였지만, 내일부터는 수업이 있는
교실에 가 주세요. 단, 그 전에 학생과 앞에 있는 게시판을 반
드시 체크해 주세요. 학생 호출이라든가 휴강이나 보강 알림
등이 게시되어 있으니, 제대로 봐 주세요.

여 예, 그리고 학점 따는 방법 말인데요….

남 아, 그건 대학 홈페이지에 실려 있으니까, 거기에서 확인할 수
있어요.

여 예, 감사합니다.

| 어휘 | オリエンテーション 오리엔테이션
留学生(りゅうがくせい) 유학생
乗(の)り過(す)ごす (목적지를) 지나치다 受(う)ける 받다
しょうがない 어쩔 수 없다 履修届(りしゅうとどけ) 이수 신청서
提出(ていしゅつ) 제출 体育館(たいいくかん) 체육관
集(あつ)まる 모이다 ただし 단, 다만
掲示板(けいじばん) 게시판 呼(よ)び出(だ)し 호출
休講(きゅうこう) 휴강 補講(ほこう) 보강
お知(し)らせ 알림, 통지, 공지 単位(たんい) 학점
載(の)る (신문·잡지 등에) 실리다

<ruby>明日<rt>あした</rt></ruby><ruby>大学<rt>だいがく</rt></ruby>に<ruby>行<rt>い</rt></ruby>ったら、この<ruby>留学生<rt>りゅうがくせい</rt></ruby>はまず<ruby>何<rt>なに</rt></ruby>をしま
すか。

1 <ruby>体育館<rt>たいいくかん</rt></ruby>へ<ruby>行<rt>い</rt></ruby>って、オリエンテーションを<ruby>受<rt>う</rt></ruby>ける。

2 <ruby>大学<rt>だいがく</rt></ruby>のホームページを<ruby>見<rt>み</rt></ruby>て、<ruby>休講<rt>きゅうこう</rt></ruby>や<ruby>補講<rt>ほこう</rt></ruby>のお<ruby>知<rt>し</rt></ruby>ら
せをチェックする。

3 <ruby>直接<rt>ちょくせつ</rt></ruby><ruby>学生課<rt>がくせいか</rt></ruby>へ<ruby>行<rt>い</rt></ruby>って、<ruby>単位<rt>たんい</rt></ruby>の<ruby>取<rt>と</rt></ruby>り<ruby>方<rt>かた</rt></ruby>の<ruby>説明<rt>せつめい</rt></ruby>を<ruby>受<rt>う</rt></ruby>
ける。

4 <ruby>掲示板<rt>けいじばん</rt></ruby>を<ruby>見<rt>み</rt></ruby>て、いろいろなお<ruby>知<rt>し</rt></ruby>らせを<ruby>確認<rt>かくにん</rt></ruby>する。

내일 대학에 가면 이 유학생은 우선 무엇을 합니까?

1 체육관에 가서 오리엔테이션을 받는다.

2 대학 홈페이지를 보고 휴강과 보강 알림을 체크한다.

3 직접 학생과에 가서 학점 따는 방법의 설명을 받는다.

4 게시판을 보며 여러 가지 알림을 확인한다.

問題 5-2番 🎧 35

男の人が話しています。

남자가 이야기하고 있습니다.

男　えと、悲しいことに、毎年お正月には、餅を喉に詰まらせる窒息事故が起こります。特に、飲み込む力が低下した高齢者に多いですが、ふとした弾みに誤嚥してしまうことがあるのです。餅のように『モチモチ』とくっつきやすい食べ物は、誤嚥する可能性が高いものの一つなので、要注意です。
　　それで、餅などを口にする時は、食べ方に気を付けてください。一口の量は少なく、早食いをしないようにしてください。そして、飲み込む時は、軽く下を向く『うなずき嚥下』をします。上を向いた状態で一気に飲み込む方法は危険です。それから食事をする時の姿勢も大切です。椅子に深く腰かけて背筋を伸ばし、足の裏は床に付けて食べるようにしましょう。背中を丸める、あごを突き出すといった食べ方をすると、誤嚥しやすくなります。

남　음, 슬프게도 매년 설날에는 떡이 목에 걸리는 질식사고가 일어납니다. 특히 삼키는 힘이 저하된 고령자에게 많은데요, 어쩌다가 그만 오연(음식물이 식도가 아니라 기도로 넘어가 버림)하고 마는 것입니다. 떡처럼 '쫄깃쫄깃'하게 달라붙기 쉬운 음식은 오연할 가능성이 높은 것 중 하나이므로, 주의가 필요합니다.

그래서 떡 등을 먹을 때에는 먹는 법에 조심해 주십시오. 한 입의 양은 적게, 빨리 먹지 않도록 해 주십시오. 그리고 삼킬 때에는 가볍게 아래를 향하는 '고개 숙이면서 삼키기'를 합니다. 위를 향한 상태에서 단숨에 삼키는 방법은 위험합니다. 그리고 식사를 할 때의 자세도 중요합니다. 의자에 깊이 앉아 등을 펴고, 발바닥은 바닥에 붙이고 먹도록 합시다. 등을 둥글게 하는, 턱을 쑥 내미는, 이런 먹는 방식을 하면 오연하기 쉽게 됩니다.

| 어휘 | お正月(しょうがつ) 설. 설날　餅(もち) 떡
喉(のど)に詰(つ)まる 목에 걸리다　窒息(ちっそく) 질식
飲(の)み込(こ)む 삼키다　低下(ていか) 저하
高齢者(こうれいしゃ) 고령자
ふとした弾(はず)みに 어쩌다가 그만
誤嚥(ごえん) 오연 *음식물이 식도가 아니라 기도로 넘어가 버림

モチモチ 쫄깃쫄깃함　くっつく 달라붙다
食(た)べ物(もの) 음식　可能性(かのうせい) 가능성
要注意(ようちゅうい) 요주의, 주의가 필요함
口(くち)にする 먹다　気(き)を付(つ)ける 조심[주의]하다
一口(ひとくち) 한 입　早食(はやぐ)い 음식을 빨리 먹음
下(した)を向(む)く 아래를 향하다
うなずき嚥下(えんげ) 고개를 숙이면서 삼킴
一気(いっき)に 단숨에　姿勢(しせい) 자세
腰(こし)かける 걸터앉다　背筋(せすじ)を伸(の)ばす 등을 펴다
足(あし)の裏(うら) 발바닥　床(ゆか) 바닥　付(つ)ける 붙이다
背中(せなか) 등　丸(まる)める 둥글게 하다　あご(顎) 턱
突(つ)き出(だ)す 쑥 (앞으로) 내밀다　〜といった 〜와 같은

この人が一番言いたいことは何ですか。
1 正しい食事のマナー
2 むせないようにする方法
3 お節料理の詰め方
4 高齢者の摂食障害

이 사람이 가장 하고 싶은 말은 무엇입니까?
1 올바른 식사 매너
2 목이 메지 않도록 하는 방법
3 설음식 담는 법
4 고령자의 섭식장애
| 어휘 | マナー 매너, 태도　む(噎)せる 목이 메다
お節料理(せちりょうり) 오세치요리, 설음식
詰(つ)める 담다　摂食障害(せっしょくしょうがい) 섭식장애

問題 5-3番 🎧 36

テレビで、専門家が睡眠障害について話しています。

TV에서 전문가가 수면장애에 대해서 이야기하고 있습니다.

男1　皆さんは夜、よく眠れていますか。不眠に悩まされる方も多いと思いますが、今日は不眠症について話したいと思います。
　　不眠の症状は主に4つのタイプに分けることができますが、タイプによって対処法や治療方法が異なるので、まずは、あなたの不眠の症状がどのタイプなのか知っておきましょう。
　　まずは入眠障害、つまりなかなか寝付けないタイプです。床に入って寝付くまでに、30分から1時間以上かかるタイプです。精神的な問題、不安や緊張が強い時などに起こりやすいと言われています。

二つ目は中途覚醒、夜中によく目が覚めるタイプです。睡眠中に何度も目が覚めたり、一度起きた後、なかなか寝付けなくなるタイプのことで、日本の成人の方では、不眠の訴えの中で最も多く、中高年でより頻度が高いと言われています。

三つ目は早期覚醒です。これは、朝早く目が覚めるタイプのことで、朝、予定時間より2時間以上前に目が覚めてしまい、その後眠れなくなってしまうタイプで、高齢者に多く見られます。

最後は、熟眠障害、ぐっすり眠った気がしないタイプです。睡眠時間を十分に取ったのに、熟眠感が得られないタイプのことです。

男2 ふん〜、不眠の症状ってこんなにあるのか。

女 そう言えば、あなた最近よく眠れないって言ってたでしょ。

男2 うん、途中で目が覚めちゃって、その後なかなか寝付けないことが多くなった。お前は大丈夫か。

女 私も夜中に目が覚めることあるわよ。

男2 あ、そう?

女 でも、私の場合は、またすぐ寝付けるから、それは別にいいんだけど、ただ…。

男2 ただ?

女 睡眠時間は十分取ってるはずなのに、疲れが取れないっていうか、朝起きるのがだるかったりするのよ。

男2 寝付きはいいの?

女 うん、それは問題なし。

남1 여러분은 밤에 잘 잡니까? 불면에 고민하시는 분도 많다고 생각하는데요, 오늘은 불면증에 대해서 말씀드리고 싶습니다. 불면증상은 주로 4가지 타입으로 나눌 수 있는데요, 타입에 따라 대처법과 치료방법이 다르니, 우선은 당신의 불면증상이 어느 타입인지 알아 둡시다.

우선은 입면장애, 즉 좀처럼 잠들지 못하는 타입입니다. 잠자리에 들어 잠들 때까지 30분에서 1시간 이상 걸리는 타입입니다. 정신적인 문제, 불안과 긴장이 강할 때 등에 일어나기 쉽다고 일컬어지고 있습니다.

두 번째는 중도각성, 한밤중에 자주 깨는 타입입니다. 수면 중에 몇 번이고 깨거나, 한 번 일어난 후에 좀처럼 잠들 수 없게 되는 타입으로, 일본 성인분에서는 불면 호소 중에서 가장 많으며, 중노년에서 보다 빈도가 높다고 합니다.

세 번째는 조기각성입니다. 이것은 아침 일찍 잠이 깨는 타입으로, 아침에 예정시간보다 2시간 이상 전에 잠이 깨 버리고, 그 후에 잠자지 못하게 되는 타입으로, 고령자에게 많이 보입니다.

마지막은 숙면장애, 푹 잔 느낌이 들지 않는 타입입니다. 수면시간을 충분히 취했는데도 숙면감을 얻을 수 없는 타입을 말합니다.

남2 흠~, 불면증상이 이렇게나 있는 거야?

여 그러고 보니 당신 요즘 잘 잠을 못 자겠다고 했지?

남2 응, 도중에 잠이 깨서 그 후 좀처럼 잠들지 못하는 경우가 많아졌어. 당신은 괜찮아?

여 나도 한밤중에 잠이 깨는 경우가 있어.

남2 아, 그래?

여 그래도 내 경우는 다시 바로 잠들 수 있으니까 그건 뭐 괜찮은데, 다만….

남2 다만?

여 수면시간은 충분히 취하고 있을 텐데, 피로가 풀리지 않는다고 할까, 아침에 일어나는 게 나른하거나 해.

남2 잠은 잘 와?

여 응, 그건 문제없어.

| 어휘 | 睡眠障害(すいみんしょうがい) 수면장애
眠(ねむ)る 잠자다 不眠(ふみん) 불면
悩(なや)む 고민하다, 괴로워하다 不眠症(ふみんしょう) 불면증
症状(しょうじょう) 증상 分(わ)ける 나누다
異(こと)なる 다르다, 같지 않다
入眠(にゅうみん) [의학] 입면, 수면상태에 들어감
なかなか (뒤에 부정의 말을 수반하여) 좀처럼
寝付(ねつ)く 잠들다 床(とこ)に入(はい)る 잠자리에 들다
〜目(め) 〜째 *순서를 나타내는 말
中途覚醒(ちゅうとかくせい) 중도각성 夜中(よなか) 한밤중
目(め)が覚(さ)める 잠이 깨다 訴(うった)え 호소
中高年(ちゅうこうねん) 중년 より 보다 頻度(ひんど) 빈도
早期覚醒(そうきかくせい) 조기각성
高齢者(こうれいしゃ) 고령자 熟眠(じゅくみん) 숙면

ぐっすり 푹 *깊은 잠을 자고 있는 모양
気(き)がする 생각[느낌]이 들다 取(と)る 취하다
そう言(い)えば 그러고 보니 途中(とちゅう) 도중
〜はず (아마) 〜일 겠[터]임 *화자의 주관적인 추측
疲(つか)れが取(と)れる 피로가 풀리다 だるい 나른하다
寝付(ねつ)き 잠듦

質問1

男の人の不眠の症状は何ですか。
1 入眠障害
2 中途覚醒
3 早期覚醒
4 熟眠障害

남자의 불면증상은 무엇입니까?
1 입면장애
2 중도각성
3 조기각성
4 숙면장애

質問2

女の人の不眠の症状は何ですか。
1 入眠障害
2 中途覚醒
3 早期覚醒
4 熟眠障害

여자의 불면증상은 무엇입니까?
1 입면장애
2 중도각성
3 조기각성
4 숙면장애

언어지식 — 문자·어휘·문법—독해 ↓ 110분

문자·어휘

1					
1	2	3	4	5	6
2	1	4	3	2	3

2						
7	8	9	10	11	12	13
3	2	4	2	4	4	1

3					
14	15	16	17	18	19
1	4	2	1	2	4

4					
20	21	22	23	24	25
2	4	1	4	3	1

문법

5									
26	27	28	29	30	31	32	33	34	35
3	4	2	1	4	1	3	2	4	1

6				
36	37	38	39	40
2	4	4	1	3

7				
41	42	43	44	45
3	2	4	1	3

독해

8			
46	47	48	49
1	4	2	4

9								
50	51	52	53	54	55	56	57	58
2	2	3	4	1	3	3	2	4

10			
59	60	61	62
1	3	4	2

11	
63	64
2	3

12			
65	66	67	68
2	4	3	1

13	
69	70
4	3

청해 ↓ 60분

1					
1	2	3	4	5	6
4	2	1	3	1	4

2						
1	2	3	4	5	6	7
3	3	4	3	1	2	3

3					
1	2	3	4	5	6
2	3	1	4	1	4

4											
1	2	3	4	5	6	7	8	9	10	11	12
1	2	2	1	3	1	2	3	3	2	3	1
13	14										
2	1										

5			
1	2	3(1)	3(2)
3	4	1	3

🖋 언어지식(문자·어휘·문법)

問題1

1 일본에서는 여성의원의 비율이 정말이지 낮다는 것은 <u>부정하기</u> 어려운 사실이다.
| 어휘 | 議員(ぎいん) 의원　比率(ひりつ) 비율
いかにも 정말이지　否(いな)む 부정하다
동사의 ます형+がたい ～하기 어렵다　かたみ(肩身) 면목, 체면
この(好)み 취향　はげ(励)み 격려

2 지금 우울증과 조현병 등, 신경<u>질환</u>을 앓는 사람의 수는 300만 명 이상이라고 한다.
| 어휘 | うつ病(びょう) 우울증
統合失調症(とうごうしっちょうしょう) 통합실조증, 조현병
疾患(しっかん) 질환　患(わずら)う (병을) 앓다
じっかん(実感) 실감　しつげん(失言) 실언

3 그 분야의 전문가가 긴 시간을 들여 연구한 성과를 꽉 <u>응축</u>하여 알기 쉽게 가르쳐 준다.
| 어휘 | かける (시간을) 들이다
ぎゅっと 꽉 *힘주어 조르거나 눌러대는 모양
凝縮(ぎょうしゅく) 응축　동사의 ます형+やすい ～하기 쉽다
きょうしゅく(恐縮) 송구함

4 상대의 비위에 <u>거슬리는</u> 말은 하지 않도록 세심한 주의를 기울입시다.
| 어휘 | 障(さわ)る (감정이) 상하다 *「気(き)に障(さわ)る」 – 비위에 거슬리다　細心(さいしん) 세심
注意(ちゅうい)を払(はら)う 주의를 기울이다
払(はら)う 마음을 쓰다　つ(漬)かる 잠기다
いた(至)る 이르다, 도달하다　かた(語)る 말하다

5 타인을 <u>폄하하는</u> 것으로, 자신을 지키려고 하는 사람은 미움을 사요.
| 어휘 | 貶(けな)す 폄하하다, 헐뜯다　守(まも)る 지키다
嫌(きら)う 싫어하다, 미워하다　そ(逸)らす (딴 데로) 돌리다
み(満)たす 채우다, 충족시키다　は(晴)らす (불쾌한 기분을) 풀다

6 해상화물로서 수출허가 후, 급거 항공화물로서 수출되게 되었습니다.
| 어휘 | 海上(かいじょう) 해상　貨物(かもつ) 화물
輸出(ゆしゅつ) 수출　許可(きょか) 허가
急(きゅう)きょ 급거, 갑작스럽게

問題2

7 설마 이렇게 큰 재해가 (연이어) 일어날 줄이야….
| 어휘 | まさか 설마　災害(さいがい) 재해
起(お)こる 일어나다, 발생하다
～とは ～하다니 *'뜻밖이다'라는 기분을 강조함
た(立)てつづ(続)けに 계속, 연이어

万(まん)が一(いち) 만에 하나, 만일　おもむ(徐)ろに 서서히
ひと(独)りでに 저절로

8 중국에서 미국 가재가 식재료로 인기를 끌고 있다. 소비량은 (갈수록 상승)하여 2017년의 국내 소비량은 처음으로 100만 톤을 돌파했다.
| 어휘 | ざりがに 가재　食材(しょくざい) 식재료
人気(にんき)を呼(よ)ぶ 인기를 끌다[모으다]
消費量(しょうひりょう) 소비량
右肩上(みぎかたあ)がり (그래프에서 오른쪽이 올라가는 것처럼)
점점 수치가 커지는[높아지는] 것, 시간이 지날수록 수량이 늘어나는
모습　突破(とっぱ) 돌파
先細(さきぼそ)り 점점 쇠퇴해 감
もっぱら 오로지　頭打(あたまう)ち 한계점

9 신주쿠에서 조금 걸으면 도착하는 이 코스는 점심 식사 후의 (소화를 돕기)에는 최적입니다.
| 어휘 | はら(腹)ごなし (음식물의) 소화를 도움
最適(さいてき) 최적
場違(ばちが)い 장소가 틀림, 그 자리에 어울리지 않음
手(て)がかり 단서, 실마리
滑(すべ)り出(だ)し 미끄러지기 시작함, 전하여 첫 출발, 첫 시작

10 상사에게 (알랑거리는) 사원, 아부하는 예스맨은 좋아하지 않습니다.
| 어휘 | こ(媚)びる 알랑거리다　おもねる 아첨[아부]하다
イエスマン 예스맨, 상사의 말에 무조건 아첨하는 사람
つ(付)けた(足)す 첨가하다, 덧붙이다
つの(募)る (감정이) 심해지다
つ(突)きつ(詰)める 철저히 파고들다

11 딱 좋은 단맛의 케이크를 (입안 가득 넣)자, 미소가 번졌습니다.
| 어휘 | ほどよい 알맞다, 적당하다
ほおば(頬張)る 볼이 미어지게 음식을 입에 넣다[넣고 먹다]
笑顔(えがお) 웃는 얼굴, 미소　広(ひろ)がる 퍼지다, 번지다
ゆる(緩)める 완화하다　はめる 끼우다, 끼다
さず(授)かる 내려 주시다, 점지하다

12 파스타 종가인 이탈리아에서의 매너에 따른다면 파스타를 (후루룩거리며 먹는) 것은 절대로 NG입니다.
| 어휘 | パスタ 파스타　本家(ほんけ) 본가, 종가
従(したが)う 따르다　すする 후루룩거리며 먹다
NG(エヌジー) NG, 해서는 안 되는 것
すす(勧)める 추천하다　おぎな(補)う 보충하다
みおく(見送)る 배웅하다, 보류하다

13 A섬을 둘러싸고 대립하는 양국의 '(응어리)'를 풀기 위한 방법에 대해서 논해 봅시다.
| 어휘 | ～をめぐ(巡)って ～을 둘러싸고　対立(たいりつ) 대립
両国(りょうこく) 양국　しこ(凝)り 응어리
解(と)く (긴장·응어리를) 풀다　論(ろん)じる 논하다
かぎ(鍵) 열쇠　きっかけ 계기　はど(歯止)め 제동장치

問題3

14 당신 주변에는 <u>건방진 태도</u>를 취하는 사람이 없는지요?

1 건방진 태도

2 겸허한 태도

3 겸손한 태도

4 부자연스러운 태도

| 어휘 | 周(まわ)り 주위, 주변　横柄(おうへい) 건방짐
態度(たいど)を取(と)る 태도를 취하다
大(おお)きな 건방진, 잘난 체하는　謙虚(けんきょ) 겸허
謙遜(けんそん) 겸손　不自然(ふしぜん) 부자연스러움

15 이제는 업무를 <u>수행하는</u> 데 있어서 컴퓨터는 빼놓을 수 없는 존재가 되어 있습니다.

1 다가오는

2 연모하는

3 방황하는

4 완수하는

| 어휘 | 今(いま)や 이제는, 이미　業務(ぎょうむ) 업무
遂行(すいこう) 수행, 계획한 대로 해냄
동사의 기본형+うえ(上)で ~하는 데 있어서
欠(か)かせない 빼놓을 수 없는, 없어서는 안 될
存在(そんざい) 존재　せま(迫)る 다가오다　した(慕)う 연모하다
さまよう 헤매다, 방황하다　な(成)しと(遂)げる 완수하다

16 클라우드화에 수반하여 유저나 데이터의 관리가 <u>번잡</u>해지기 시작했다는 의견이 들린다.

1 간단해

2 귀찮아

3 용이해

4 간결해

| 어휘 | クラウド 클라우드 *데이터를 인터넷과 연결된 중앙컴퓨터에 저장해서 인터넷에 접속하기만 하면 언제 어디서든 데이터를 이용할 수 있는 것　~にともな(伴)って ~에 따라, ~에 수반하여
声(こえ) 소리, 의견　聞(き)こえる 들리다　煩雑(はんざつ) 번잡
かんたん(簡単) 간단　めんどう(面倒) 귀찮음, 성가심
たやす(容易)い 쉽다, 용이하다　かんけつ(簡潔) 간결

17 이곳은 시민의 <u>휴식</u>처로 알려져 있습니다.

1 휴식

2 모임

3 회합

4 스포츠

| 어휘 | いこ(憩)いの場(ば) 휴식처　くつろ(寛)ぎ 편히 쉼, 휴식
あつ(集)まり 모임　かいごう(会合) 회합

18 이 비즈니스 플랜에 대한 5명 상사의 생각은 <u>각기</u> 달랐다.

1 같았다

2 제각각이었다

3 획일적이었다

4 복잡했다

| 어휘 | 考(かんが)え方(かた) 사고방식, 생각　まちまち 각기 다름
同様(どうよう) 같음　ばらばら 제각기 다른 모양
画一的(かくいつてき) 획일적　ややこしい 복잡하다, 까다롭다

19 더욱이 이 필터를 사용하면 '계속 읽기' 태그를 설정해 놓지 않은 투고에서도 <u>발췌</u> 후에 링크를 자동으로 삽입할 수 있습니다.

1 복사

2 인용

3 글 첫머리

4 발췌

| 어휘 | さらに 더욱이, 게다가　続(つづ)き 계속(하는 부분)
タグ 태그 *데이터의 구조·내용을 식별하기 위한 표시
設定(せってい) 설정　投稿(とうこう) 투고　抜粋(ばっすい) 발췌
挿入(そうにゅう) 삽입　コピー 카피, 복사　引用(いんよう) 인용
書(か)き出(だ)し 글의 첫머리, 서두　書(か)き抜(ぬ)き 발췌

問題4

20 모조리 먹어 치우다

1 아침부터 운동장을 <u>모조리 먹어 치우는</u> 공사를 하고 있어서 아주 시끄럽다.

2 놀랍게도 그는 5인분의 요리를 전부 <u>모조리 먹어 치워</u> 버렸다.

3 흥분했을 때 마음을 <u>모조리 먹어 치우기</u> 위해서 심호흡을 해 보는 것도 좋은 방법이에요.

4 육지에 가까운 해저에는 얕고 <u>모조리 먹어 치우고</u> 있는 지형이 펼쳐져 있다.

| 어휘 | たい(平)らげる 모조리 먹어 치우다　うるさい 시끄럽다
驚(おどろ)く 놀라다　~ことに ~하게도
명사+前(まえ) ~분, ~몫　興奮(こうふん) 흥분
深呼吸(しんこきゅう) 심호흡　陸地(りくち) 육지
海底(かいてい) 해저　浅(あさ)い 얕다　地形(ちけい) 지형
広(ひろ)がる 펼쳐지다

21 초래하다

1 올해 운동회는 <u>초래하는</u> 5월 20일에 열릴 예정입니다.

2 아르바이트를 했다고 해도 생활비를 전부 자신이 <u>초래하는</u> 데에는 부담이 커져 버린다.

3 과자류나 단 주스 등을 끊고, 식사 밸런스를 <u>초래하는</u> 것에 의해서 식생활을 개선할 수 있습니다.

4 심신에 지장을 <u>초래한다</u>고 느끼는 1개월 야근시간의 평균은 46.2시간이었다.

| 어휘 | きた(来)す 초래하다　~としても ~라고 하더라도
全(すべ)て 모두　負担(ふたん) 부담　止(や)める 중지하다, 끊다
バランス 밸런스, 균형　食生活(しょくせいかつ) 식생활
改善(かいぜん) 개선　心身(しんしん) 심신　支障(ししょう) 지장
残業(ざんぎょう) 잔업, 야근　平均(へいきん) 평균

22 모조리, 남김없이

1 전쟁에 의해 가옥과 논밭 등의 재산을 <u>모조리</u> 파괴당하고 말았습니다.

2 창조하는 인간은 <u>모조리</u> 위기 속에 몸을 두고 있어야 합니다.

3 허물없는 동료와의 식사는 <u>모조리</u> 외식이 많습니다.

4 자취를 할 수 없기 때문에 저녁은 <u>모조리</u> 사내식당이나 외식, 도시락에 의존하지 않을 수 없습니다.

| 어휘 | ことごと(尽)く 모조리, 남김없이
田畑(たはた) 논밭, 전답　破壊(はかい) 파괴
創造(そうぞう) 창조　危機(きき) 위기
気(き)が置(お)けない 마음을 터놓다, 허물없다
自炊(じすい) 자취　頼(たよ)る 의존하다
~ざるを得(え)ない ~하지 않을 수 없다, ~할[하는] 수밖에 없다

23 다듬다

1 희망하시는 일정·행사장에 빈 곳이 있으면 가예약을 <u>다듬</u>을 수 있습니다.
2 신상품 개발을 위해서 막대한 자금을 <u>다듬</u>고 말았습니다.
3 우울증의 원인과 초조함과 불안을 <u>다듬</u>을 대책에 대해서 설명하고 싶습니다.
4 물론 일기 정도의 블로그라면 그렇게까지 문장을 다듬을 필요는 없다고 생각합니다.
| 어휘 | 練(ね)る (계획·작전·문장 등을) 다듬다   空(あ)き 빈 곳
仮予約(かりよやく) 가예약   莫大(ばくだい) 막대
うつ病(びょう) 우울증   イライラ 안달복달하는[초조한] 모양
対策(たいさく) 대책   ブログ 블로그   ~ならば ~라면

24 망라

1 도로 확장공사의 의해 정체가 꽤 <u>망라</u>된다고 생각합니다.
2 타이페이의 베란다 카페에서는 거리의 공기를 느끼며 여행의 묘미를 <u>망라</u>할 수 있다.
3 이것은 전국을 망라하는 육해통합 지진해일 화산관측망입니다.
4 장사<u>망라</u> 이익이 있다고 하여 유명한 도쿄 도내의 신사를 엄선하여 소개해 드립니다.
| 어휘 | 網羅(もうら) 망라   拡張(かくちょう) 확장
渋滞(じゅうたい) 정체   だいぶ 상당히, 꽤
台北(たいぺい) 타이페이   旅(たび) 여행
醍醐味(だいごみ) 묘미, 참맛   陸海(りくかい) 육해, 육지와 바다
統合(とうごう) 통합   津波(つなみ) 해일   火山(かざん) 화산
観測網(かんそくもう) 관측망   商売(しょうばい) 장사
知(し)られる 유명하다, 알려지다   神社(じんじゃ) 신사
厳選(げんせん) 엄선

25 대강의 줄거리

1 오늘은 글의 대강의 줄거리의 흐름을 파악하기 위해 다같이 음독했습니다.
2 이것은 도쿄케이자이신문에 게재된 독자적인 <u>대강의 줄거리</u> 기획 기사를 제공하는 서비스입니다.
3 히로시마 전체가 애타게 기다렸던 이번 시즌 프로야구 <u>대강의 줄거리</u>까지 앞으로 3일입니다.
4 드디어 우리는 <u>대강의 줄거리</u>인 마이홈을 지을 수 있었습니다.
| 어휘 | 大筋(おおすじ) 대강의 줄거리, 요점   流(なが)れ 흐름
つかむ (사물의 진상·내용 등을) 파악하다   音読(おんどく) 음독
掲載(けいさい) 게재   独自(どくじ) 독자   企画(きかく) 기획
待(ま)ち焦(こ)がす 애타게 기다리다   あと 앞으로
とうとう 드디어   マイホーム 마이홈, 내 집
建(た)てる (집을) 짓다

問題5

26 모두가 돌아간 후, 혼자서 병실에 남겨졌을 때의 외로움(은 말로 다 할 수 없다).

1 임에 틀림없었다
2 에 불과했다
3 은 말로 다 할 수 없었다
4 이 뻔했다
| 어휘 | 病室(びょうしつ) 병실
取(と)り残(のこ)す (주로 수동형으로) 많은 사람들이 먼저 가고 혼자 또는 일부가 뒤에 남겨지다

寂(さび)しさ 외로움   ~といったらない ~은 말로 다 할 수 없다
~にほかならない ~임에 틀림없다
~にす(過)ぎない ~에 불과하다
~に決(き)まっている ~으로 정해져 있다, ~일 것이 뻔하다

27 그런 큰 사고에서 가벼운 부상으로 끝난 것은 그야말로 행운(이라고밖에 말할 수 없다).

1 이라고조차 말려고 한다
2 이라고 해도 틀림없다
3 이라고도 말하면 된다
4 이라고 밖에 말할 수 없다
| 어휘 | あんな (서로 알고 있는) 그런   大事故(だいじこ) 큰 사고
怪我(けが) 부상, 상처   済(す)む 끝나다, 해결되다
まさに 그야말로   幸運(こううん) 행운
~としか言(い)いようがない ~라고밖에 말할 수 없다
~さえ ~조차
~と言(い)っても相違(そうい)ない ~라고 해도 틀림없다
~たらいい ~하면 된다

28 나 자신, 버릴지 어떨지로 고민하며 망설이고 있었는데, (버리면 버린 대로) 아무것도 곤란하지 않고, 오히려 후련했던 경험이 많이 있다.

1 버리기는 버리지만
2 버리면 버린 대로
3 버릴지 말지로
4 버리거나 줍거나로
| 어휘 | 捨(す)てる 버리다   ~かどうか ~일지 어떨지
迷(まよ)う 고민하다, 망설이다   ためらう 주저하다, 망설이다
~たら~たで ~하면 ~한 대로   困(こま)る 곤란하다
~ず(に) ~하지 않고, ~하지 말고   清々(せいせい) 산뜻함, 상쾌함
多々(たた) 많이   ~には~が ~하기는 ~하지만
~か否(いな)かで ~할지 말지   拾(ひろ)う 줍다

29 주문상품이었기 때문에 꽤 (기다리게 될 줄 알았는데), 5일 정도에 도착했어요.

1 기다리게 될 줄 알았는데
2 기다리게 되는 것을 우려하여
3 기다리게 되어 못 참고
4 마땅히 기다려야 해서
| 어휘 | 取(と)り寄(よ)せ商品(しょうひん) 주문상품
~かと思(おも)いきや ~인 줄 알았더니 (뜻밖에도)
届(とど)く (보낸 물건이) 도착하다
恐(おそ)れる 걱정하다, 우려하다
~てたまらない ~해서 견딜 수 없다, ~해서 참을 수 없다
~てしか(然)るべきだ ~하는 게 마땅[당연]하다

30 휴대전화 사용, 속도 초과 렌터카, 횡단보도 앞에서의 일시정지 무시 등, 통학로에서 언제 사고가 일어나도 이상하지 않은 (위험)하기 짝이 없는 행위가 태연히 행해지고 있다.

1 위험한
2 위험의
3 위험한
4 위험
| 어휘 | 携帯電話(けいたいでんわ) 휴대전화
使用(しよう) 사용   超過(ちょうか) 초과
横断歩道(おうだんほどう) 횡단보도   停止(ていし) 정지

通学路(つうがくろ) 통학로　不思議(ふしぎ) 이상함
危険(きけん) 위험　〜極(きわ)まる 〜하기 짝이 없다
行為(こうい) 행위　平然(へいぜん) 태연함

31 선물로 갓 딴 찻잎을 받아서 집에서 (어깨너머로 배운 솜씨)로 차를 끓여 보았습니다.

1 어깨너머로 배운 솜씨
2 見ようみまい (잘못된 어법)
3 見よう見ず (잘못된 어법)
4 見よう見るべし (잘못된 어법)
| 어휘 | お土産(みやげ) 선물　摘(つ)む (손으로) 따다
동사의 ます형+立(た)て 막[갓]～함　茶葉(ちゃば) 찻잎
見(み)よう見(み)まね 남이 하는 것을 옆에서 보고 그 흉내를 내는 것, 어깨너머로 배움　お茶(ちゃ)を入(い)れる 차를 끓이다
〜まい 〜하지 않을 것이다
〜ず(に) 〜하지 않고, 〜하지 말고
〜べし 〜하는 것이 마땅[당연]하다, 〜할 것

32 그는 공복일 때라면 무엇을 (주어지더라도) 좋아하며 먹습니다.

1 주어진 한
2 주어지자마자
3 주어지더라도
4 주어질 것 같지도
| 어휘 | 空腹(くうふく) 공복　与(あた)える 주다
〜ようとも 〜하더라도 =「〜ても」
喜(よろこ)ぶ 기뻐하다, 좋아하다
〜かぎり(限)り 〜하는 한　〜とたん 〜하자마자

33 그럼, 이상의 건에 대해 첨부자료를 한 번 읽어 주시면 다행으로 (생각하겠습니다). 아무쪼록 잘 부탁드리겠습니다.

1 삼가 받겠습니다
2 생각하겠습니다
3 아십니다
4 빌리겠습니다
| 어휘 | 添付(てんぷ) 첨부
ご＋한자 명사+いただく 〜해 받다, 〜해 주시다 *「〜てもらう」의 겸양표현　一読(いちどく) 일독, 한 번 읽음
幸(さいわ)いに 다행으로
存(ぞん)じる 생각하다 *「思(おも)う」의 겸양어
何卒(なにとぞ) 아무쪼록　お+동사의 ます형+申(もう)し上(あ)げる 〜해 드리다, 〜하다 *겸양표현
承(うけたまわ)る 받다 *「受(う)ける」의 겸양어
ご存知(ぞんじ) 알고 계심　拝借(はいしゃく)する (돈·물건 등을) 빌리다 *「借(か)りる」의 겸양어

34 매상고의 성장과 수익성의 개선을 통한 기업가치의 향상을 과제로 하고, 경영수치목표를 (달성하기 위해) 계층별 전략을 실시해 나가겠습니다.

1 달성해야 할
2 달성하는 것이 당연할
3 달성해서는 안 되는
4 달성하기 위해서
| 어휘 | 売上高(うりあげだか) 매상고, 판매액
通(つう)じる 통하다　向上(こうじょう) 향상

数値(すうち) 수치　達成(たっせい) 달성
〜べく 〜하기 위해서 =「〜ために」
〜べき 〜해야 할, 〜할 만한
〜べからず 〜해서는 안 된다, 〜하지 말 것 *금지의 뜻을 나타냄

35 집에 돌아가고 싶은데, 막차가 끊기고 말았다. (어떡하지)….

1 어떡하지
2 무슨 일인가
3 어떻게 된 것인가
4 어떻게 되어 있는가
| 어휘 | 終電(しゅうでん)がなくなる (전철의) 막차가 끊기다
〜ものか 〜해야 될까 *망설임을 나타냄

問題6

36 지금까지 비즈니스 퍼슨 이라고 하면 ★정장을 입고 있는 것이 당연했지만, 그런 상황에 변화가 생기고 있다.
: これまでビジネスパーソンと言えば ★スーツを着ているのが当たり前だったが、そうした状況に変化が生じている。

| 어휘 | これまで 지금[이제]까지
ビジネスパーソン 비즈니스 퍼슨, 회사 근무자
〜と言(い)えば 〜라고 하면　スーツ 정장, 슈트
着(き)る (옷 등을) 입다　当(あ)たり前(まえ) 당연함
生(しょう)じる 생기다

37 자동차를 타는 드라이버 라 면 ★누구 라도 차 연비는 마음에 걸리는 법이다.
: 自動車に乗るドライバーで あれば、★誰 しも車の燃費は気になるものだ。

| 어휘 | 乗(の)る (탈것 등을) 타다　〜であれば 〜라면
誰(だれ)しも 누구든지, 누구라도　燃費(ねんぴ) 연비
気(き)になる 걱정되다, 마음에 걸리다　〜ものだ 〜하는 법이다

38 알코올 음료의 소비가 전반적으로 점점 줄어들 고 있는 중에, ★국내 위스키 수요 만 은 크게 신장하고 있다.
: アルコール飲料の消費が全般的に漸減する中、★国内ウイスキー需要 だけは大きく伸長している。

| 어휘 | アルコール 알코올　消費(しょうひ) 소비
全般的(ぜんぱんてき) 전반적　漸減(ぜんげん) 점감, 점점 줄어듦
동사의 기본형+中(なか) 〜하고 있는 중에
ウイスキー 위스키　需要(じゅよう) 수요　伸長(しんちょう) 신장

39 요 몇 년 인바운드 수요 ★도 물론이지만, 국내 전체의 출하액이 늘어나고 있는 것은 크게 기뻐해야 한다.
: ここ数年の インバウンド需要 ★も さることながら、国内全体の出荷額が増えていることは大いに喜ぶべきことだ。

| 어휘 | ここ 요, 요새　数年(すうねん) 수년, 몇 년
インバウンド 인바운드
需要(じゅよう) 수요　〜もさることながら 〜도 물론이지만
国内(こくない) 국내　出荷額(しゅっかがく) 출하액
増(ふ)える 늘다, 증가하다　大(おお)いに 크게
喜(よろこ)ぶ 기뻐하다

40 그래도 신사복업계의 장래가 밝다고는 할 수 없다. 왜냐 하면 ★정장의 가격은 하락을 계속하고 있으며, 지금은 백화점 등에서도 2만 엔에서 3만 엔 정도의 정장이 판매되고 있고, 싼 가격을 원하는 소비자는 보다 저가의 정장을 구입해 버리기 때문이다.

: それでも紳士服業界の将来が明るいとは言えない。と いうのも ★スーツの価格は 下落を続けており、今ではデパートなどでも2万円から3万円程度のスーツが販売されており、安さを求める消費者はより低価格なスーツを購入してしまうからだ。

| 어휘 | それでも 그래도 紳士服(しんしふく) 신사복
〜とは言(い)えない 〜라고는 할 수 없다 というのも 왜냐하면
下落(げらく) 하락 続(つづ)ける 계속하다 デパート 백화점
販売(はんばい) 판매 安(やす)さ 값이 쌈 求(もと)める 바라다
消費者(しょうひしゃ) 소비자 より 보다
低価格(ていかかく) 저가, 낮은 가격 購入(こうにゅう) 구입

問題7

41-45

여러분 중에서 사무실에서 낮잠·선잠을 자는 분은 어느 정도 있을까?

낮잠의 효과는 전문가에 의한 연구에서 잇달아 다루어져 왔는데, 기업으로서는 사원의 낮잠을 인정하고 있지 않고, 또한 인정하고 있어도 사원이 **41**낮잠 자기 어렵다고 느껴 버리는 환경이 아직 많이 남아 있는 것처럼 생각한다.

깊은 잠에 빠지지 않는 10~30분 정도의 낮잠을 오후의 이른 시간에 취하는 것으로, 피로회복과 집중력, 인지력 향상의 효과를 얻을 수 있다고 하는데, 미국인의 수면부족 문제는 계속되고 있다.

미국의 국립수면재단에 따르면 29%의 사원이 직장에서 졸음을 느끼거나 실제로 잠에 빠져 버린 경험이 있으며, 또한 수면부족이 연간 약 630억 달러 상당의 미국 기업의 생산성 저하에 영향을 주고 있다고 보고되고 있다. 마찬가지로 국립수면재단에 따른 2018년 앙케트 결과보고서에서는 수면부족 중에 효과적으로 업무를 진행할 수 있다고 답한 회답자는 불과 46% 정도로, 수면의 질이 매일의 활동 효율성을 좌우하는 원인이 되고 있다고 지적되고 있다.

더욱이 **42**깊이 파고 들어가 보면 요 몇십 년 사이에 미국인의 수면시간은 상당히 저하되고 있는 것으로 밝혀졌다. 어느 앙케트에 의하면 2013년의 미국인의 평균수면시간은 6.8시간. 이것은 1942년의 앙케트 결과인 7.9시간에서 실로 1시간 이상이나 줄어 있고, 적절한 수면시간으로 여겨지는 7~9시간에도 **43**미치지 못하는 숫자다. 신경과학자로 'Why We Sleep: The New Science of Sleep and Dreams'의 저자이기도 한 Matthew Walker 씨에 의하면 이 수면시간의 감소 경향은 미국**44**뿐만 아니라 세계적으로 볼 수 있는 징후이며, 노동과 통근의 장시간화, 스마트폰 이용 등이 원인 중 하나라고 한다.

수면의 중요성이 지금까지 거론되어 왔으면서도, 밤의 수면시간은 감소하고, 게다가 낮의 선잠으로의 보충도 이루어지고 있지 않다. 사무실에서의 낮잠이 아직 침투해 있지 않은 이 상황 속에서 우선은 '낮잠은 사원의 효율성 향상에 있어서 소중한 것'이라는 의식 만들기를 행하고 있는 것이 미국의 현상이다. 마찬가지로 낮잠 문화가 **45**익숙지 못하며, 게다가 미국인보다도 수면시간이 적은 일본인에게 있어서 참고가 되는 부분이 여러 가지 있을 것 같다.

| 어휘 | オフィス 오피스, 사무실 昼寝(ひるね) 낮잠
仮眠(かみん)を取(と)る 선잠을 자다 効果(こうか) 효과
次々(つぎつぎ)と 잇달아 取(と)り上(あ)げる 다루다
認(みと)める 인정하다
동사의 ます형+づらい 〜하기 어렵다[거북하다] *심리적
残(のこ)る 남다 眠(ねむ)りに落(お)ちる 잠에 빠지다
疲労(ひろう) 피로 集中力(しゅうちゅうりょく) 집중력
認知力(にんちりょく) 인지력 向上(こうじょう) 향상
得(え)る 얻다 睡眠不足(すいみんぶそく) 수면부족
続(つづ)く 계속되다 財団(ざいだん) 재단 眠気(ねむけ) 졸음
相当(そうとう) 상당, 상응 低下(ていか) 저하
報告(ほうこく) 보고 同(おな)じく 마찬가지로
アンケート 앙케트 効果的(こうかてき) 효과적
進(すす)める 진행하다 たった 단지, 다만
日々(ひび) 매일, 그날그날 効率性(こうりつせい) 효율성
左右(さゆう) 좌우 指摘(してき) 지적
掘(ほ)り下(さ)げる (사물을) 깊이 파고 들다
ある 어떤, 어느 平均(へいきん) 평균 減(へ)る 줄다
満(み)たない 부족하다, 기준이나 한도에 차지 않다
数字(すうじ) 숫자 〜のみならず 〜뿐만 아니라
兆候(ちょうこう) 징후, 징조 労働(ろうどう) 노동
スマートホン 스마트폰 語(かた)る 말하다
〜ながら 〜하면서(도) カバー 커버, 보충함
浸透(しんとう) 침투 まず 우선 意識(いしき) 의식
명사+作(づく)り 〜만들기 現状(げんじょう) 현상, 현재의 상태
なじ(馴染)む 친숙[익숙]해지다
参考(さんこう) 참고

41

1 낮잠 자기 쉽다
2 낮잠 잘지도 모른다
3 낮잠 자기 어렵다
4 낮잠 자기 십상이다

| 어휘 | 동사의 ます형+やすい 〜하기 쉽다
동사의 ます형+かねない 〜할지도 모른다
동사의 ます형+がちだ 자주 〜하다, 자칫 〜하기 쉽다[십상이다]

42

1 받아
2 깊이 파고 들어가
3 조정하고
4 지치고

| 어휘 | 承(うけたまわ)る 받다 *「受(う)ける」의 겸양어
整(ととの)える 조정하다 くたびれる 지치다

43

1 끼치지 않는
2 보내지 않는
3 이르지 않는
4 미치지 못하는

ㅣ어휘ㅣ 及(およ)ぼす (어떤 작용·영향·은혜 등이) 미치게 하다, 끼치다, 주다 届(とど)ける 보내다, 배달하다
至(いた)る 이르다, 도달하다

44

1 뿐만 아니라
2 만의
3 에 그치지 않고
4 인 만큼

ㅣ어휘ㅣ 〜ならではの+명사 〜이 아니고는 (할 수 없는), 〜만의
〜にとど(止)まらず 〜에 그치지 않고 〜だけあって 〜인 만큼

45

1 늘고 있지 않으며
2 아쉬워하고 있지 않으며
3 익숙지 못하며
4 막고 있지 않으며

ㅣ어휘ㅣ ま(増)す (수·양·정도가) 늘다, 많아지다
お(惜)しむ 아쉬워하다 く(食)いと(止)める 막다, 방지하다

독해

問題 8

(1)

> 스마트폰을 빈번하게 이용하는 고등학생 사이에서 스마트폰에 대한 의존도가 높으면 심신의 이상을 느끼는 비율이 약 3배가 되는 것이, 어느 청소년단체의 조사에서 밝혀졌다. 그 결과, 고등학생의 90% 이상이 스마트폰을 갖고 있으며, 하루 4시간 이상 사용하는 학생도 70% 있었다.
>
> 심신의 이상으로는 '졸리다', '눈이 피곤하다', '스마트폰 목결림' 등의 항목에서 수치가 높았다. 이러한 증상을 호소하는 고등학생은 스마트폰으로부터 조금 더 거리를 두는 편이 좋다. 우선 전화와 문자기능만으로 하고, 휴일에는 떨어지도록 한다. 누군가와 있을 때는 상대와 보내는 것에만 집중하고 스마트폰은 보지 않는다. 외출한 곳에서는 게임은 하지 않도록 하자. 모처럼의 경치와 친구와의 대화가 없어지면 손해니까. 냉정해져서 인생의 충실을 위해서 스마트폰에서 떨어지는 선택을 하는 사람도 적지 않다.

| 어휘 | スマホ 스마트폰 ＊「スマートホン」의 준말
頻繁(ひんぱん) 빈번, 잦음 依存度(いぞんど) 의존도
心身(しんしん) 심신 不調(ふちょう) 상태가 나쁨
割合(わりあい) 비율 ～倍(ばい) ～배
青少年(せいしょうねん) 청소년
生徒(せいと) (중・고교) 학생 ～割(わり) ～할, 십 분의 일
こ(凝)り 결림, 근육이 뻐근함 項目(こうもく) 항목
数値(すうち) 수치 症状(しょうじょう) 증상
訴(うった)える 호소하다 距離(きょり) 거리
離(はな)れる 떨어지다 過(す)ごす (시간을) 보내다
外出先(がいしゅつさき) 외출한 곳 せっかく 모처럼
景色(けしき) 경치 損(そん) 손, 손해 冷静(れいせい) 냉정
充実(じゅうじつ) 충실

46 이 글의 내용과 맞지 않는 것은 어느 것인가?

1 고등학생의 심신의 이상과 스마트폰 사용시간과의 인과관계는 아직 분명하지 않다.

2 고등학생의 대부분은 스마트폰 화면을 너무 봐서 목이 걸리는 것 같다.

3 심신의 이상을 완화하기 위해서는 우선 스마트폰으로부터 거리를 두는 편이 좋다.

4 친구를 만나도 스마트폰만 보고 있으며, 친구와의 대화에 집중하지 않는 고등학생이 많다.

| 어휘 | 因果(いんが) 인과 不明(ふめい) 불명, 분명하지 않은 것
동사의 ます형+過(す)ぎ 너무 ～함 こ(凝)る 뻐근하다, 걸리다
和(やわ)らげる 완화하다

(2)

> 만약 모르는 사람으로부터 메일이 오면 어떻게 하면 좋을까?
>
> 독립행정법인・정보처리 추진기구 기술본부의 다무라 씨는 '모르는 사람에게서 온 메일은 우선 의심하기 바란다'고 주의를 촉구하고 있다. 메일 본문에는 내용이 쓰여 있지 않고, 첨부파일을 열지 않으면 내용을 알 수 없는 듯한 메일은 수상쩍으니, 그 첨부파일은 우선 의심해 볼 것.
>
> 또한 근래에 들어서는 수법도 교묘해지고 있다. 예를 들면 '주고받기형'이라는 수법에서는 공격자 측이 정보제공 등을 가장하여 사전에 메일로 주고받기를 하고, 입수한 정보를 사용하여 신뢰하게 만들고 나서, 바이러스를 심은 메일을 보낸다. 바이러스가 첨부된 메일은 실재하는 상사와 지인, 거래처에서의 메일을 가장하고, 제목에도 '인사에 대해서', '취급주의'와 같은 흥미를 갖기 쉬운 내용과 수취인의 업무에 관계된 사항이 적혀 있으니, 조심하기 바란다.

| 어휘 | 届(とど)く 도착하다 独立(どくりつ) 독립
行政(ぎょうせい) 행정 推進(すいしん) 추진
疑(うたが)う 의심하다 ～てほしい ～해 주었으면 하다
促(うなが)す 촉구하다 本文(ほんぶん) 본문
添付(てんぷ)ファイルを開(ひら)く 첨부파일을 열다
怪(あや)しい 수상쩍다 手口(てぐち) (범죄 등의) 수법
巧妙(こうみょう) 교묘 やりとり型(がた) 주고받기형
攻撃者(こうげきしゃ) 공격자 提供(ていきょう) 제공
装(よそお)う 가장하다 事前(じぜん) 사전
入手(にゅうしゅ) 입수 信頼(しんらい) 신뢰
ウイルス 바이러스 仕込(しこ)む 속에 넣다[장치하다]
送(おく)る 보내다 付(つ)き 붙음
実在(じつざい) 실재, 실제로 존재함 知人(ちじん) 지인
取引先(とりひきさき) 거래처
表題(ひょうだい) 표제, 제목 人事(じんじ) 인사
取扱注意(とりあつかいちゅうい) 취급주의
～といった ～와 같은 受取人(うけとりにん) 수취인
事柄(ことがら) 사항

47 본문의 내용으로 옳은 것은 어느 것인가?

1 모르는 사람으로부터 온 메일은 절대 열어서는 안 된다.

2 우선 상대를 안심시키는 수법은 이전부터 있던 사기 수법이다.

3 상사와 지인, 거래처와의 메일 주고받기는 그만둘 수밖에 없게 되었다.

4 수상하다고 생각한 메일의 첨부파일은 열지 않는 편이 좋다.

| 어휘 | 絶対(ぜったい) 절대
～てはいけない ～해서는[하면] 안 된다
安心(あんしん) 안심 詐欺(さぎ) 사기
～ざるを得(え)ない ～하지 않을 수 없다, ～할[하는] 수밖에 없다

(3)

カフェーナ レストラン 등에서 음악을 틀면 가게 측은 저작권 사용료를 지불해야 하는 것인가?

일본음악저작권협회는 저작권 수속을 하지 않고, BGM(Back Ground Music)을 틀고 있는 전국의 음식점과 미용실, 백화점 등 325개 시설에 대해, 사용료 지불 등을 요구하며 각지의 간이재판소에 민사조정을 제기하여 파문이 확산되고 있다.

예전에는 가게 안에서 음악을 트는 것은 무료였지만, 저작권법 개정으로 사용료를 징수할 수 있게 되어 일본음악저작권협회는 2002년 4월에 징수를 시작했다. 확실히 저작권 사용료를 지불하지 않으면 작사・작곡가나 가수 등에게는 돈이 돌아오지 않아서 음악업계는 쇠퇴하고 말 것이다. 한편으로 가게 측은 저작권 사용료 분을 서비스 가격에 전가할 가능성이 매우 높은 것으로 예상되고 있다.

| 어휘 | カフェー 카페 流(なが)す 흘러나오게 하다, 틀다
著作権(ちょさくけん) 저작권 手続(てつづ)き 수속
飲食店(いんしょくてん) 음식점 美容室(びようしつ) 미용실
施設(しせつ) 시설 支払(しはら)い 지불
簡易裁判所(かんいさいばんしょ) 간이재판소 *간단한 사건을 다루는 가장 하급의 법원
民事調停(みんじちょうてい) 민사조정 *민사에 관해서 분쟁이 발생했을 때 이루어지는 조정
申(もう)し立(た)てる [법] 제기하다, 신청하다
波紋(はもん)が広(ひろ)がる 파문이 확산되다
かつては 예전에는 フリー 무료
改正(かいせい) 개정 *부적당한 곳이나 미비한 곳을 고치는 것
徴収(ちょうしゅう) 징수 確(たし)かに 확실히
作詞(さくし) 작사 作曲家(さっきょくか) 작곡가
回(まわ)る 돌다, 이익이 생기다, 득이 되다 ～ず ～하지 않아서
先細(さきぼそ)り 끝이 가늘어짐, 점점 쇠퇴해 감
一方(いっぽう)で 한편으로 転嫁(てんか) 전가

48 BGM 사용료 지불 문제를 가게 측은 어떻게 해결할 것으로 예측되고 있는가?

1 각지의 간이재판소에 지불중지를 요구하는 민사조정을 제기할 것으로 보이고 있다.
2 제공하는 음식물 등의 요금에 저작권 사용료를 포함하여 손님 측에게 지불하게 할 것으로 보이고 있다.
3 각지의 간이재판소에 저작권법 개정을 요구하는 민사조정을 제기할 것으로 보이고 있다.
4 일본음악저작권협회에 속해 있는 작사・작곡가나 가수와 직접 교섭할 것으로 보이고 있다.
| 어휘 | いかに 어떻게 予測(よそく) 예측
含(ふく)める 포함하다 属(ぞく)する (집단・부류 등에) 속하다
交渉(こうしょう) 교섭

(4)

도쿄 J의과대의 오타 교수팀은 지난달, 전신의 근육이 제대로 움직이지 않아서 누워만 지내게 되어 버리는 소아의 신경난치병에 대한 유전자 치료를 국내에서 최초로 시도했다.

이 난치병은 '방향족 아미노산 탈탄산효소 결손증'이라고 불리며, 신경 사이에서 신호를 전달하는 물질을 선천적으로 만들 수 없다.

팀은 후생노동성의 승인을 얻은 후에 방향족 아미노산 탈탄산효소를 만드는 유전자를 삽입한 바이러스를 13세 남아에 투여했다. 같은 치료는 외국에서 16번 실시되어, 일부는 간병인과 함께 걸을 수 있게 되었다고 한다.

| 어휘 | 医科(いか) 의과 教授(きょうじゅ) 교수
全身(ぜんしん) 전신, 온몸 筋肉(きんにく) 근육
寝(ね)たきり 질병으로 자리에 누운 채 일어나지 못하는 상태
小児(しょうに) 소아
神経難病(しんけいなんびょう) 신경난치병
遺伝子(いでんし) 유전자 治療(ちりょう) 치료
試(こころ)みる 시도하다
芳香族(ほうこうぞく)アミノ酸(さん)脱炭酸酵素欠損症(だつたんさんこうそけっそんしょう) 방향족 아미노산 탈탄산효소 결손증 神経(しんけい) 신경
信号(しんごう) 신호 伝(つた)える 전하다
物質(ぶっしつ) 물질 生(う)まれつき 선천적으로
厚生労働省(こうせいろうどうしょう) 후생노동성 *우리의 보건복지부에 해당 承認(しょうにん) 승인
동사의 た형+上(うえ)で ～한 후에
組(く)み込(こ)む 짜 넣다, 끼우다 ウイルス 바이러스
男児(だんじ) 남아 投与(とうよ) 투여
同様(どうよう) 같은 모양, 같음
例(れい) 예 介助(かいじょ) 곁에서 시중듦

49 본문의 내용으로 옳은 것은 어느 것인가?

1 이 유전자 치료는 연령을 불문하고 전 세대에 실시되게 된다.
2 이 유전자 치료를 받은 사람은 스스로 걸을 수 있게 되었다.
3 이 유전자 치료를 실시한 것은 일본이 세계 최초.
4 이 유전자 치료는 선천적 장애에 의한 병 치료를 위해서 실시되었다.
| 어휘 | 年齢(ねんれい) 연령, 나이
～を問(と)わず ～을 불문하고 全世代(ぜんせだい) 전 세대
実施(じっし) 실시 世界初(せかいはつ) 세계 최초
先天的(せんてんてき) 선천적 障害(しょうがい) 장애

問題9

(1) 50-52

연공서열, 종신고용이 붕괴하고 있는 가운데, 회사로부터 한 걸음 밖으로 발을 내딛고, 독자적인 인맥 네트워크 만들기를 통해 업무 이외의 자신의 감성을 연마하는 샐러리맨이 있다. 회사인간에서 벗어나고 싶은 사람들이다.

'기업은 기본적으로 냉정한 것. 불황이 되면 바로 인원 삭감을 하는 경우도 있다. 회사 밖에 나가도 통용되는 실력을 갖추어야 한다'고 생각하여, 강연회나 교류회에 참가한다.

이런 샐러리맨은 단순한 '지식흡수파'와 참가자와 교류를 심화하는 것을 중시하는 '네트워크파'의 두 가지로 나뉘는 것 같다.

'네트워크파' 지향이 착실히 늘어나고 있는데, 실제로는 여러 모임에 참가해도 어떻게 하면 인맥을 넓힐 수 있는지 모르겠다고 고민하는 샐러리맨이 많다.

네트워크 만들기에는 우선 상대가 기억할 수 있을 만한 매력을 가질 것. 단순히 명함교환을 하는 것만으로는 상대는 얼굴을 기억하지 못한다. 그렇기 때문에 타인을 끌어당길 만한 매력을 갖는 것이 중요한다.

또한 당연한 일이지만, 스터디나 교류회에는 빈번하게 얼굴을 내미는 것도 중요하지만, 그때 유념할 포인트가 몇 가지 있다. 우선 스터디나 교류회에서 재미있는 발언을 한 참가자에게 적극적으로 말을 걸 것. 그리고 2차 모임이 개최되면 반드시 참가한다. 또한 흥미를 가진 상대에게는 후일, 자신의 프로필을 소개하는 편지에 얼굴사진을 첨부하여 우송한다. 마지막으로 업무로 늦더라도 무리해서라도 출석하는 것이다.

업무 이외의 사람과의 범위를 넓힌다. 즉 인간관계 네트워크를 충실하게 하는 것에 의해 인생을 윤택한 것으로 하고 싶은 사람은 점점 더 늘어 갈 것이다.

|어휘| 年功序列(ねんこうじょれつ) 연공서열
終身雇用(しゅうしんこよう) 종신고용
崩(くず)れる 무너지다, 붕괴하다
동사의 ます형+つつある ~하고 있다
一歩(いっぽ) 한 발, 한 걸음 踏(ふ)み出(だ)す (발을) 내딛다
人脈(じんみゃく) 인맥 ~を通(つう)じて ~을 통해서
感性(かんせい) 감성 磨(みが)く 갈고 닦다, 연마하다
脱却(だっきゃく) 탈각, 벗어남 不況(ふきょう) 불황
削減(さくげん) 삭감 通用(つうよう) 통용
実力(じつりょく)をつける 실력을 기르다
講演会(こうえんかい) 강연회 単(たん)なる 단순한
吸収(きゅうしゅう) 흡수
深(ふか)める 깊게 하다, 정도를 진전시키다
分(わ)かれる 나뉘다 志向(しこう) 지향 着実(ちゃくじつ) 착실
会合(かいごう) 회합 覚(おぼ)える 기억하다
~てもらう (남에게) ~해 받다 魅力(みりょく) 매력
名刺(めいし) 명함 だからこそ 그렇기 때문에
引(ひ)きつける 끌어당기다, (마음을) 끌다
勉強会(べんきょうかい) 스터디, 연구회
頻繁(ひんぱん) 빈번, 잦음
顔(かお)を出(だ)す 얼굴을 내밀다, 참석하다 その際(さい) 그때
心(こころ)がける 유의[유념]하다

発言(はつげん) 발언 話(はな)しかける 말을 시키다
二次会(にじかい) (모임·연회 등의) 2차 모임
プロフィル 프로필, 약력 顔写真(かおしゃしん) 얼굴사진
添(そ)える 첨부하다 郵送(ゆうそう) 우송
輪(わ)を広(ひろ)げる 범위를 넓히다 潤(うるお)い 윤택
ますます 점점 더

---

50 무엇에 대한 글인가?

1 종신고용과 연공서열을 믿는 것의 위험성에 대해서
2 탈회사인간을 지향하는 사람을 위한 인맥 만드는 법에 대해서
3 업무 이외의 지식과 인맥 만들기 중요성의 인식에 대해서
4 스터디나 교류회의 유효한 이용법과 그 중요성에 대해서

|어휘| 信(しん)じる 믿다 危険性(きけんせい) 위험성
脱(だつ)~ 탈~ *지금까지의 것에서 탈피함
目指(めざ)す 목표로 하다, 지향하다 認識(にんしき) 인식
有効(ゆうこう) 유효

---

51 네트워크 만들기와 그다지 관계없는 것은 어느 것인가?

1 남과의 교류에는 항상 성실함을 유념할 것
2 남에게 인정받을 수 있도록 지식흡수력을 높일 것
3 흥미를 가진 참가자에게 스스로 자진하여 다가설 것
4 적극적으로 자신을 홍보할 것

|어휘| 高(たか)める 높이다 自(みずか)ら 스스로
進(すす)んで 자진해서 近付(ちかづ)く 다가서다
売(う)り込(こ)む (널리) 알리다, 홍보하다, (이름을 내거나 신용을 얻어) 잘 되다

---

52 이 글의 내용과 맞지 않는 것은 어느 것인가?

1 업무뿐만 아니라 개인의 생활도 소중히 하고 싶은 것이다.
2 인맥 네트워크 만들기에는 적극성이 중요하다.
3 자신의 생활을 충실하게 하고 회사에 충성을 다해야 한다.
4 회사 이외 사람과의 범위를 넓히는 샐러리맨이 늘어나고 있다.

|어휘| 個人(こじん) 개인 忠誠(ちゅうせい) 충성
尽(つ)くす 다하다 ~べきだ ~해야 한다

(2) 53-55

기업 측이 학생이 재적하여 있는 대학이름에 의해서, 회사설명회의 예약접수를 제한하거나 면접 이전의 입사지원서나 적성테스트의 전형과정에서 합격여부를 결정하거나 하는 것이 아니냐는 것을 '학력필터'라고 한다. 즉, 인물을 평가하기 이전에 ①대학이름으로 걸러내는 것이 행해지고 있다는 의미로 쓰이는 단어이다.

주로 학생에게 인기 있는 기업이나 지명도가 높은 유명기업, 도쿄증권거래소 일부 상장 대기업 등, 수천 명 규모의 응모가 있는 기업에 '학력필터'가 있는 것으로 여겨지고 있다. 그것은 편차치나 입시 난이도 등을 기준으로 대학을 순위로 나누고, 이 순위를 토대로 응모자를 걸러내는 방식이라고 일컬어지고 있다.

복수의 인사담당자에게 물어봐도 확실하게 '학력필터'의 존재를 인정하는 기업은 없다. 오히려 '학생이 불합격의 이유를 대학이름 탓으로 하고 있다'라든가 '취업준비생이 대기업에 응모하기를 주저하며 학력필터를 핑계로 한다'고 지적하고 있었다. 게다가 '우리 회사는 출신대학이 너무 치우치지 않도록 하고 있다'는 회사도 있었다.

기업이 한정된 예산, 시간, 인원 속에서 효율적으로 채용활동을 하려고 한다면 채용할 가능성이 높은 대학이름으로 좁힌 학생을 중심으로 설명회와 전형을 하는 것이 생각된다. 몇 군데 대학에 조준을 맞춘 '타겟학교'로 하고 있는 케이스가 있을지도 모르지만, 모든 학생을 설명회에 참가시키는 것과 전형에 부르는 것은 ②현실적으로 불가능하다. 그래서 설명회의 예약접수, 입사지원서와 적성테스트에서 범위를 좁혀 가는 것이 행해지고 있는 것일 것이다. 이때 일부 하위학교를 문전박대하는 듯한 '학력필터'라는 이야기가 나온다.

설령 채용담당자를 만날 수 있었다고 해서 전형 그 자체가 꼭 유리해진다고는 할 수 없다. 취직활동을 통해 만나는 사람과 정보로부터 항상 자신에 대해서 생각하기 바란다. 불합리한 취급을 받는 일도 있을지도 모른다. 뜻대로 되지 않아서 방황할지도 모른다. 그러나 취직활동에서 몹시 괴로워한 것은 납득이 가는 사회인으로서의 첫걸음이 될 것임에 틀림없다.

| 어휘 | 在籍(ざいせき) 재적 受付(うけつけ) 접수
エントリーシート 입사지원서 適性(てきせい) 적성
選考(せんこう) 전형 合否(ごうひ) 합격여부
学歴(がくれき) 학력 フィルター 필터
ふるい分(わ)け 부적합한 것을 걸러냄[가려냄]
知名度(ちめいど) 지명도
東証(とうしょう) 도쿄증권거래소 ＊『東京証券取引所(とうきょうしょうけんとりひきじょ)』의 준말
上場(じょうじょう) [경제] 상장
大手企業(おおてぎぎょう) 대기업 規模(きぼ) 규모
応募(おうぼ) 응모 偏差値(へんさち) 편차치
難易度(なんいど) 난이도 分(わ)け 나눔, 가름 基(もと) 토대
ふるいにかける 좋은 것만 골라내다 はっきりと 확실하게
就活生(しゅうかつせい) 취업준비생 ＊『就職活動生(しゅうしょくかつどうせい)』의 준말
ためらう 주저하다, 망설이다 言(い)い訳(わけ) 변명, 핑계
偏(かたよ)る (한쪽으로) 치우치다 限(かぎ)る 제한하다, 한정하다
絞(しぼ)る 좁히다, 압축하다
狙(ねら)いを定(さだ)める 조준을 맞추다 ターゲット 타겟
絞(しぼ)り込(こ)む 많은 중에서 조건을 정하여 수나 범위를 축소해 가다 下位校(かいこう) 하위학교
門前払(もんぜんばら)い 문전박대
出会(であ)う 만나다, 마주치다 ～からといって ～라고 해서
～とは限(かぎ)らない ～라고는 할 수 없다
理不尽(りふじん) 불합리
思(おも)い通(どお)り 생각대로, 뜻대로
就活(しゅうかつ) 취직활동 ＊『就職活動(しゅうしょくかつどう)』의 준말 悩(なや)み苦(くる)しむ 몹시 괴로워하다
納得(なっとく)が行(い)く 납득이 가다
第一歩(だいいっぽ) 첫걸음
～に違(ちが)いない ～임에 틀림없다

53 ①대학이름으로 걸러내는 것이 행해지고 있다라고 쓰여 있는데, 구체적으로 어떤 의미인가?

1 기업 측이 학생의 대학이름을 보기 전에 먼저 인물을 평가하고 나서 채용 불채용을 결정하는 것

2 지명도가 높고, 인기 있는 유명기업과 상장기업 등에 취업준비생의 응모가 집중되는 것

3 이른바 편차치가 높은 대학의 학생은 사무처리나 업무수행과 같은 능력이 높다고 평가하는 것

4 학력에 의해 설명회 접수상황이 바뀌거나 전형과정 등에서 이미 합격여부가 결정되어 있는 것

| 어휘 | 不採用(ふさいよう) 불채용, 채용하지 아니함
いわゆる 소위, 이른바 遂行(すいこう) 수행
～といった ～와 같은

54 ②현실적으로 불가능하다라고 쓰여 있는데, 왜인가?

1 기업 측에 있어서 활용할 수 있는 시간과 예산, 인원에는 한계가 있으므로

2 채용할 가능성이 높은 대학이름으로 범위를 좁힌 학생을 중심으로 설명회와 전형을 하기 위해

3 실제 업무능력과 인품은 대학수험의 편차치로는 다 가능할 수 없으므로

4 취업준비생이 대기업에 응모하기를 주저하며, 학력필터를 핑계로 삼기 때문에

| 어휘 | 限(かぎ)り 한계 人柄(ひとがら) 인품, 사람됨
測(はか)る 예측[예상]하다, 가늠하다
동사의 ます형+切(き)れない 완전히[끝까지] ～할 수 없다

55 학력필터에 대해서 옳지 않은 것은 어느 것인가?

1 기업이 정하는 수준 이상의 학력보유자만을 세미나나 기업설명회에 부르고, 그 이외의 취업준비생은 채용전용 사이트의 예약버튼조차 누를 수 없다.

2 응모자 전원을 전형하는 수고를 덜기 위해서 편차치가 높은 대학의 학생만을 전형하는 편이 회사에게 있어서 메리트가 크다.

3 설령 편차치가 높지 않은 대학이더라도 우수한 인재를 놓쳐 버리는 리스크를 줄이기 위해서 기업 측에 절대 필요한 것이다.

4 면접과 설명회에 응모해도 기업이 정하는 수준 이상의 학력보유자 이외는 서류전형에서 싫든좋든 떨어지고 만다.

| 어휘 | 定(さだ)める 정하다 保有者(ほゆうしゃ) 보유자
～すら ～조차 押(お)す 누르다
労力(ろうりょく) 노력, 수고 省(はぶ)く 줄이다, 덜다
優秀(ゆうしゅう) 우수 逃(のが)す 놓치다
問答無用(もんどうむよう) 문답무용, 논의를 해도 아무런 이익이 없음, 또, 논의의 필요성이 없음

(3) **56-58**

해적판 사이트에 의한 피해는 매우 심각하다.

가장 악질이라고 불리는 해적판 사이트 중 하나는 최신 만화잡지와 단행본도 포함하여, 7만 권 이상을 무료로 읽을 수 있으며, 사이트 분석회사의 조사에 따르면 최근의 월간 열람자 수는 연인원 약 1억 6,000만 명, 사이트 방문자 수는 월 900만 명 이상으로 추정된다.

한편 출판사의 판매액은 부진하다. 2017년의 종이만화 판매액은 전년도 대비 12.8% 감소. 전자만화 시장은 상승을 유지해 왔기 때문에 전체로는 2.8%의 감소이지만, 작년 가을 이후에는 전자만화의 판매액도 급격히 악화되고 있다.

해적판 사이트가 유저를 늘리는 것은 사용하기 편하고 화질도 좋기 때문으로, 출판사의 노력부족이라는 사람도 있다. 하지만 해적판 사이트는 출판사가 콘텐츠를 만들어 내기 위해 지불하고 있는 비용을 부담하고 있지 않아서 극히 불공정한 상황이다. 지금의 상태가 계속되면 콘텐츠 산업은 쇠퇴하게 될지도 모른다.

더욱이 이러한 해적판에 대한 대책은 거의 속수무책이라는 것이 현상이다. 서버의 대부분은 해외에 있고 ⁽주⁾확신범적이라, 삭제와 정보개시를 요청해도 응하게 할 수 없다. 사이트 운영자는 일본에 있다고 생각되지만, 신원을 숨기는 다양한 기술이 발달해 있어, 좀처럼 밝혀내는 것은 불가능하다. 해적판 사이트에 대한 광고 규제를 요청해도 효과가 없다. 사이트 운영자의 실수 등으로 신원이 밝혀져 적발할 수 있는 경우도 있지만, 그때까지 몇 달이나 걸리며, 그 사이에 어마어마하게 돈을 벌게 된다.

이 점, 블로킹은 헌법과 전기통신사업법의 '통신 비밀'의 침해에 해당한다고 여겨져 왔으나, 이에 대해서는 이론도 있다.

현재 채용되고 있는 블로킹 방법으로는 통신사업자는 이용자로부터 해적판 사이트에 대한 액세스 요청을 받아, 이것을 기계적으로 차단할 뿐으로, 제삼자에게 누설하는 것은 아니다. 적어도 전형적인 통신 비밀의 침해와 동렬로 논할 수는 없다는 지적이다. 해적판의 만연이 멈추지 않는 가운데, 창작자의 피해의 심각함과의 ⁽주2⁾비교형량은 필요할 것이다.

저작권은 재산권에 불과하며, 통신 비밀과 표현 자유 등의 인권 침해에 비해 무겁지 않다는 주장도 있지만, 저작권이 이 정도의 규모로 침해당해서는, 이제는 창작자의 생존권 문제라고도 할 수 있다.

물론 엄밀하게 말한다면 관계자의 논의를 통해서 저작권법을 개정하고, 재판소가 권리침해에 해당하는 행위라고 판단한 경우에 블로킹을 행할 수 있는 법적인 구조를 정비해야 할 것이다. 다만, 해적판 피해는 더 이상 미룰 수 없는 상황이다. 법개정까지 피해가 너무나도 심대하다면 아동포르노와 같이 관계자의 이해를 얻어, 통신사업자가 긴급조치로서 특정 해적판에 대한 액세스 차단을 검토하는 것도 있을 수 있을 것이다.

⁽주1⁾확신범: 도덕적, 종교적 또는 정치적 신념에 의거하여 본인이 나쁜 것이 아니라고 확신해서 행해지는 범죄

⁽주2⁾비교형량: 뭔가 구체적인 사건에 있어서 어느 쪽으로 할지를 결정해야 할 때 쌍방에 대해서 대립하는 여러 이익 등을 비교하여 손익을 검토해 결정하는 것

┃어휘┃ 海賊版(かいぞくばん) 해적판 悪質(あくしつ) 악질
コミック 만화 解析(かいせき) 해석, 분석
直近(ちょっきん) 현시점에서 가장 가까운 것, 최근
月間(げっかん) 월간 閲覧者(えつらんしゃ) 열람자
延(の)べ 연, 총계 ユニークユーザー 유니크 유저, 사이트 방문자
推定(すいてい) 추정 売(う)り上(あ)げ 판매액, 매상
低迷(ていめい) 향상이 여의치 않음 減(げん) 줆, 감소
伸(の)び 성장 昨秋(さくしゅう) 작년 가을
急激(きゅうげき) 급격 悪化(あっか) 악화
増(ふ)やす (수량을) 늘리다
使(つか)い勝手(がって) 사용하기 편리함
生(う)み出(だ)す 새로 만들어 내다 極(きわ)めて 극히
不公正(ふこうせい) 불공정 衰退(すいたい) 쇠퇴

동사의 ます형+かねない ~할지도 모른다
ほぼ 거의, 대부분 お手上(てあ)げ 손듦, 속수무책임
確信犯(かくしんはん) 확신범 削除(さくじょ) 삭제
開示(かいじ) 개시, 분명히 표시함 要請(ようせい) 요청
応(おう)じる 응하다 身元(みもと) 신원
隠(かく)す 감추다 突(つ)き止(と)める 밝혀내다
効(き)き目(め) 효과 摘発(てきはつ) 적발
散々(さんざん) 몹시 심한 모양 稼(かせ)ぐ (돈을) 벌다
ブロッキング 블로킹, 접속차단 侵害(しんがい) 침해
当(あ)たる 해당하다 異論(いろん) 이론, 이의
手法(しゅほう) 수법, 사물을 다루는 방법
遮断(しゃだん) 차단 漏(も)らす 누설하다
~わけではない ~인 것은[것이] 아니다
少(すく)なくとも 적어도 典型的(てんけいてき) 전형적
同列(どうれつ) 동렬, 같은 정도·지위·대우 ＊『同列(どうれつ)には論(ろん)じない』 – 동렬로 논할 수는 없다
蔓延(まんえん) 만연 比較衡量(ひかくこうりょう) 비교형량
侵害(しんがい) 침해 もはや 이제는
本来(ほんらい)ならば 엄밀하게 말한다면
仕組(しく)み 짜임새, 구조, 시스템
整(ととの)える 정돈하다, 정비하다
待(ま)ったなし 유예하지 않음, 상대의 형세가 불리할 때라도 중도에 손을 늦추지 않는 일
甚大(じんだい) 심대, 몹시 큼 措置(そち) 조치
あり得(う)る 있을 수 있다 信念(しんねん) 신념
基(もと)づく 의거하다 双方(そうほう) 쌍방
諸(しょ)~ 여러~, 많은~ 損得(そんとく) 손득, 손익

56 출판사와 전자만화의 판매액이 부진한 이유로 생각되는 것은 무엇인가?

1 해적판 사이트는 분발하고 있는데, 일반 출판사 쪽은 노력부족이므로

2 일반 출판사의 만화보다 해적판 사이트가 제공하는 만화 쪽을 싸게 볼 수 있으니까

3 해적판 사이트를 이용하는 사람의 증가로, 출판사의 경영상태가 좋지 못하므로

4 일반 출판사의 만화보다 해적판 사이트가 제공하는 만화 쪽이 재미있으니까

┃어휘┃ 芳(かんば)しい 좋다

57 현상이라고 쓰여 있는데, 어떤 상태인가?

1 해적판 사이트는 출판사가 콘텐츠를 만들어 내기 위해서 지불하고 있는 비용을 부담하고 있지 않은 상태

2 해적판 사이트 서버의 대부분이 해외에 있어서 그 운영자의 신원 특정이 용이하지 않은 상태

3 해적판 사이트의 판매액만이 늘고 있으며, 서점의 만화 판매액이 전혀 늘지 않는 상태

4 해적판 사이트에 대한 광고규제를 요청해도 효과가 없으며, 삭제를 요청해도 응하게 할 수 없는 상태

┃어휘┃ サーバー 서버
特定(とくてい) 특정 容易(ようい) 용이함, 손쉬움
伸(の)びる 신장하다, 늘다

58 이 글의 내용과 맞지 않는 것은 어느 것인가?

1 해적판 사이트의 등장은 출판사의 판매액 격감으로 직접 이어지고 있다.

2 해적판 사이트는 일반 출판사에 못지 않은 퀄러티의 만화를 제공한다.

3 해적판 사이트의 등장은 전자만화의 판매액에도 영향을 준 것 같다.

4 해적판 사이트 운영자의 대부분은 외국으로 도피해 있어서 좀처럼 잡히지 않는다.

| 어휘 | 激減(げきげん) 격감

劣(おと)る (딴 것만) 못하다. 뒤떨어지다

クォリティー 퀄러티, 품질 逃(に)げ隠(かく)れる 도피하다

捕(つか)まる (붙)잡히다

問題10

59-62

　근래 일하는 방식 개혁의 일환으로서, 새틀라이트 오피스에 주목이 모이고 있다. 새틀라이트 오피스는 일하는 방식을 어떻게 바꾸는 것일까?

　새틀라이트 오피스란, 기업 또는 단체의 본거지에서 떨어진 곳에 설치된 오피스를 가리키며, 설치장소에 따라 도시형, 지방형, 교외형의 세 종류로 분류할 수 있다. 또한 새틀라이트 오피스가 확산된 배경에는 컴퓨터와 팩스의 급속한 보급이 있고, 도심의 직장이 아니라 자택 근처에 설치된 소형 오피스에 출근하여 직무를 진행하는 것도 가능하게 되었다.

　새틀라이트 오피스라는 이름은 본거지를 중심으로서 보았을 때 위성(새틀라이트)과 같이 존재하는 오피스라는 의미에서 명명되었다. 일반적으로는 지방에 설치되는 경우가 많으며, 지방 창생이라는 테마와 함께 논의되는 경우도 많다. 그러나 근래에는 일하는 방식을 위한 ①대처가 각기업에서 적극적으로 행해지게 되었으며, 조금이라도 통근과 이동 시간을 단축하려는 목적으로, 도심과 그 주변에 본거지가 있는 기업에서도 비교적 가까운 거리에 새틀라이트 오피스를 설치하는 케이스도 볼 수 있게 되었다.

　지방에 새틀라이트 오피스를 설치하는 것은 도시가 아니라 자연이 풍부한 환경에서 살고 싶다는 생각을 가진 사람에게 맞는 일하는 방식에 대응할 수 있는 것은 물론, 동일본대지진 이후 의식되고 있는 ㈜사업계속계획의 대책이 되는 것 외에, 도시에서 오피스를 임대하는 것보다 임대료가 싸게 해결된다는 이점도 있다.

　교외에 새틀라이트 오피스를 설치할 경우, 재택근무로는 제대로 일하지 못하는 사람에게 능력을 발휘할 수 있게 하는 점이 있다. 예를 들면 집안이라면 일할 때와 쉴 때가 구별이 안 되어 ②성과를 못 내겠다는 사람도 있는데, 새틀라이트 오피스라면 통근시간은 짧게 해결되고, 딱 좋은 긴장감 속에서 차분하게 일할 수 있다고 한다. 또한 특수한 설비가 필요한 경우에도, 본사·지사와 같은 설비에는 필적할 수 없을지라도, 그 업무에 적당한 설비를 새틀라이트 오피스라면 제공할 수 있다.

　새틀라이트 오피스는 지금까지 접근할 수 없었던 곳의 사람과 자택 근처에서 일하고 싶은, 일할 수밖에 없는 사람을 받아들일 수 있어서 다양하고 우수한 인재의 확보·유지로 이어진다.

　새틀라이트 오피스의 어려운 점 중 하나는 개설할 장소이다. 이 동시간의 삭감을 하나의 목적으로 하기 때문에 어디에 개설하는가가 중요한 포인트가 된다. 그러나 모든 사람에게 있어서 액세스가 좋은 장소는 없기 때문에 어떤 사람용으로 개설할 것인지를 확실하게 하는 것이 중요해진다. 또한 새틀라이트 오피스와의 궁합이 맞지 않는 직종도 많을 것이다. 업종에도 따르지만 지방의 새틀라이트 오피스는 고객 접점이 적어 창조성을 많이 필요로 하는 기술직에 적합한 한편, 고객이 도심에 집중되어 있는 영업직에는 이용이 어려운 경우가 있다. 반대로 도심의 새틀라이트 오피스는 유지비 등은 들기는 하지만, 영업 효율의 향상에 더해, 일상의 자극과 교류라는 점에서 예상치 못한 효과를 만들어 낼 가능성도 있다.

㈜사업계속계획: 재해 등의 긴급사태가 발생했을 때 기업이 손해를 최소한으로 억제해, 사업의 계속과 복귀를 도모하기 위한 계획을 말한다.

| 어휘 | 働(はたら)き方(かた) 일하는 법 改革(かいかく) 개혁

一環(いっかん)として 일환으로서

サテライトオフィス 새틀라이트 오피스 注目(ちゅうもく) 주목

集(あつ)まる 모이다 本拠(ほんきょ) 본거지, 근거지

指(さ)す 가리키다 分類(ぶんるい) 분류 普及(ふきゅう) 보급

小型(こがた) 소형 衛生(えいせい) 위성

命名(めいめい) 명명, 이름을 붙임

創生(そうせい) 창생, 새롭게 만들어 내는 것

～に向(む)ける ～을 위하다 取(と)り組(く)み 대처

短縮(たんしゅく) 단축 見受(みう)ける 보다, 눈에 띄다

東日本大震災(ひがしにほんだいしんさい) 동일본대지진 *2011년 3월 11일 14시 46분 일본 도호쿠 지방에서 발생한 일본 관측 사상 최대인 리히터 규모 9.0의 지진 継続(けいぞく) 계속

賃貸(ちんたい) 임대 賃料(ちんりょう) 임대료

済(す)む 끝나다. 해결되다 発揮(はっき) 발휘

メリハリ 느슨해지는 일과 팽팽해지는 일 *「メリハリをつける」– 일의 강약 등을 확실하게 하다

程(ほど)よい 적당하다. 알맞다 落(お)ち着(つ)く 차분하다

特殊(とくしゅ) 특수

かなわない 이길 수 없다. 대적[필적]할 수 없다

適(てき)する 알맞다, 적당하다 アプローチ 어프로치, 접근

～ざるを得(え)ない ～하지 않을 수 없다. ～할[하는] 수밖에 없다

受(う)け入(い)れる 받아들이다 多様(たよう) 다양

維持(いじ) 유지 繋(つな)がる 이어지다, 연결되다

削減(さくげん) 삭감 アクセス 액세스, (장소로의) 입장[접근]

～向(む)け ～용 *행선지나 대상이 되는 것을 나타냄

はっきり 확실히 相性(あいしょう) 성격[궁합]이 맞음

～一方(いっぽう) ～하는 한편 顧客(こきゃく) 고객

～ものの ～이기는 하지만 効率(こうりつ) 효율

思(おも)わぬ 예상치 못한, 뜻밖의 災害(さいがい) 재해

最小限(さいしょうげん) 최소한 抑(おさ)える 억제하다

復旧(ふっきゅう) 복구 図(はか)る 도모하다, 꾀하다

59 새틀라이트 오피스 증가의 토대가 되었다고 생각되는 것은 어느 것인가?

1 네트워크 시스템 구축

2 일하는 방식의 개혁

3 도시형, 지방형, 교외형의 분류
4 소형 오피스의 등장
| 어휘 | 土台(どだい) 토대 構築(こうちく) 구축

60 ①대처라고 쓰여 있는데, 어떠한 대처인가?

1 지방 창생이라는 테마를 논의하는 대처
2 새틀라이트 오피스라는 이름을 붙인 대처
3 조금이라도 쓸데없는 시간을 줄이는 대처
4 새틀라이트 오피스를 지방에 설치하는 대처
| 어휘 | 名前(なまえ)をつける 이름을 붙이다
無駄(むだ) 쓸데없음 省(はぶ)く 줄이다, 덜다

61 ②성과를 못 내겠다라는 이유로 생각되는 것은 무엇인가?

1 지방에 새틀라이트 오피스를 설치하기 때문에
2 동일본대지진 등, 자연재해가 잇따르고 있기 때문에
3 새틀라이트 오피스의 환경이 정비되어 있지 않게 때문에
4 활동과 휴식이 확실하지 않은 상태가 이어지기 때문에
| 어휘 | 相次(あいつ)ぐ 잇따르다 休息(きゅうそく) 휴식
続(つづ)く 계속되다

62 이 글의 내용과 맞는 것은 어느 것인가?

1 도시에 새틀라이트 오피스를 설치할 경우, 지방보다 금전적인 이점
이 있는 것 같다.
**2 새틀라이트 오피스의 종류는 여러 갈래에 걸쳐 있으므로, 다양한
일하는 방식에 대응할 수 있다.**
3 특수한 설비 쪽은 오히려 새틀라이트 오피스 쪽이 본사보다 우수하다.
4 새틀라이트 오피스는 대부분의 직종에 적합하기 때문에 더욱 확산
될 것으로 예상되고 있다.
| 어휘 | 設(もう)ける 설치하다 金銭的(きんせんてき) 금전적
多岐(たき)にわたる 여러 갈래에 걸치다 むしろ 오히려
優(すぐ)れる 우수하다 職種(しょくしゅ) 직종

問題11

63-64
A

　　근래 사회적으로 클로즈업되고 있는 문제가 젊은 사원의 조기
이직이다. 기업의 인사 담당자는 사원의 귀속의식을 어떻게 높여,
사원의 정착을 꾀할지 골머리를 앓고 있다. 그러나 연공서열제도
에서는 근속연수와 연령에 상응해서 급여가 인상되고 커리어도
오르기 때문에 사원이 회사에 불만을 느끼고 있는 경우라도 '장래
출세할 수 있으니 참아야지'하고 생각하여, 대부분의 사원은 이
직하지 않고 현재의 회사에 머문다. 이처럼 연공서열제도의 최대
의 장점은 회사에 대한 귀속의식을 높이고, 사원의 정착을 촉구하
는 것이다. 더욱이 언젠가는 출세할 수 있다, 언젠가는 월급이 오
른다라는 것을 알고 있는 것은 안심감으로 이어진다. 또한 가정
을 가지면 자녀가 성장할수록 돈은 들게 되는 법인데, 성장과 함
께 월급은 오르고, 지출 증가에 대응할 수 있으므로, 장래 설계가
쉬워진다. 그리고 연하의 후배가 먼저 출세하여, 지시를 받는다는
괴로운 일도 일어나기 어려우므로, 정신적인 부담은 가볍다. 또한
주위와의 경쟁관계가 별로 없기 때문에 사원의 연대감이 강해지
며 팀 워크를 구축하기 쉬워진다.

| 어휘 | クローズアップ 클로즈업, 어떤 일을 크게 다룸
若手社員(わかてしゃいん) 젊은 사원 早期(そうき) 조기
離職(りしょく) 이직 人事(じんじ) 인사
帰属意識(きぞくいしき) 귀속의식
いかに 어떻게, 어떤 방법으로 高(たか)める 높이다
定着(ていちゃく) 정착
頭(あたま)を悩(なや)ませる 골머리를 앓다
年功序列制度(ねんこうじょれつせいど) 연공서열제도, 근무 연
한이 길수록 승진과 보수가 유리한 제도
勤続(きんぞく) 근속 年数(ねんすう) 연수, 햇수
～に応(おう)じて ～에 상응하여 給与(きゅうよ) 급여, 급류
キャリア 커리어, 경력 出世(しゅっせ) 출세 我慢(がまん) 참음
大半(たいはん) 대부분 転職(てんしょく) 전직, 이직
止(と)まる (한곳에서) 움직이지 않다, 머물다
促(うなが)す 촉구하다 いずれ 언젠가는, 머지않아
安心感(あんしんかん) 안심감 給料(きゅうりょう) 급료, 월급
出費(しゅっぴ) 출비, 지출 年下(としした) 연하
連帯感(れんたいかん) 연대감 チームワーク 팀 워크
築(きず)く 쌓다, 구축하다

B

　　기업은 타사와의 극심한 경쟁에서 이기기 위해서 새로운 시도
에 도전하는 것이 필요하다. 기업을 둘러싼 환경이 어지럽게 변화
하고, 기업은 항상 변혁을 요구받고 있다. 그러나 연공서열제도의
경우에는 '큰 실수만 하지 않으면 확실히 커리어 업 가능하다'는
무사안일주의 풍토가 만들어지고 만다. 무사안일주의는 조직의
경직화로 이어져서 회사의 발전은 바랄 수 없다.
　　연공서열제도의 은혜를 가장 받을 수 있는 것은 연장자다. 근속
연수가 짧거나 나이가 젊은 사람에게 있어서는 아무리 실력이 있
어도 아무리 성과를 올려도 월급은 좀처럼 오르지 않는다. 이래서
는 동기 부여는 떨어지기만 할 뿐이다. 연공서열제도로 높은 임금
을 얻고 있는 베테랑 사원의 정착률은 높은 한편, 베테랑 사원과
비교해서 임금이 낮은 젊은 사원의 정착률은 낮아진다. 또한 사
원의 고연령화가 진행되는 것에 의해, 인건비가 증대된다. 인건비
증가에 비례하여 생산성도 높아질 수 있다면 문제없지만, 근속연
수가 길다고 해서 생산성이 높아지는 것은 아니다.

| 어휘 | 激(はげ)しい 극심하다, 격렬하다 打(う)ち勝(か)つ 이기다
試(こころ)み 시도 チャレンジ 챌린지, 도전
取(と)り巻(ま)く 둘러싸다
目(め)まぐるしい (움직임이나 변화가 따라갈 수 없을 만큼) 빠르
다, 어지럽다 常(つね)に 늘, 항상
変革(へんかく) 변혁 求(もと)める 요구하다
～さえ～ば ～만 ～면 キャリアアップ 커리어 업, 경력을 높임
事(こと)なかれ主義(しゅぎ) 무사안일주의 風土(ふうど) 풍토
硬直(こうちょく) 경직 望(のぞ)む 바라다
恩恵(おんけい) 은혜 年長者(ねんちょうしゃ) 연장자
どれだけ 아무리 モチベーション 모티베이션, 동기를 부여함
下(さ)がる (지위·기능 등이) 떨어지다
동사의 기본형+一方(いっぽう)だ 오로지 ～할 뿐이다
賃金(ちんぎん) 임금 ベテラン 베테랑
定着率(ていちゃくりつ) 정착률
比較(ひかく) 비교 人件費(じんけんひ) 인건비

増大(ぞうだい) 증대　比例(ひれい) 비례
〜からといって 〜라고 해서　高(たか)まる 높아지다
〜わけではない 〜인 것은[것이] 아니다

63 A와 B의 글에서 공통되게 언급하고 있는 것은 무엇인가?

1 연공서열제도와 인건비의 증대
2 연공서열제도와 사원의 이탈문제
3 연공서열제도와 조직의 경직화
4 연공서열제도와 귀속의식의 고양

| 어휘 | 共通(きょうつう) 공통　触(ふ)れる 언급하다
離脱(りだつ) 이탈　高揚(こうよう) 고양

64 연공서열제도에 대해서 A와 B는 어떻게 말하고 있는가?

1 A도 B도, 연공서열제도는 회사에 대한 귀속의식을 높이는 것으로, 더욱 추진해야 한다고 말하고 있다.
2 A도 B도, 연공서열제도는 어지럽게 변화하는 환경에 대응할 수 없는 것이므로, 그만두어야 한다고 말하고 있다.
3 A는 연공서열제도는 사원의 이탈을 막을 수 있는 효과가 있다고 말하고, B는 사원에게 소극적인 태도를 취하게 한다고 말하고 있다.
4 A는 연공서열제도는 생산성 향상으로 이어진다고 말하고, B는 인건비 삭감을 기대할 수 있다고 말하고 있다.

| 어휘 | 推(お)し進(すす)める 추진하다
防(ふせ)ぐ 막다　消極的(しょうきょくてき) 소극적
態度(たいど)を取(と)る 태도를 취하다　向上(こうじょう) 향상
削減(さくげん) 삭감

問題12

65-68

　여러분은 '중1 갭'이란 말을 들은 적이 있는가? 중1 갭이란, 초등학교에서 중학교에 진학했을 때, 학교생활과 수업방식이 지금까지와 완전히 다르기 때문에 ①새로운 환경에 익숙해지지 못하는 것에서 등교거부가 되거나 괴롭힘이 급증하거나 하는 등, 여러 문제가 발생하는 현상을 말하며, 앞으로의 중학교 생활뿐만 아니라, 고등학교 수험 등에도 영향을 줄 위험성마저 있다. 그 때문에 중학 입학에 의해서 발생한 갭이 크게 확대되어 버리기 전에 부모나 교사 등의 주위 사람이 아이 마음의 틈을 메워 주는 것이 중요하다.

　중학교에 들어가서 새롭게 늘어나는 과목에 영어와 수학이 있다. 그러한 과목에 대해 피하고 싶은 의식을 가져 버리면 수업을 제대로 받고 있는 셈이어도 서서히 수업을 따라갈 수 없게 되어, 동급생에게 뒤처지게 되고 마는 것이다. 게다가 중학교에 들어가면 '정기 테스트'가 실시되므로, 점수가 좋은 과목과 나쁜 과목의 차이가 확실해지기 시작하면 점점 잘 못하는 과목을 공부하려고 하는 의욕의 저하를 초래하게 될 수도 있다.

　또한 중학교에서는 새로운 환경에서 인간관계를 구축해야 한다. 특히 낯을 가리는 아이처럼 타인과의 교류가 서투른 아이에게 있어서는 익숙하지 않은 환경에서 마음이 맞는 친구를 찾는 것은 커다란 ②중압감이 된다. 입학 후, 제대로 교우관계를 만들지 못하면 반에서 고립될지도 모른다는 불안을 안는 아이가 많다.

　그리고 초등학교에서는 담임선생님이 대부분의 수업을 담당하는 것에 비해, 중학교부터는 교과담임제로 바뀐다. 초등학교 때에 비해 담임교사와 얼굴을 마주할 기회가 줄기 때문에, 초등학교까지의 교사와의 관계성과의 갭을 느끼거나 교사와의 궁합과 의사소통에 고민하거나 하는 아이가 있다.

　중학교에 입학했을 때 출발선은 모두 같을 터인데, 왜 중1 갭에 고민하는 아이와 그렇지 않은 아이로 나뉘고 마는 것일까? 중1 갭에 빠지기 쉬운 아이는 남과의 의사소통을 그다지 잘하지 못하는 경우가 많으며 새로운 생활에 익숙해질 때까지 시간이 걸리고 만다.

　중학교에서는 자기 나름대로 궁리하면서 효율적으로 공부를 진행하는 것이 중요해진다. 수업에 뒤처지지 않기 위해서는 매일의 예습·복습을 빼놓을 수 없다. 또한, 중간 테스트와 기말 테스트에서 좋은 결과를 내기 위해서는 벼락치기로 어떻게든 해 보려고 하지 말고, 미리 계획을 세우고 차분히 공부를 진행할 필요가 있다.

　중학교에 입학 후, 중1 갭에 의한 변화가 보일 경우, 부모는 무엇을 해야 할 것인가.

　우선 막연하게 '공부해'라고 말하지 않기를 바란다. 뒤에서 공부로 이어지는 환경 만들기를 하는 것이 중요하다. '공부시키는' 것이 아니라 '공부하고 싶어지'도록 만든다. '말하기는 쉽지만 행하기는 어렵다'는 말이 있는 것처럼 '공부하라'고 말하는 것은 간단하지만, 말만 할 뿐 아무것도 행동하지 않으면 아이는 공부하지 않는다. 중요한 것은 어떻게 공부하면 좋은지를 가르치는 것이다. 공부하는 법을 알면 아이는 스스로 공부를 하게 된다.

　초등학교 기분에서 빠져 나오지 않으면 놀이도 공부도 초등학교 때와 바뀌지 않은 채 보내 버리기 십상이기 때문에 중학교 입학을 계기로, 중학생으로서의 자각을 확실히 갖게 하고, 새로운 생활을 위해서 제대로 마음의 준비를 시켜 둘 필요가 있다. 예를 들면 자신이 할 수 있는 일은 자신이 할 것, 약속은 반드시 지킬 것, 하겠다고 결정하면 끝까지 완수할 것, 남의 탓으로 하지 말 것, 약한 입장의 사람에게 상냥하게 할 것 등. 이상의 일에 대해서 가족끼리 잘 의논해서 평소부터 아이에게 의식시키도록 하자.

| 어휘 | ギャップ 갭, 간격　小学校(しょうがっこう) 초등학교
進学(しんがく) 진학　やり方(かた) 하는 법
まったく 완전히　馴染(なじ)む 친숙[익숙]해지다
不登校(ふとうこう) 등교거부　いじめ (특히 학교에서의) 괴롭힘
急増(きゅうぞう) 급증　現象(げんしょう) 현상
〜さえ 〜조차　周囲(しゅうい) 주위
溝(みぞ) (인간관계의) 틈　埋(う)める 메우다
苦手(にがて) 서투름, 잘 못함　〜つもり 〜한 셈
徐々(じょじょ)に 서서히　ついていく 따라가다
後(おく)れを取(と)る 뒤처지다　点数(てんすう) 점수
差(さ) 차이　低下(ていか) 저하　招(まね)く 초래하다
동사의 ます형+かねない 〜할지도 모른다
構築(こうちく) 구축　人見知(ひとみし)り 낯가림
慣(な)れる 익숙해지다　気(き)が合(あ)う 마음이 맞다
仲間(なかま) 동료, 친구　見(み)つける 찾(아 내)다, 발견하다
プレッシャー 중압(감), 심리적 압박
孤立(こりつ) 고립　抱(かか)える (어려움 등을) 안다

担任(たんにん) 담임　受(う)け持(も)つ 담당하다
顔(かお)を合(あ)わせる 얼굴을 대하다
分(わ)かれる 나뉘다　陥(おちい)る (나쁜 상태에) 빠지다
得意(とくい) 잘함　〜なり 〜나름
工夫(くふう) 여러모로 궁리함　後(おく)れる 뒤처지다
欠(か)かせない 빠뜨릴 수 없다, 없어서는 안 된다
一夜漬(いちやづ)け 벼락치기　予(あらかじ)め 미리
じっくりと 차분히　漠然(ばくぜん) 막연　陰(かげ) 뒤, 이면
仕向(しむ)ける (〜하도록) 만들다
言(い)うは易(やす)く行(おこな)うは難(かた)し 말하기는 쉽지만 행하기는 어렵다　抜(ぬ)ける 빠져 나오다
〜まま (그 상태) 그대로, 〜채
동사의 ます형+がちだ 자주 〜하다, (자칫) 〜하기 쉽다[십상이다]
〜を機(き)に 〜을 기회[계기]로　〜に向(む)けて 〜을 위해서
やり遂(と)げる 완수하다　立場(たちば) 입장
話(はな)し合(あ)う 의논하다　日頃(ひごろ) 평소

65 ①새로운 환경이라고 쓰여 있는데, 적합하지 않은 것은 어느 것인가?

1 새로운 과목 등이 증가하는 것
2 괴롭힘 문제가 급증하는 것
3 처음부터 인간관계를 구축하는 것
4 과목마다 선생님이 바뀌는 것
| 어휘 | 当(あ)てはまる 들어맞다, 적합하다
一(いち)から 처음부터　築(きず)く 쌓아 올리다, 구축하다
〜ごとに 〜마다

66 ②중압감이라고 쓰여 있는데, 다음 중 가장 중압감을 느낄 것으로 생각되는 것은 누구인가?

1 밝고 쾌활한 아이
2 오지랖이 넓은 아이
3 꼼꼼한 아이
4 소극적인 아이
| 어휘 | 陽気(ようき) 밝고 쾌활함
おせっかい 쓸데없는 참견을 함　几帳面(きちょうめん) 꼼꼼함
引(ひ)っ込(こ)み思案(じあん) 소극적임

67 필자는 무엇이 학습의욕 저하의 원인이 된다고 말하고 있는가?

1 공부해야 하는 학습량의 증가에 따라, 스트레스가 쌓이는 것
2 수업에 따라가지 못하는 자기자신을 발견하고 낙담하게 되는 것
3 특정과목 성적의 좋고 나쁨과 다른 동급생에게 뒤처지는 것
4 초등학교 때보다 좋아하는 선생님이 적어져서 의욕이 솟아나지 않게 되는 것
| 어휘 | ストレスが溜(た)まる 스트레스가 쌓이다
がっかり 실망・낙담하는 모양　良(よ)し悪(あ)し 좋고 나쁨
水(みず)をあけられる (경쟁에서) 뒤처지다　やる気(き) 의욕
湧(わ)く 기운・기분이 솟아나다

68 이 글에서 필자가 가장 하고 싶은 말은 무엇인가?

1 초등학생 기분이 다 빠지지 않은 아이에게 중학생으로서의 마음가짐을 가지게 하여 새로운 생활에 익숙해지도록 서포트해야 한다.
2 중1 갭을 극복하지 않으면 장래 고등학교 수험에 지장이 있는 경우가 있으므로, 절대 해소해야 한다.
3 중학교에서는 자기 나름대로 궁리를 하면서 효율적으로 공부를 진행하는 것이 중요하고, 매일의 예습・복습을 빼놓을 수 없다.

4 중학교는 초등학교와는 생활과 수업 방식이 완전히 다르기 때문에 한시라도 빨리 친숙해지도록 시켜야 한다.
| 어휘 | 동사의 ます형+切(き)る 완전히[다] 〜하다
心構(こころがま)え 마음가짐
慣(な)れ親(した)しむ 익숙해지다　サポート 서포트, 지지함
乗(の)り越(こ)える 극복하다　受験(じゅけん) 수험, 입시
差(さ)し支(つか)える 지장이 있다
一刻(いっこく)も早(はや)く 한시라도 빨리

問題13

69 삿포로에 살고 있는 오다 씨는 3,000엔짜리 상품을 대금상환으로 주문했다. 오다 씨는 전부 해서 얼마 지불하는가?

1 3,000엔
2 3,300엔
3 3,600엔
4 3,900엔
| 어휘 | 代引(だいひき) 대금상환 ＊『代金引換(だいきんひきかえ)』의 준말

70 이 글의 내용과 맞는 것은 무엇인가?

1 상품 배송료는 일본 전역 일률 600엔이다.
2 불량품의 경우에는 상품 도착일을 포함하여 7일 이내에 연락해야 한다.
3 은행불입으로는 지불할 수 없다.
4 불량품을 반송할 때, 손님이 배송료를 지불하고 보내도 돌려받을 수 있다.
| 어휘 | 送料(そうりょう) 송료, 배송료　全域(ぜんいき) 전역
一律(いちりつ) 일률　不良品(ふりょうひん) 불량품
振込(ふりこみ) 불입, 납입　支払(しはら)い 지불
返送(へんそう) 반송

69-70

포니언 온라인 스토어

1. 상품대금 이외의 요금 설명
   ① 배송료(전국 일률 600엔) ※오키나와・낙도 등의 경우를 제외한다. (2,400엔)
   ② 대금상환 수수료(300엔)
2. 불량품
   ① 상품의 품질에는 만전을 기하고 있습니다만, 만일 '오염이나 파손 등의 불량품', '주문과 다른 상품'이 배달되었을 경우에는 번거로우시겠지만, 반드시 상품도착일을 포함하여 3일 이내에 연락 주신 후에 7일 이내에 반송해 주십시오.
   ② 반송하실 때의 배송료에 대해서는 당사에서 부담하겠으니, 착불로 보내 주십시오.
3. 인도 시기
   ① 수주 확인 후, 통상 근무일 기준 3일 이내 발송이 됩니다.
   ② 토일・공휴일, 그 밖의 연휴를 낄 경우, 휴일이 끝난 이후 발송이 됩니다.
   ③ 발송까지 4일 이상이 걸릴 것이 예측되는 경우에는 미리 홈페이지에서 고지하겠습니다. (연말연시, 오봉, 해외출장 등)

4. 지불 방법
   ① 상품대금상환(우체국택배)
   ② 신용카드(VISA·Master Card)
5. 반품에 관해
   ① 불량품 이외의 반품·교환은 받지 않고 있습니다. 주의해 주십시오.
   ② 상품의 품질에는 만전을 기하고 있습니다만, 만일 '오염이나 파손 등의 불량품', '주문과 다른 상품'이 배달되었을 경우에는 번거로우시겠지만, 반드시 상품 도착일을 포함하여 3일 이내에 연락 주신 후에 7일 이내에 반송해 주십시오.
   ③ 반송하실 때의 배송료에 대해서는 당사에서 부담하겠으니, 착불로 보내 주십시오. (불량품을 선불로 반송하셨을 경우라도 선불 배송료는 환불할 수 없습니다.)
   ④ 상품이 불량품이었을 경우에는 재고가 있을 경우에 한하여 동일 상품과 교환해 드리겠습니다. 교환 가능한 재고 없을 경우에는 환불로 대응해 드리겠습니다.
   ⑤ '오염이나 파손 등의 불량품', '주문과 다른 상품'이 배달되었을 경우에만 하기 주소로 반송해 주십시오.
   〒123-0001
   도쿄도 시부야구 도쿄도 진구마에1-2-3
   주식회사 포니언 온라인 스토어 담당자
   TEL:03-1234-7777
6. 반품 배송료
   ① 저희 쪽 이유에 의한 불량품 등의 경우의 반송하실 때의 배송료에 대해서는 당사에서 부담하겠으니, 폐사 지정운송회사의 착불로 보내 주십시오. (폐사 지정운송회사 이외의 착불도 받을 수 없습니다.)
   ② 불량품 이외의 반품·교환도 상품 도착일을 포함하여 3일 이내에 연락 주신 후에 7일 이내에 반송해 주시면 받겠습니다. 단, 교환 등의 왕복 배송료는 고객부담으로 접수가 되며, 당사에서 교환상품 발송 시에는 배송료 착불로 배송이 됩니다.

| 어휘 | 代金(だいきん) 대금 離島(りとう) 외딴 섬, 낙도
除(のぞ)く 제외하다 手数料(てすうりょう) 수수료
品質(ひんしつ) 품질 万全(ばんぜん)を期(き)する 만전을 기하다
万一(まんいち) 만일 汚(よご)れ 더러움, 오염 破損(はそん) 파손
異(こと)なる 다르다, 같지 않다 手数(てすう) 귀찮음, 폐
ご+한자 명사+いただく ~해 받다, ~해 주시다 *「~てもらう」의 겸양표현 동사의 た형+上(うえ)で ~한 후에
~にて ~로, ~에 着払(ちゃくばら)い 착불
引(ひ)き渡(わた)し 인도, 넘겨줌
受注(じゅちゅう) 수주, 주문을 받음 通常(つうじょう) 통상, 보통
発送(はっそう) 발송 土日(どにち) 토일
祝日(しゅくじつ) 공휴일 挟(はさ)む 끼다, 사이에 두다
~明(あ)け ~기간이 끝남 *「休日明(きゅうじつあ)け」 - 휴일이 끝남 告知(こくち) 고지
お盆(ぼん) 오봉 *양력 8월 15일을 중심으로 한 일본 최대의 명절
郵(ゆう)パック 우체국택배
元払(もとばら)い 선불, (운임 따위를) 짐을 부치는 사람이 지불함
在庫(ざいこ) 재고 ~に限(かぎ)り ~에 한해

同一(どういつ) 동일 返金(へんきん) 반금, 돈을 돌려줌
~のみ ~만 係(かかり) 담당 当方(とうほう) 이쪽, 우리 쪽
弊社(へいしゃ) 폐사 *자기 회사의 낮춤말
동사의 ます형+かねる ~하기 어렵다 但(ただ)し 단, 다만
往復(おうふく) 왕복 受付(うけつけ) 접수

🎧 청해

問題 1-1番 🎧 37

男の人と女の人が話しています。男の人はどうします
か。

남자와 여자가 이야기하고 있습니다. 남자는 어떻게 합니까?

女 お邪魔します。わあ〜、広くてきれいな部屋
だね。引っ越してきたばかりなのに、けっこ
う片付いてるわね。

(変な音)

女 へ〜、何なの、この音?

男 またかよ、隣の部屋だよ。しょっちゅうこう
なんだ。

女 注意した方がいいんじゃない? こんなにうる
さいのに、よく我慢できるわね。

男 でも、そんなことしたら角が立つだろう。お
隣さんとけんかしたくないし…。

女 そう? だったら、きっと迷惑してる人、他に
もいるはずだから、みんなで抗議するのはど
う?

男 ふん…。でも、まだ引っ越してきたばかりだ
から、みんなの顔も知らないし…。

女 それなら、大家さんに言ってみたら?

男 そうだな…。どうしようかな。

女 何とかしなきゃいけないよ。こんなにうるさ
いし…。

男 ま、言い合いになるかもしれないから、やっ
ぱり大家さんに間に入ってもらうことにしよ
うか。

여 실례합니다. 와~, 넓고 깨끗한 방이네. 이사 온 지 얼마 안 되
었을 텐데, 꽤 정리되어 있네.

(이상한 소리)

여 허~, 뭐야, 이 소리?

남 또야, 옆방이야. 항상 이래.

여 주의를 주는 편이 좋지 않아? 이렇게 시끄러운데 용케도 참을
수 있네.

남 하지만 그런 거 하면 껄끄러워지겠지. 이웃하고 싸움하고 싶
지 않고….

여 그래? 그렇다면 틀림없이 피해 보고 있는 사람, 그 밖에도 있
을 테니, 다 같이 항의하는 건 어때?

남 흠…. 하지만 아직 이사 온 지 얼마 안 되어서 모두의 얼굴도
모르고….

여 그렇다면 집주인한테 말해 보면 어때?

남 글쎄…. 어떻게 할까?

여 어떻게든 하지 않으면 안 돼. 이렇게 시끄럽고….

남 뭐, 말다툼이 될지도 모르니, 역시 집주인한테 중재해 달라고
할까?

┃어휘┃ お邪魔(じゃま)します (누군가의 집에 방문해 안에 들어갈
때) 실례합니다 引(ひ)っ越(こ)す 이사하다
동사의 た형+ばかりだ 막 〜한 참이다, 〜한 지 얼마 안 되다
けっこう(結構) 제법, 꽤 片付(かたづ)く 정리[정돈]되다
しょっちゅう 언제나, 항상 注意(ちゅうい) 주의, 충고
うるさい 시끄럽다 我慢(がまん) 참음
角(かど)が立(た)つ 모가 나다, 상대에 대한 말이나 행동이 원인으로
어색한 상태가 되다 お隣(となり) 이웃(집)
けんか(喧嘩) 싸움 迷惑(めいわく) 곤란함
大家(おおや) (셋)집주인 何(なん)とか 어떻게든
〜なきゃいけない 〜하지 않으면 안 된다 *『〜なければいけな
い』의 회화체 표현 言(い)い合(あ)い 말다툼, 언쟁
間(あいだ)に入(はい)る (사이에서) 중재하다

男の人はどうしますか。
1 他の住民と一緒に行って抗議する。
2 何もしないで、このまま我慢する。
3 大家さんと一緒に文句を言いに行く。
4 大家さんに仲裁を頼みに行く。

남자는 어떻게 합니까?
1 다른 주민과 함께 가서 항의한다.
2 아무것도 하지 않고 이대로 참는다.
3 집주인과 함께 불평하러 간다.
4 집주인에게 중재를 부탁하러 간다.

┃어휘┃ このまま 이대로 文句(もんく)を言(い)う 불평하다
仲裁(ちゅうさい) 중재 頼(たの)む 부탁하다
동사의 ます형+に 〜하러 *동작의 목적

問題 1-2番 🎧 38

<ruby>男<rt>おとこ</rt></ruby>の<ruby>人<rt>ひと</rt></ruby>と<ruby>女<rt>おんな</rt></ruby>の<ruby>人<rt>ひと</rt></ruby>が<ruby>話<rt>はな</rt></ruby>しています。<ruby>女<rt>おんな</rt></ruby>の<ruby>人<rt>ひと</rt></ruby>はこれから
どうしますか。

남자와 여자가 이야기하고 있습니다. 여자는 이제부터 어떻게 합니까?

<ruby>電話<rt>でんわ</rt></ruby>の<ruby>音<rt>おと</rt></ruby>)

男 あ、もしもし、<ruby>営業部<rt>えいぎょうぶ</rt></ruby>の<ruby>山田<rt>やまだ</rt></ruby>です。

女 もしもし、<ruby>私<rt>わたし</rt></ruby>、ねえ、<ruby>休<rt>やす</rt></ruby>み、<ruby>取<rt>と</rt></ruby>れた?

男 あ、ごめん、それがまだなんだ。

女 え? ダメだったの?

男 ううん、<ruby>違<rt>ちが</rt></ruby>うよ、まだ<ruby>上<rt>うえ</rt></ruby>に<ruby>言<rt>い</rt></ruby>ってないんだ。

女 <ruby>私<rt>わたし</rt></ruby>の<ruby>方<rt>ほう</rt></ruby>はOKだよ。ただね、<ruby>今<rt>いま</rt></ruby><ruby>忙<rt>いそが</rt></ruby>しい<ruby>時期<rt>じき</rt></ruby>だからって、<ruby>1週間<rt>いっしゅうかん</rt></ruby>じゃなくて<ruby>3日<rt>みっか</rt></ruby>だけなんだけど。

男 ふん〜、<ruby>3日<rt>みっか</rt></ruby>か。あんまり<ruby>遠<rt>とお</rt></ruby>くへは<ruby>行<rt>い</rt></ruby>けないな。じゃ、その<ruby>線<rt>せん</rt></ruby>で<ruby>旅行会社<rt>りょこうがいしゃ</rt></ruby>に<ruby>聞<rt>き</rt></ruby>いてみてくれる? <ruby>旅行保険<rt>りょこうほけん</rt></ruby>は<ruby>僕<rt>ぼく</rt></ruby>が<ruby>保険会社<rt>ほけんがいしゃ</rt></ruby>の<ruby>友達<rt>ともだち</rt></ruby>に<ruby>頼<rt>たの</rt></ruby>んどくから。

女 でも、まだ<ruby>休<rt>やす</rt></ruby>み<ruby>取<rt>と</rt></ruby>れてないでしょ? <ruby>大丈夫<rt>だいじょうぶ</rt></ruby>なの?

男 <ruby>大丈夫<rt>だいじょうぶ</rt></ruby>だよ、この<ruby>間<rt>あいだ</rt></ruby>、<ruby>大<rt>おお</rt></ruby>きな<ruby>契約<rt>けいやく</rt></ruby>も<ruby>取<rt>と</rt></ruby>ったし。<ruby>今<rt>いま</rt></ruby>なら<ruby>上<rt>うえ</rt></ruby>の<ruby>方<rt>ほう</rt></ruby>も<ruby>認<rt>みと</rt></ruby>めてくれると<ruby>思<rt>おも</rt></ruby>うよ。<ruby>今<rt>いま</rt></ruby>から<ruby>話<rt>はな</rt></ruby>しに<ruby>行<rt>い</rt></ruby>ってくるよ。

女 わかった、じゃ、<ruby>今<rt>いま</rt></ruby><ruby>電話<rt>でんわ</rt></ruby>してみるね。

(전화 소리)

남 아, 여보세요, 영업부 야마다입니다.

여 여보세요, 나야, 저기 휴가 받았어?

남 아, 미안, 그게, 아직이야.

여 어? 안 됐어?

남 아니, 그게 아니야, 아직 위에 말하지 않았어.

여 내 쪽은 OK야. 다만, 지금 바쁜 시기라고 해서, 1주일이 아니라 3일뿐이지만.

남 흠~, 3일인가. 너무 먼 곳에는 못 가겠네. 그럼, 그 선에서 여행회사에 물어봐 줄래? 여행보험은 내가 보험회사 친구한테 부탁해 놓을 테니까.

여 하지만 아직 휴가 못 받았잖아? 괜찮겠어?

남 괜찮아, 요전에 큰 계약도 땄고. 지금이라면 위쪽도 인정해 줄 거라고 생각해. 지금부터 이야기하러 갔다 올게.

여 알았어, 그럼, 지금 전화해 볼게.

| 어휘 | 休(やす)みを取(と)る 휴가를 얻다[받다]
ただ 단지, 다만 〜からって 〜라고 해서
遠(とお)く 먼 곳, 멀리 その線(せん)で 그 선[수준]에서
〜どく 〜해 놓[두]다 *「〜でおく」의 축약형
契約(けいやく)を取(と)る 계약을 따다[체결하다]
今(いま)なら 지금이라면 認(みと)める 인정하다

<ruby>女<rt>おんな</rt></ruby>の<ruby>人<rt>ひと</rt></ruby>はこれからどうしますか。
1 <ruby>上司<rt>じょうし</rt></ruby>のところへ<ruby>行<rt>い</rt></ruby>く。
2 <ruby>旅行会社<rt>りょこうがいしゃ</rt></ruby>に<ruby>電話<rt>でんわ</rt></ruby>する。
3 <ruby>保険会社<rt>ほけんがいしゃ</rt></ruby>の<ruby>友達<rt>ともだち</rt></ruby>に<ruby>電話<rt>でんわ</rt></ruby>する。
4 <ruby>契約<rt>けいやく</rt></ruby>を<ruby>取<rt>と</rt></ruby>りに<ruby>行<rt>い</rt></ruby>く。

여자는 이제부터 어떻게 합니까?
1 상사에게 간다.
2 여행회사에 전화한다.
3 보험회사 친구에게 전화한다.
4 계약을 따러 간다.
| 어휘 | 上司(じょうし) 상사 ところ 곳, 장소

問題 1-3番 🎧 39

<ruby>男<rt>おとこ</rt></ruby>の<ruby>人<rt>ひと</rt></ruby>と<ruby>女<rt>おんな</rt></ruby>の<ruby>人<rt>ひと</rt></ruby>が<ruby>話<rt>はな</rt></ruby>しています。<ruby>料理<rt>りょうり</rt></ruby>は<ruby>何<rt>なに</rt></ruby>にしますか。

남자와 여자가 이야기하고 있습니다. 요리는 무엇으로 합니까?

女 <ruby>明日<rt>あした</rt></ruby>、<ruby>お母<rt>かあ</rt></ruby>さんの<ruby>誕生日<rt>たんじょうび</rt></ruby>でしょ?

男 あ、そうだったそうだった、どうする? <ruby>飯<rt>めし</rt></ruby>でも<ruby>一緒<rt>いっしょ</rt></ruby>に<ruby>食<rt>た</rt></ruby>べに<ruby>行<rt>い</rt></ruby>こうか。<ruby>焼肉<rt>やきにく</rt></ruby>なんかどう?

女 ううん〜、<ruby>お母<rt>かあ</rt></ruby>さん、<ruby>最近<rt>さいきん</rt></ruby><ruby>年<rt>とし</rt></ruby>のせいか、<ruby>お肉<rt>にく</rt></ruby>あまり<ruby>食<rt>た</rt></ruby>べなくなったわね。

男 うん、あと、<ruby>辛<rt>から</rt></ruby>いのもね。それに<ruby>中華料理<rt>ちゅうかりょうり</rt></ruby>みたいな<ruby>脂<rt>あぶら</rt></ruby>っこいのもあまり<ruby>好<rt>す</rt></ruby>きじゃないんだ。

女 じゃあ、<ruby>お刺身<rt>さしみ</rt></ruby>とかかはどう? あ、でも<ruby>角<rt>かど</rt></ruby>の<ruby>お魚<rt>さかな</rt></ruby>屋さん、<ruby>明日<rt>あした</rt></ruby>は<ruby>休<rt>やす</rt></ruby>みだわ。

男 <ruby>洋食<rt>ようしょく</rt></ruby>は? ステーキとか…。

女 だから、<ruby>お母<rt>かあ</rt></ruby>さん、<ruby>お肉<rt>にく</rt></ruby>ダメだってば。

男 あ、ごめん。じゃあ、どうしようか。

女 まあ、<ruby>別<rt>べつ</rt></ruby>に<ruby>お魚<rt>さかな</rt></ruby>屋さんは<ruby>角<rt>かど</rt></ruby>のお<ruby>店<rt>みせ</rt></ruby>だけじゃないし…。それにいざとなったら、<ruby>お寿司<rt>すし</rt></ruby>の<ruby>出前<rt>でまえ</rt></ruby>を<ruby>取<rt>と</rt></ruby>ってもいいしね。

男 うん、わかった、そうしよう。じゃ、ケーキは<ruby>僕<rt>ぼく</rt></ruby>が<ruby>買<rt>か</rt></ruby>ってくるよ。

여 내일, 엄마 생일이지?

남 아, 그렇지 그렇지, 어떻게 하지? 밥이라도 같이 먹으러 갈까? 야키니쿠 같은 건 어때?

여 으음~, 엄마, 요즘 나이 탓인지, 고기 별로 안 먹게 되었지.

남 응, 그리고 매운 것도. 게다가 중화요리 같은 기름진 것도 별로 좋아하지 않지.

여 그럼, 회라든지는 어때? 아, 그런데 모퉁이 생선가게, 내일은 쉬는 날이야.

남 양식은? 스테이크라든지….

여 그러니까 엄마, 고기 안 된다니까.

남 아, 미안. 그럼, 어쩌지?

여 뭐, 특별히 생선가게는 모퉁이 가게만 있는 것도 아니고…. 게다가 뭐하면 초밥 배달을 시켜도 되고 말이야.

남 응, 알았어, 그렇게 하자. 그럼, 케이크는 내가 사 올게.

|어휘| 誕生日(たんじょうび) 생일 飯(めし) 밥
~せい ~탓 焼肉(やきにく) 야키니쿠
肉(にく) 고기 辛(から)い 맵다
中華料理(ちゅうかりょうり) 중화요리
脂(あぶら)っこい 기름지다 刺身(さしみ) 생선회
角(かど) 모퉁이, 구석 魚屋(さかなや) 생선가게
洋食(ようしょく) 양식 ステーキ 스테이크
~ってば ~라니까 *문장 끝에 붙어서 몹시 안타까운 마음을 강조
해서 말하는 데 쓰임
いざとなったら 여차하면 뭐하면 寿司(すし) 초밥
出前(でまえ)を取(と)る (요리)배달을 시키다

料理(りょうり)は何(なに)にしますか。

1 和食(わしょく)
2 中華料理(ちゅうかりょうり)
3 洋食(ようしょく)
4 決(き)まっていない。

요리는 무엇으로 합니까?

1 일식
2 중화요리
3 양식
4 정해지지 않았다.

|어휘| 和食(わしょく) 일식

問題 1-4番 🎧40

男(おとこ)の人(ひと)と女(おんな)の人(ひと)が話(はな)しています。男(おとこ)の人(ひと)はこれから
何(なに)をしますか。

남자와 여자가 이야기하고 있습니다. 남자는 이제부터 무엇을 합니까?

男 宮崎先輩(みやざきせんぱい)、課長(かちょう)に大会議室(だいかいぎしつ)を予約(よやく)しろって言
われたんですけど…。

女 あ、今週(こんしゅう)の金曜(きんよう)の昼(ひる)の会議(かいぎ)のことだよね。

男 はい、そうですが、どうすればいいのかわか
らなくて…。

女 まず総務課(そうむか)へ行(い)って、うちの課(か)の名前(なまえ)と君(きみ)の
名前(なまえ)を言(い)って予約(よやく)すればいい。で、当日(とうじつ)は鍵(かぎ)
を借(か)りに行(い)くだけ。

男 わかりました、ありがとうございます。

女 それからお弁当(べんとう)の手配(てはい)もしなくちゃね。

男 お弁当(べんとう)ですか。

女 あれは別(べつ)に大(たい)した会議(かいぎ)じゃないわ。月(つき)に1
回(かい)、全員(ぜんいん)で昼休(ひるやす)みに一緒(いっしょ)にお弁当(べんとう)食(た)べなが
ら、上(うえ)と下(した)のコミュニケーションを図(はか)ろうっ
てことなの。まあ、お弁当(べんとう)のことは私(わたし)に任(まか)し
て。

男 お弁当屋(べんとうや)なら、いいところ知(し)ってますが。

女 あ、そう?でも、それはいいから、さっき頼(たの)ん
だの、よろしくね。

男 はい、わかりました。

남 미야자키 선배님, 과장님이 대회의실을 예약하라고 했는데
요….

여 아, 이번 주 금요일 낮 회의 말이지?

남 예, 그런데요, 어떻게 하면 되는 건지 몰라서….

여 우선 총무과에 가서 우리 과 이름과 네 이름을 말하고 예약하
면 돼. 그리고 당일은 열쇠를 빌리러 가는 것뿐.

남 알겠습니다, 감사합니다.

여 그리고 도시락 준비도 해야 해.

남 도시락이요?

여 그건 특별히 대단한 회의가 아니야. 한 달에 한 번, 전원이 점
심시간에 함께 도시락 먹으면서 위와 아래의 의사소통을 도
모하려는 거야. 뭐, 도시락은 나한테 맡겨.

남 도시락가게라면 좋은 데 알고 있는데요.

여 아, 그래? 하지만 그건 됐으니까, 아까 부탁한 거, 잘 부탁해.

남 예, 알겠습니다.

|어휘| 大会議質(だいかいぎしつ) 대회의실
総務課(そうむか) 총무과 鍵(かぎ) 열쇠
借(か)りる 빌리다 手配(てはい) 수배, 준비
コミュニケーション 커뮤니케이션, 의사소통
図(はか)る 도모하다, 꾀하다 任(まか)す 맡기다

男の人はこれから何をしますか。
1 お弁当屋へお弁当の予約に行く。
2 鍵を借りに総務課へ行く。
3 総務課へ会議室の予約に行く。
4 おいしいお弁当屋を調べに行く。

남자는 이제부터 무엇을 합니까?
1 도시락가게에 도시락 예약하러 간다.
2 열쇠를 빌리러 총무과에 간다.
3 총무과에 회의실 예약하러 간다.
4 맛있는 도시락가게를 조사하러 간다.

問題 1-5番 🎧 41

男の人と女の人が電車の時刻表を見ながら話しています。二人は何時の電車に乗りますか。

남자와 여자가 전철 시각표를 보면서 이야기하고 있습니다. 두 사람은 몇 시 전철을 탑니까?

男	明日、何時までに成田に行けばいいかな?
女	そうね、飛行機は3時だけど、出発時間の2時間前には空港に着かないといけないでしょ。
男	そうだね、じゃ、何時の電車に乗ればいいかな…。
女	まず、家から駅まで徒歩で5分、電車で約1時間、その後バスで約30分、それから、乗り換えにも少し時間かかるわね。
男	ふん〜、まあ、いっそのこと、タクシーで行く?
女	タクシー?料金がもったいないから、タクシーは止めよう。それに道でも込んだら大変だし。
男	ふん〜、そうか。じゃ、少し早めで、この電車にするか。
女	そうね、決まり。

남	내일 몇 시까지 나리타에 가면 될까?
여	글쎄. 비행기는 3시지만, 출발시간 2시간 전에는 공항에 도착하지 않으면 안 되겠지?
남	그렇지. 그럼, 몇 시 전철을 타면 되려나….
여	우선 집에서 역까지 도보로 5분, 전철로 약 1시간, 그 후에 버스로 약 30분, 그리고 환승에도 조금 시간 걸리지.
남	흠~, 차라리 택시로 갈까?
여	택시? 요금이 아까우니까 택시는 그만두자. 게다가 길이라도 막히면 큰일이고.

남	흠~, 그런가. 그럼, 조금 일찌감치, 이 전철로 할까?
여	그러네, 결정.

| 어휘 | 時刻表(じこくひょう) (열차 등의) 시간표
空港(くうこう) 공항 着(つ)く 도착하다
〜ないといけない 〜하지 않으면 안 된다 徒歩(とほ) 도보
乗(の)り換(か)え 갈아탐 かかる (시간이) 걸리다
いっそのこと 차라리 もったいない 아깝다
止(や)める 그만두다 それに 게다가, 더욱이
道(みち)が込(こ)む 길이 막히다 大変(たいへん) 큰일임
早(はや)め 정해진 시간보다 조금 이름 決(き)まり 결정

二人は何時の電車に乗りますか。
1 11時
2 11時30分
3 12時
4 12時30分

두 사람은 몇 시 전철을 탑니까?
1 11시
2 11시 30분
3 12시
4 12시 30분

問題 1-6番 🎧 42

男の学生と女の人が大学の教務課で話しています。男の学生はこれから何をしなければなりませんか。

남학생과 여자가 대학의 교무과에서 이야기하고 있습니다. 남학생은 이제부터 무엇을 해야 합니까?

女	家庭教師を希望してるのよね。
男	はい、そうです。
女	これはどう?中学3年生の数学だけど。
男	あ、すみません。僕数学は苦手なので…。
女	でも、申込書には全科目OKって書いてあるわよ。
男	あ、すみません。でも、どうしても理系だけは…。
女	じゃ、こっちは?女子高生で英語。
男	あ、英語なら自信あります。お願いします。
女	じゃ、電話しておくわね。で、ゼミの先生の推薦書は持ってきたの?
男	え?そんなのも要るんですか。
女	必要書類、ちゃんとチェックしなかったの?ここに書いてあるけど。

男 あ、すみません。うっかり…。

女 あと、学生証と判子は？

男 はい、これです。

女 コピーさせてもらうから、学生証はしばらく預かっておくわね。それからこの同意書に判子を押して。

男 サインでもいいですか。

女 いや、サインじゃだめだけど…。判子も持ってこなかったの？

男 すみません、それもうっかり…。

女 もうしょうがないわね。もう一回必要書類をちゃんと読んでみてね。

여 가정교사를 희망하는 거네.

남 예, 맞아요.

여 이건 어때? 중학 3학년 수학인데.

남 아, 죄송해요. 저 수학은 자신 없어서….

여 하지만 신청서에는 전과목 OK라고 쓰여 있어.

남 아, 죄송해요. 하지만 도저히 이과 계열만은….

여 그럼, 이쪽은? 여고생이고 영어.

남 아, 영어라면 자신 있어요. 부탁드립니다.

여 그럼, 전화해 둘게. 그리고 세미나 선생님 추천서는 가지고 왔니?

남 네? 그런 것도 필요해요?

여 필요서류, 제대로 체크 안 했어? 여기에 쓰여 있는데.

남 아, 죄송해요. 깜빡….

여 그리고 학생증과 도장은?

남 예, 여기요.

여 복사할 테니, 학생증은 잠시 맡아 둘게. 그리고 이 동의서에 도장을 찍고.

남 사인도 괜찮아요?

여 아니, 사인은 안 되는데…. 도장도 안 갖고 왔어?

남 죄송해요. 그것도 깜빡….

여 어쩔 수 없네. 다시 한 번 필요서류를 제대로 읽어 봐.

| 어휘 | 家庭教師(かていきょうし) 가정교사 希望(きぼう) 희망
〜年生(ねんせい) 〜학년 数学(すうがく) 수학
苦手(にがて) 잘하지 못함, 자신 없음
申込書(もうしこみしょ) 신청서
どうしても (부정의 말을 수반하여) 아무리 해도, 도저히
理系(りけい) 이과 계열 女子高生(じょしこうせい) 여고생
ゼミ 세미나 *『ゼミナール』의 준말 推薦書(すいせんしょ) 추천서
要(い)る 필요하다 うっかり 깜빡
〜(さ)せてもらう 〜하다 *『〜する』의 겸양표현
しばらく 잠시, 잠깐 預(あず)かる 맡다, 보관하다
同意書(どういしょ) 동의서 判子(はんこ)を押(お)す 도장을 찍다
サイン 사인 しょうがない 어쩔 수 없다

男の学生はこれから何をしなければなりませんか。

1 ゼミの先生の判子と推薦書を持ってくる。
2 ゼミの先生の判子と自分の学生証を持ってくる。
3 ゼミの先生の判子と同意書を持ってくる。
4 **ゼミの先生の推薦と自分の判子を持ってくる。**

남학생은 이제부터 무엇을 해야 합니까?
1 세미나 선생님의 도장과 추천서를 가지고 온다.
2 세미나 선생님의 도장과 자신의 학생증을 가지고 온다.
3 세미나 선생님의 도장과 동의서를 가지고 온다.
4 세미나 선생님의 추천서와 자신의 도장을 가지고 온다.

問題 2-1番 🎧 43

男の人と女の人が話しています。香さんはどうしてパーティーへ来られなくなりましたか。

남자와 여자가 이야기하고 있습니다. 가오리 씨는 어째서 파티에 올 수 없게 되었습니까?

男 こんばんは。

女 あ、山本さん、いらっしゃい。すごく散らかってるけど、どうぞ。

男 あれ、香さんは？

女 それが、来られなくなっちゃったのよ。

男 あ、この前電話で風邪がひどいとか言ってたけど、まだ治ってないのか。

女 風邪はもう治ったけど、仕事でね。韓国へ出張に行ったの。

男 あ、そう、近いけど海外出張だね。

女 それで今朝電話が来たんだけど、本当だったら今朝の飛行機で帰ってこられたはずなんだって。

男 じゃあ、どうして？

女 それがね、出張先で飛行機のチケットをなくしちゃったんだって。

男 それは大変だな。

女 うん、最近すごく忙しいみたいで、今日のパーティー、楽しみにしてたのにね。

남 안녕.

여 아, 야마모토 씨, 어서 와. 굉장히 지저분하지만 들어와.

남 어, 가오리 씨는?

여 그게, 올 수 없게 되었어.

남 아, 요전에 전화로 감기가 심하다든가 했는데, 아직 안 나은 건가?

여 감기는 이미 나았는데, 일 때문에. 한국에 출장 갔어.

남 아, 그래, 가깝지만 해외출장이네.

여 그래서 오늘 아침에 전화가 왔는데, 본래였다면 오늘 아침 비행기로 돌아올 수 있었대.

남 그럼, 어째서?

여 그게 말이야, 출장지에서 비행기 티켓을 잃어버렸대.

남 그거 큰일이네.

여 응, 요즘 굉장히 바쁜 것 같아서, 오늘 파티, 기대하고 있었는데 말이야.

| 어휘 | 散(ち)らかる 흩어지다, 어지러지다 風邪(かぜ) 감기
治(なお)る 낫다, 치료되다 今朝(けさ) 오늘 아침
〜って 〜대, 〜래 出張先(しゅっちょうさき) 출장지
な(無)くす 없애다, 잃다 楽(たの)しみにする 기대하다
〜のに 〜는데

香さんはどうしてパーティーへ来られなくなりましたか。

1 いきなり風邪がこじれてしまったから
2 飛行機のチケットが取れなかったから
3 チケットを紛失して飛行機に乗れなかったから
4 最近、急に仕事が忙しくなったから

가오리 씨는 어째서 파티에 올 수 없게 되었습니까?
1 갑자기 감기가 도져 버려서
2 비행기 티켓을 구할 수 없어서
3 티켓을 분실하여 비행기를 타지 못해서
4 요즘 갑자기 일이 바빠져서

| 어휘 | いきなり 갑자기, 별안간 こじれる 도지다, 더치다
取(と)れる 얻을 수 있다 紛失(ふんしつ) 분실

問題 2-2番 🎧44

男の人と女の人が話しています。女の人が最も心がけているのはどんなことですか。

남자와 여자가 이야기하고 있습니다. 여자가 가장 유념하고 있는 것은 어떤 것입니까?

男 通訳の仕事、始めたんだって。

女 うん、韓国ドラマが好きになって、中学生の時から韓国語の勉強をしてきたんだけど、これが仕事に繋がるとはね。

男 あ、そうだね、美紀ちゃんって韓流ファンだよね。でも、それが通訳という仕事になると、けっこう大変そうね。何が難しい?

女 まず、聞いたことをすぐに訳さなければならないのよ。辞書で調べたり、ゆっくり考えたりする余裕なんかないからね。

男 なるほど。では、そんな時間の制限がある中で、特に注意してることとかあるの?

女 とにかく要らない言葉は削って、わかりやすく伝えることだよね。

男 一字一句すべてを訳すのは、やっぱり無理だね。

女 それは無理無理、やっぱり一番重要なのは、話し手の伝えたいことが聞き手にちゃんと伝わることだからね。情報が多すぎると、言いたいことがかえって伝わりにくくなるのよ。

男 ふん〜、確かにね、何となくわかるような気もする。

남 통역일 시작했다면서.

여 응, 한국 드라마를 좋아하게 되어서 중학생 때부터 한국어 공부를 해 왔는데, 이게 직업으로 이어질 줄이야.

남 아, 그렇지, 미키는 한류팬이지. 하지만 그게 통역이라는 직업이 되면 꽤 힘들 것 같아. 뭐가 어려워?

여 우선 들은 걸 바로 통역해야 하는 거야. 사전에서 조사하거나 천천히 생각하거나 할 여유 같은 건 없으니까.

남 과연. 그럼, 그런 시간 제한이 있는 가운데에서 특히 주의하고 있는 거라든가 있어?

여 어쨌든 필요없는 말은 줄이고, 알기 쉽게 전달하는 거지.

남 한 자 한 구 모두 통역하는 건 역시 무리지.

여 그건 무리무리, 역시 가장 중요한 건 화자가 전달하고 싶은 게 청자에게 정확하게 전달되는 거니까. 정보가 너무 많으면 하고 싶은 말이 도리어 전달되기 어려워지는 거야.

남 흠〜, 확실히 그러네, 왠지 모르게 알 것 같은 기분도 들어.

| 어휘 | 心(こころ)がける 유의[유념]하다 通訳(つうやく) 통역
繋(つな)がる 이어지다, 연결되다
韓流(ハンりゅう) 한류 *「ハン」은 「韓」의 한국어 발음
訳(やく)す 번역하다, 통역하다 辞書(じしょ) 사전
余裕(よゆう) 여유
なるほど (남의 주장을 긍정할 때나 상대방의 말에 맞장구를 치며)
정말, 과연 制限(せいげん) 제한
とにかく 어쨌든, 하여간 要(い)る 필요하다
削(けず)る 깎다, 줄이다, 삭제하다 伝(つた)える 전하다
一字一句(いちじいっく) 일자일구, 하나의 글자와 하나의 어구
話(はな)し手(て) 화자, 말하는 사람
聞(き)き手(て) 청자, 듣는 사람 伝(つた)わる 전달되다
かえって 도리어 何(なん)となく 왠지 모르게
気(き)もする 기분도 들다

女の人が最も心がけているのはどんなことですか。

1 訳す時、できるだけたくさんの情報を盛り込むこと

2 なるべく一語ずつ完全に訳して伝えること

3 余計な言葉は省略し、短くまとめて訳すこと

4 話し手の話が正しいか否かを判断すること

여자가 가장 유념하고 있는 것은 어떤 것입니까?

1 통역할 때 가능한 한 많은 정보를 담는 것

2 되도록 한마디씩 완전하게 통역하여 전달하는 것

3 쓸데없는 말은 생략하고 짧게 요약하여 통역하는 것

4 화자의 말이 옳은지 아닌지를 판단하는 것

| 어휘 | できるだけ 가능한 한, 되도록

盛(も)り込(こ)む 담다, 포함시키다

なるべく 되도록, 가급적 一語(いちご) 한마디 말

余計(よけい) 쓸데없음 省略(しょうりゃく) 생략

まとめる 한데 모으다, 정리하다

〜か否(いな)か 〜인지 아닌지 判断(はんだん) 판단

問題 2-3番 🎧 45

男の人と女の人が話しています。女の人は、なぜ酸素が売れると言っていますか。

남자와 여자가 이야기하고 있습니다. 여자는 왜 산소가 팔린다고 말하고 있습니까?

男 昨日、駅前を歩いていたら、酸素を売っている店を見つけたんだ。

女 酸素を売ってるの?

男 うん、鼻にチューブを入れて、酸素を送る。で、その送られてくる酸素を吸うわけ。

女 酸素を吸ったら、何だか頭がすっきりしそうな気がする。人間の脳って、酸素をたくさん使うから、これいいかもしれないね。

男 お店のチラシを読んでみたけど、酸素を吸うってことは、頭だけじゃなくて、全身の疲れを取る効果もあるみたいよ。それに気分もリフレッシュできてストレス解消にもいいって。

女 あ、そう。で、料金の方は?

男 15分で500円。でも酸素をわざわざお金を出して買うなんて、ちょっと理解できないな。ただ目新しいことがしてみたいのかな? お客さんもけっこういたよ。

女 たぶん、みなさんそれだけ疲れが溜まってるってことじゃないかな。たった500円で本当に疲れが取れるなら、むしろ安い方だと思うわよ。

남 어제 역 앞을 걷다가, 산소를 팔고 있는 가게를 발견했어.

여 산소를 팔고 있어?

남 응, 코에 튜브를 넣고 산소를 보내. 그리고 그 보내져 오는 산소를 들이마시는 거야.

여 산소를 마시면 왠지 머리가 상쾌해질 것 같은 생각이 들어. 인간의 뇌는 산소를 많이 사용하니까, 이거 좋을지도 모르겠네.

남 가게 전단지를 읽어 봤는데, 산소를 마신다는 건 머리뿐 아니라, 전신의 피로를 푸는 효과도 있는 것 같아. 더욱이 기분도 새롭게 할 수 있어서 스트레스 해소에도 좋대.

여 아, 그래. 그런데 요금 쪽은?

남 15분에 500엔. 그런데 산소를 일부러 돈을 내고 산다니, 좀 이해가 안 돼. 그저 색다른 걸 해 보고 싶은 건가? 손님도 꽤 있었어.

여 아마 모두 그만큼 피로가 쌓여 있다는 거 아닐까? 고작 500엔으로 정말로 피로가 풀린다면 오히려 싼 편이라고 생각해.

| 어휘 | 酸素(さんそ) 산소 売(う)れる (잘) 팔리다

見(み)つける 찾(아 내)다, 발견하다 鼻(はな) 코 チューブ 튜브

入(い)れる 넣다 送(おく)る 보내다

吸(す)う (공기 따위를) 들이마시다 〜わけだ 〜인 것[셈]이다

何(なん)だか 왠지, 어쩐지

頭(あたま)がすっきりする 머리가 상쾌해지다

気(き)がする 생각[느낌]이 들다 脳(のう) 뇌 チラシ 전단지

全身(ぜんしん) 전신 疲(つか)れを取(と)る 피로를 풀다

リフレッシュ (심신을) 상쾌하게 함, 기분을 새롭게 함

ストレス解消(かいしょう) 스트레스 해소 わざわざ 일부러

お金(かね)を出(だ)す 돈을 내다 ただ 그저

目新(めあたら)しい 색다르다 たぶん 아마

疲(つか)れが溜(た)まる 피로가 쌓이다

疲(つか)れが取(と)れる 피로가 풀리다 むしろ 오히려

女の人は、なぜ酸素が売れると言っていますか。

1 酸素を吸うと、鼻がすっきりするから

2 人は、目新しいことがしたいものだから

3 鼻に酸素を供給して、気分をリフレッシュしたいから

4 安い料金で、全身の疲労を回復させたいから

여자는 왜 산소가 팔린다고 말하고 있습니까?

1 산소를 마시면 코가 상쾌해지니까

2 사람은 색다른 것을 해 보고 싶어하니까

3 코에 산소를 공급하여 기분을 새롭게 하고 싶으니까

4 싼 요금으로 전신의 피로를 회복시키고 싶으니까

| 어휘 | 供給(きょうきゅう) 공급 疲労(ひろう) 피로
回復(かいふく) 회복

問題 2-4番 🎧 46

<ruby>男<rt>おとこ</rt></ruby>の<ruby>学生<rt>がくせい</rt></ruby>と<ruby>女<rt>おんな</rt></ruby>の<ruby>学生<rt>がくせい</rt></ruby>が<ruby>寮<rt>りょう</rt></ruby>について<ruby>話<rt>はな</rt></ruby>しています。
<ruby>男<rt>おとこ</rt></ruby>の<ruby>学生<rt>がくせい</rt></ruby>は、どうして<ruby>寮<rt>りょう</rt></ruby>に<ruby>入<rt>はい</rt></ruby>りたくないのですか。

남학생과 여학생이 기숙사에 대해서 이야기하고 있습니다. 남학생은
어째서 기숙사에 들어가고 싶지 않은 것입니까?

男 <ruby>来学期<rt>らいがっき</rt></ruby>から<ruby>住<rt>す</rt></ruby>むところ、どうする?

女 うん、<ruby>寮<rt>りょう</rt></ruby>にするつもり。<ruby>同<rt>おな</rt></ruby>じ<ruby>学科<rt>がっか</rt></ruby>の<ruby>友達<rt>ともだち</rt></ruby>と<ruby>一緒<rt>いっしょ</rt></ruby>に<ruby>入<rt>はい</rt></ruby>ろうとしてるの。

男 あ、ルームメイトももう<ruby>決<rt>き</rt></ruby>まってるんだ。

女 うん、<ruby>一人暮<rt>ひとりぐ</rt></ruby>らしは<ruby>寂<rt>さび</rt></ruby>しそうだからね。でも<ruby>寮<rt>りょう</rt></ruby>だったら、<ruby>友達<rt>ともだち</rt></ruby>と<ruby>一緒<rt>いっしょ</rt></ruby>にいて、<ruby>寂<rt>さび</rt></ruby>しくないし、<ruby>一緒<rt>いっしょ</rt></ruby>に<ruby>食事<rt>しょくじ</rt></ruby>したり、おしゃべりしたりできるからいいと<ruby>思<rt>おも</rt></ruby>うよ。

男 ふ〜ん。

女 <ruby>中西<rt>なかにし</rt></ruby>君はどうするの?

男 それがね、<ruby>寮<rt>りょう</rt></ruby>にするかアパートにするか、<ruby>迷<rt>まよ</rt></ruby>ってるところなんだ。<ruby>寮<rt>りょう</rt></ruby>って<ruby>費用<rt>ひよう</rt></ruby>も<ruby>安<rt>やす</rt></ruby>いし、<ruby>仲間<rt>なかま</rt></ruby>と<ruby>一緒<rt>いっしょ</rt></ruby>だからきっと<ruby>楽<rt>たの</rt></ruby>しいだろうと<ruby>思<rt>おも</rt></ruby>うんだけど。

女 じゃあ、<ruby>寮<rt>りょう</rt></ruby>にしたら?インターネットも<ruby>無料<rt>むりょう</rt></ruby>だし、<ruby>玄関<rt>げんかん</rt></ruby>もオートロックだから<ruby>安全<rt>あんぜん</rt></ruby>だし。

男 <ruby>確<rt>たし</rt></ruby>かにそれはそうだけどね。ただ、バイトやクラブ<ruby>活動<rt>かつどう</rt></ruby>とかで、<ruby>夜遅<rt>よるおそ</rt></ruby>くなる<ruby>時<rt>とき</rt></ruby>もあるからね。

女 ああ、<ruby>門限<rt>もんげん</rt></ruby>があるよね。

男 そう、それが<ruby>問題<rt>もんだい</rt></ruby>なんだよね。

남 다음 학기부터 살 곳, 어떻게 할 거야?

여 응, 기숙사로 할 생각. 같은 학과 친구와 함께 들어가려고 해.

남 아, 룸메이트도 벌써 정해져 있구나.

여 응, 혼자 생활은 외로울 것 같아서. 하지만 기숙사라면 친구와 함께 있어서 외롭지 않고 같이 식사하거나 수다떨거나 할 수 있어서 좋다고 생각해.

남 흐~음.

여 나카니시 군은 어떻게 할 거야?

남 그게 말이야, 기숙사로 할까 아파트로 할까 고민하는 중이야. 기숙사는 비용도 싸고, 친구와 함께니까 틀림없이 즐거울 거라고 생각하지만.

여 그럼, 기숙사로 하는 게 어때? 인터넷도 무료이고, 현관도 오토록이라서 안전하고.

남 확실히 그건 그런데 말이야. 다만 아르바이트나 동아리 활동 등으로 밤에 늦어질 때도 있어서 말이야.

여 아, 통금이 있지.

남 맞아, 그게 문제인 거지.

| 어휘 | 寮(りょう) 기숙사 ところ 곳, 장소 つもり 생각, 작정
ルームメイト 룸메이트 もう 이미, 벌써
決(き)まる 결정되다, 정해지다 一人暮(ひとりぐ)らし 혼자서 삶
おしゃべりする 수다떨다 迷(まよ)う 고민하다, 망설이다
〜ているところ 〜하고 있는 중 仲間(なかま) 동료, 친구
オートロック 오토록 *문을 닫으면 자동적으로 잠기는 자물쇠
確(たし)かに 분명히, 확실히
クラブ活動(かつどう) 클럽[동아리] 활동 門限(もんげん) 통금

<ruby>男<rt>おとこ</rt></ruby>の<ruby>学生<rt>がくせい</rt></ruby>は、どうして<ruby>寮<rt>りょう</rt></ruby>に<ruby>入<rt>はい</rt></ruby>りたくないのですか。

1 <ruby>一人<rt>ひとり</rt></ruby>でゆったりと<ruby>過<rt>す</rt></ruby>ごせないから
2 <ruby>大勢<rt>おおぜい</rt></ruby>で<ruby>食事<rt>しょくじ</rt></ruby>をするのが<ruby>嫌<rt>いや</rt></ruby>だから
3 <ruby>夜遅<rt>よるおそ</rt></ruby>く<ruby>帰<rt>かえ</rt></ruby>ることができないから
4 <ruby>寮<rt>りょう</rt></ruby>に<ruby>入<rt>はい</rt></ruby>ったら、<ruby>足<rt>あし</rt></ruby>が<ruby>出<rt>で</rt></ruby>そうだから

남학생은 어째서 기숙사에 들어가고 싶지 않은 것입니까?

1 혼자서 느긋하게 보낼 수 없으니까
2 여럿이서 식사를 하는 것이 싫으니까
3 밤늦게 돌아올 수 없으니까
4 기숙사에 들어가면 예산을 초과할 것 같으니까

| 어휘 | ゆったりと 느긋하게, 편히
過(す)ごす (시간을) 보내다, 지내다
大勢(おおぜい) 많은 사람, 여럿 嫌(いや) 싫음
足(あし)が出(で)る (지출이) 예산을 넘다[초과하다]

問題 2-5番 🎧 47

<ruby>男<rt>おとこ</rt></ruby>の<ruby>職員<rt>しょくいん</rt></ruby>と<ruby>女<rt>おんな</rt></ruby>の<ruby>学生<rt>がくせい</rt></ruby>が<ruby>大学<rt>だいがく</rt></ruby>の<ruby>就職部<rt>しゅうしょくぶ</rt></ruby>で<ruby>話<rt>はな</rt></ruby>しています。<ruby>女<rt>おんな</rt></ruby>の<ruby>学生<rt>がくせい</rt></ruby>が<ruby>断<rt>ことわ</rt></ruby>りたい、<ruby>本当<rt>ほんとう</rt></ruby>の<ruby>理由<rt>りゆう</rt></ruby>は<ruby>何<rt>なん</rt></ruby>ですか。

남자 직원과 여학생이 대학의 취직부에서 이야기하고 있습니다. 여학생이 거절하고 싶은 진짜 이유는 무엇입니까?

女 <ruby>先日<rt>せんじつ</rt></ruby>は、<ruby>就職先<rt>しゅうしょくさき</rt></ruby>を<ruby>紹介<rt>しょうかい</rt></ruby>していただいて、<ruby>本当<rt>ほんとう</rt></ruby>にありがとうございました。

男 で、どうだったの?

女 ええ、みなさん<ruby>親切<rt>しんせつ</rt></ruby>で、<ruby>会社<rt>かいしゃ</rt></ruby>の<ruby>雰囲気<rt>ふんいき</rt></ruby>もとてもよかったです。

男 あ、そう、それはよかったね。

女 それに<ruby>優秀<rt>ゆうしゅう</rt></ruby><ruby>社員<rt>しゃいん</rt></ruby>に<ruby>選<rt>えら</rt></ruby>ばれましたら、<ruby>海外<rt>かいがい</rt></ruby><ruby>研修<rt>けんしゅう</rt></ruby>の<ruby>機会<rt>きかい</rt></ruby>も<ruby>与<rt>あた</rt></ruby>えられるそうです。

男 うわ〜、そんなすばらしい<ruby>制度<rt>せいど</rt></ruby>もあるの?

女 ええ、でも…。

男 あれ、あんまり乗り気じゃないようだね。もしかして、待遇があまりよくないとか? ダメだよ、今時そんな贅沢言っちゃ。

女 いいえ、違います。給料も納得できる額ですし。ただ遠距離通勤になるのが、ちょっと気がかりです。

男 遠距離通勤? どのぐらいかかるの?

女 片道2時間ぐらいです。

男 片道2時間も? それは大変だね…。でも、その会社って格安の社宅があるから、それは大丈夫だろう。

女 あ、そうですか。でも、実は、もっと重要な問題がありまして…。

男 もっと重要な問題? 何それ?

女 実は、私がやりたい職種とはちょっと違うようで…。

男 やりたい職種と違う?

女 ええ、外回りだけはどうしても…。

男 あ、そうか…。それはしょうがないよね。

여 일전에는 취직자리를 소개해 주셔서 정말로 감사했습니다.

남 그래서 어땠어?

여 네, 모두 친절하고, 회사 분위기도 아주 좋았어요.

남 아, 그래, 그거 다행이네.

여 게다가 우수사원에 뽑히면 해외연수 기회도 주어진대요.

남 우와~, 그런 훌륭한 제도도 있어?

여 네, 그런데….

남 어, 별로 내키지 않는 것 같네. 혹시 대우가 별로 좋지 않다든가? 안 돼, 요즘 그런 배부른 소리 하면.

여 아니요, 그렇지 않아요. 월급도 납득할 수 있는 액수이고. 다만 원거리 통근이 되는 게 좀 마음에 걸려요.

남 원거리 통근? 어느 정도 걸려?

여 편도 2시간 정도요.

남 편도 2시간이나? 그건 힘들겠네…. 하지만 그 회사는 아주 싼 사택이 있으니까, 그건 괜찮겠지.

여 아, 그래요? 하지만 실은 더 중요한 문제가 있어서요….

남 더 중요한 문제? 뭐야 그게?

여 실은 제가 하고 싶은 직종과는 좀 다른 거 같아서요….

남 하고 싶은 직종과 달라?

여 네, 외근만은 도저히….

남 아, 그래…. 그건 어쩔 수 없지.

| 어휘 | 断(ことわ)る 거절하다　先日(せんじつ) 일전
就職先(しゅうしょくさき) 취직처, 취직자리
~ていただく (남에게) ~해 받다 *『~てもらう』의 공손한 표현
優秀(ゆうしゅう) 우수　研修(けんしゅう) 연수
与(あた)える 주다　乗(の)り気(き) 마음이 내킴
もしかして 혹시　待遇(たいぐう) 대우　今時(いまどき) 요즘
贅沢(ぜいたく) 사치, 분에 넘침　給料(きゅうりょう) 급료, 월급
納得(なっとく) 납득　額(がく) 액수, 금액
遠距離(えんきょり) 원거리　通勤(つうきん) 통근
気(き)がかり 마음에 걸림, 걱정, 염려　片道(かたみち) 편도
格安(かくやす) 아주 쌈　社宅(しゃたく) 사택
職種(しょくしゅ) 직종　外回(そとまわ)り 외근
しょうがない 어쩔 수 없다

女の学生が断りたい、本当の理由は何ですか。

1 仕事の内容が気に入らないから
2 遠距離通勤になってしまうから
3 給料の額が納得できないから
4 社宅に入れそうにないから

여학생이 거절하고 싶은 진짜 이유는 무엇입니까?

1 업무 내용이 마음에 들지 않아서
2 원거리 통근이 되어 버려서
3 월급 액수를 납득할 수 없어서
4 사택에 들어갈 수 있을 것 같지 않아서

| 어휘 | 気(き)に入(い)る 마음에 들다
동사의 ます형+そうにない ~할 것 같지 않다

問題 2-6番 🎧 48

男の人と女の人が話しています。男の人は雨水を貯める一番の目的は何だと言っていますか。

남자와 여자가 이야기하고 있습니다. 남자는 빗물을 모으는 가장 큰 목적은 무엇이라고 말하고 있습니까?

男 この間、久しぶりに田舎へ行ってきたんだけど、僕の田舎では、雨水を貯めるための貯水槽を作る家が多かった。

女 でも、それってけっこう高いんじゃない?

男 あ、自治体が補助金を出してくれるから、そんなに負担にならないらしいよ。

女 へ～、でも雨水って、飲料水には使えないでしょ? トイレの水か植物の水やりぐらいにしか使えないんじゃないの? それじゃ、大して節水にもならないね。

男 ふん、ちょっと違うね、節水だけが目的じゃないから。例えば、短時間に大量の雨が降った時、一度に雨水が下水道に流れ込んで、下水が溢れるってことあるよね。

女 あ、わかった。だから一時的に雨水を貯めておければ、下水が溢れることが防げるってことだよね。

男 そうそう。

女 てっきり節水のことかと思ったわよ。

남 요전에 오랜만에 고향에 다녀왔는데, 내 고향에서는 빗물을 모으기 위한 저수조를 만드는 집이 많았어.

여 그런데 그거 꽤 비싸지 않아?

남 아, 자치단체가 보조금을 내주니까, 그렇게 부담이 되지 않는 것 같아.

여 허~, 하지만 빗물은 음료수로는 사용할 수 없지 않아? 화장실 물이나 식물 물주기 정도밖에 사용할 수 없는 거 아니야? 그래서는 그다지 절수도 되지 않겠네.

남 흠, 좀 다르지. 절수만이 목적이 아니니까. 예를 들면 단시간에 대량의 비가 내렸을 때, 한번에 빗물이 하수도에 흘러들어서 하수가 넘치는 경우가 있잖아.

여 아, 알겠다. 그러니까 일시적으로 빗물을 모아 두면 하수가 넘치는 걸 막을 수 있다는 거지?

남 맞아맞아.

여 틀림없이 절수인가 생각했어.

| 어휘 | 雨水(あまみず) 빗물　貯(た)める 모으다
田舎(いなか) 시골, 고향　貯水槽(ちょすいそう) 저수조
自治体(じちたい) 자치단체　補助金(ほじょきん) 보조금
負担(ふたん) 부담　飲料水(いんりょうすい) 음료수
トイレ 화장실　植物(しょくぶつ) 식물　水(みず)やり 물주기
大(たい)して (뒤에 부정의 말을 수반하여) 그다지, 별로
節水(せっすい) 절수　短時間(たんじかん) 단시간
大量(たいりょう) 대량　下水道(げすいどう) 하수도
流(なが)れ込(こ)む 흘러들다　溢(あふ)れる 넘치다
一時的(いちじてき) 일시적　防(ふせ)ぐ 막다
てっきり 틀림없이, 꼭

男の人は雨水を貯める、一番の目的は何だと言っていますか。
1 雨水をトイレの水に使うため
2 **下水の逆流を未然に防止するため**
3 雨水を農業に利用するため
4 雨水を使うことで節水効果を高めるため
남자는 빗물을 모으는 가장 큰 목적은 무엇이라고 말하고 있습니까?
1 빗물을 화장실 물로 사용하기 위해
2 하수 역류를 미연에 방지하기 위해
3 빗물을 농업에 이용하기 위해
4 빗물을 사용함으로써 절수효과를 높이기 위해
| 어휘 | 逆流(ぎゃくりゅう) 역류　未然(みぜん) 미연
防止(ぼうし) 방지　効果(こうか) 효과　高(たか)める 높이다

問題 2-7番 🎧 49

男の人と女の人がある会社の取り組みについて話しています。この会社の売り上げが伸びた、一番の理由は何だと言っていますか。

남자와 여자가 어느 회사의 대처에 대해서 이야기하고 있습니다. 이 회사의 매상이 늘어난 가장 큰 이유는 무엇이라고 말하고 있습니까?

男 この新聞記事、見た？面白いのが載ってるよ。

女 どれどれ？あ、この記事なら私も見た。消費者の意見に注目して売り上げを伸ばした、ファッションメーカーの記事でしょ。

男 そうそう、この会社はこれまで、売り上げを伸ばそうと、広告モデルに有名タレントやアイドル歌手を使ってきたんだけど、なかなか成果を上げることができなかったんだって。

女 へ～、そうなんだ。

男 しかし、ある消費者から、服を買う時、店員がついてくるのが気になって、ゆっくり選べないという意見が出てきたので、今年からは何もせずに、ちょっと離れて見守ることにしたんだって。すると一気に売り上げが伸びたそうだよ。

女 そう言えば、ちょっと店の服に触っただけで「それ、かわいいですよね～」とか「今日入荷したばかりなんですよ～」とか、やたらと話しかけてきて、ゆっくり店内を見ることができない場合が多いわね。

男 やっぱり、お客さまに気持ちよく、お買い物してもらうことが一番だよね。

女 本当、その通り。

男 また、今後この会社では、客に自分の写真をパソコンに取り込んでもらって、その写真に基づいて、その人に合った服装を提案するというサービスも導入するんだって。

女 あら、そんなこともできるの？

남　이 신문기사, 봤어? 재미있는 게 실려 있어.

여　어디어디? 아, 이 기사라면 나도 봤어. 소비자의 의견에 주목해서 매상을 늘린, 패션회사의 기사 말이지?

남　맞아맞아, 이 회사는 지금까지 매상을 늘리려고 광고모델에 유명 탤런트나 아이돌 가수를 써 왔는데, 좀처럼 성과를 올릴 수 없었대.

여　허~, 그렇구나.

남　그러나 어느 소비자로부터 옷을 살 때 점원이 따라오는 게 신경 쓰여서 느긋하게 고를 수 없다는 의견이 나와서, 올해부터는 아무것도 하지 않고 좀 떨어져서 지켜보기로 했대. 그러자 단숨에 매상이 늘어났대.

여　그러고 보니 좀 가게 옷을 만졌을 뿐인데 '그거, 귀엽죠~?'라든가 '오늘 막 입하된 거예요~'라든가 무턱대고 말을 걸어와서 천천히 가게 안을 볼 수 없는 경우가 많지.

남　역시 손님이 기분 좋게 쇼핑할 수 있는 게 제일이지.

여　진짜, 그 말이 맞아.

남　또 앞으로 이 회사에서는 손님에게 자신의 사진을 컴퓨터에 넣게 해서 그 사진에 근거해, 그 사람에게 맞는 복장을 제안한다는 서비스도 도입한다.

여　어머, 그런 것도 가능해?

| 어휘 | 取(と)り組(く)み 대처　売(う)り上(あ)げ 판매액, 매상
伸(の)びる 신장하다, 늘다　載(の)る (신문·잡지에) 실리다
消費者(しょうひしゃ) 소비자　注目(ちゅうもく) 주목
伸(の)ばす 신장시키다, 늘리다
メーカー 메이커, 유명한 제조회사　広告(こうこく) 광고
アイドル歌手(かしゅ) 아이돌 가수　成果(せいか) 성과
上(あ)げる (성과·수익 등을) 올리다
ついてくる 따라오다　気(き)になる 신경 쓰이다
ゆっくり 천천히, 느긋하게
離(はな)れる 떨어지다　見守(みまも)る 지켜보다
すると 그러자　一気(いっき)に 단숨에
触(さわ)る (가볍게) 닿다, 만지다　入荷(にゅうか) 입하
동사의 た형+ばかりだ 막 ~한 참이다, ~한 지 얼마 안 되다
やたら 무턱대고, 함부로　話(はな)しかける 말을 걸다
店内(てんない) 점내, 가게 안
その通(とお)り 그대로, 그 말이 맞음　今後(こんご) 금후, 앞으로
取(と)り込(こ)む 안으로 집어넣다　基(もと)づく 의거[근거]하다
合(あ)う 어울리다, 맞다　導入(どうにゅう) 도입

この会社の売り上げが伸びた、一番の理由は何だと言っていますか。

1 広告モデルに有名芸能人を起用したこと

2 パソコンで客のニーズが把握できるようになったこと

3 店内でゆっくり買い物ができるようになったこと

4 消費者のニーズに合わせて商品を開発したこと

이 회사의 매상이 늘어난 가장 큰 이유는 무엇이라고 말하고 있습니까?

1 광고 모델에 유명 연예인을 기용한 것
2 컴퓨터로 손님의 요구를 파악할 수 있게 된 것
3 가게 안에서 천천히 쇼핑할 수 있게 된 것
4 소비자의 요구에 맞추어 상품을 개발한 것

| 어휘 | 芸能人(げいのうじん) 연예인　起用(きよう) 기용
ニーズ 니즈, 요구　把握(はあく) 파악　合(あ)わせる 맞추다

問題 3-1番 🎧 50

お医者さんが話しています。

의사가 이야기하고 있습니다.

女　現在の日本人の食生活では、ナトリウムの過剰摂取による高血圧や癌を主とする生活習慣病が問題となっています。日本高血圧学会の高血圧治療ガイドラインでは、食塩摂取量として1日6g以下が推奨されています。塩、醤油、味噌などの食塩を多く含む調味料以外で食塩が多く含まれているものに、ハム、ウインナー、練り製品、即席めんなどの加工食品や野菜の漬物などがあります。これらの食品を摂りすぎないように注意しましょう。また、汁物にも食塩は多く含まれるので、具だくさんの味噌汁にしたり、ラーメンやうどんなどを食べる時は、汁は飲まずに残すようにしましょう。とにかく、薄味に慣れることがポイントだと言えます。しかし健康に特に問題のない高齢者の場合は、無理な減塩は食欲低下や脱水症状を起こすことがありますので、極端な塩分制限には注意が必要です。

여　현재의 일본인의 식생활에서는 나트륨 과잉섭취에 의한 고혈압과 암을 주로 하는 생활습관병이 문제가 되고 있습니다. 일본고혈압학회 고혈압치료 가이드라인에서는 식염 섭취량으로 하루 6g 이하가 권장되고 있습니다. 소금, 간장, 된장 등의 식염을 많이 포함하는 조미료 이외에 식염이 많이 포함되어 있는 것에 햄, 비엔나 소시지, 어묵제품, 즉석면 등의 가공식품과 채소절임 등이 있습니다. 이들 식품을 너무 섭취하지 않도록 주의합시다. 또한 국에도 식염은 많이 포함되므로, 건더기가 많은 된장국으로 하거나 라면이나 우동 등을 먹을 때에는 국물은 마시지 말고 남기도록 합시다. 어쨌든 삼삼한 맛에 익숙해지는 것이 포인트라고 할 수 있습니다. 그러나 건강에 특별히 문제가 없는 고령자의 경우에는 무리한 감염은 식욕저하와

탈수증상을 일으키는 경우가 있으니, 극단적인 염분 제한에는 주의가 필요합니다.

|어휘| 食生活(しょくせいかつ) 식생활　ナトリウム 나트륨
過剰(かじょう) 과잉　摂取(せっしゅ) 섭취
高血圧(こうけつあつ) 고혈압　癌(がん) 암
主(しゅ)とする 주로 하다　治療(ちりょう) 치료
ガイドライン 가이드라인, 지침　食塩(しょくえん) 식염
推奨(すいしょう) 추장, 추천하여 권함　塩(しお) 소금
醤油(しょうゆ) 간장　味噌(みそ) 된장
含(ふく)む 포함하다　調味料(ちょうみりょう) 조미료
ウインナー 비엔나 소시지 *『ウインナーソーセージ』의 준말
練(ね)り製品(せいひん) 어묵제품　即席(そくせき)めん 즉석면
加工(かこう) 가공　漬物(つけもの) 소금·식초·된장·누룩 등에
절인 저장식품의 총칭, 특히 채소절임
摂(と)る 섭취하다　汁物(しるもの) 국
具(ぐ) (요리에서) 소, 건더기　味噌汁(みそしる) 된장국
汁(しる) 국, 국물　残(のこ)す 남기다　とにかく 어쨌든
薄味(うすあじ) 삼삼한 맛　慣(な)れる 익숙해지다
高齢者(こうれいしゃ) 고령자
減塩(げんえん) 감염, 염분의 섭취량을 줄임
食欲(しょくよく) 식욕　低下(ていか) 저하
脱水症(だっすいしょう) 탈수증
起(お)こす (나쁜 상태를) 일으키다　極端(きょくたん) 극단

この話の主な内容は何ですか。

1 極端な塩分制限の副作用
2 塩分摂取量を減らす方法
3 塩分摂取量と高齢者の健康
4 塩分摂取量激減の問題

이 이야기의 주된 내용은 무엇입니까?
1 극단적인 염분 제한의 부작용
2 염분 섭취량을 줄이는 방법
3 염분 섭취량과 고령자의 건강
4 염분 섭취량 격감의 문제

|어휘| 副作用(ふくさよう) 부작용　減(へ)らす 줄이다
激減(げきげん) 격감

問題 3-2番 🎧 51

獣医師(じゅういし)が話(はな)しています。

수의사가 이야기하고 있습니다.

男 近年、犬の飼育頭数は微減傾向にあり、猫もほぼ横ばいで推移しています。その一方、ペットの種類は多様化しています。ウサギやハリネズミをはじめ、イグアナ、フクロウ、カワウソ、ヘビなどの珍しいペットを飼育する人も増えてきました。ただ、現在の獣医療は

犬と猫が中心なので、動物病院によっては、診療するペットを犬と猫に限っているところも少なくないのが現状です。珍しいペットを飼育している場合、病気になった時に診察してもらえる動物病院を予め探しておくことがより重要になるわけです。

여 근래 개 사육 마리수는 조금 줄어드는 경향에 있으며, 고양이도 거의 보합 상태로 변화하고 있습니다. 그 한편, 애완동물의 종류는 다양화되고 있습니다. 토끼나 고슴도치를 비롯해 이구아나, 올빼미, 수달, 뱀 등의 진귀한 애완동물을 사육하는 사람도 늘어나기 시작했습니다. 다만, 현재의 동물의료는 개와 고양이가 중심이므로, 동물병원에 따라서는 진료하는 애완동물을 개와 고양이로 제한하는 곳도 적지 않은 것이 현상입니다. 진귀한 애완동물을 사육하고 있는 경우, 아플 때에 진찰받을 수 있는 동물병원을 미리 찾아 두는 것이 보다 중요해지는 것입니다.

|어휘| 獣医師(じゅういし) 수의사　飼育(しいく) 사육
頭数(とうすう) 두수, 마리수　微減(びげん) 미감, 조금 줄어듦
傾向(けいこう) 경향　ほぼ 거의　横(よこ)ばい 보합 상태
推移(すいい) 추이, 변화　ペット 페트, 애완동물
多様化(たようか) 다양화　ウサギ 토끼　ハリネズミ 고슴도치
〜をはじめ 〜을 비롯해　イグアナ 이구아나　フクロウ 올빼미
カワウソ 수달　ヘビ 뱀　珍(めずら)しい 드물다, 진귀하다
獣医療(じゅういりょう) 동물의료　診療(しんりょう) 진료
限(かぎ)る 제한하다, 한정하다
現状(げんじょう) 현상, 현재의 상태　診察(しんさつ) 진찰
予(あらかじ)め 미리, 사전에　探(さが)す 찾다
より 보다, 더욱더　〜わけだ 〜인 것[셈]이다

この獣医師は何について話していますか。

1 動物病院の多様化
2 珍しい動物の飼育方法
3 ペットの種類の多様化
4 動物の餌やり体験

이 수의사는 무엇에 대해서 이야기하고 있습니까?
1 동물병원의 다양화
2 진귀한 동물의 사육방법
3 애완동물의 다양화
4 동물 먹이주기 체험

|어휘| 餌(えさ)やり体験(たいけん) 먹이주기 체험

問題 3-3番 🎧52

じゅうたくせんもん か はな
住宅専門家が話しています。

주택전문가가 이야기하고 있습니다.

女 結婚についての考え方や働き方が変わり、
４０代の独身女性が増えています。女性の生
涯未婚率は、この10年間でほぼ倍増したとい
う試算も出ています。そんな４０代の独身女
性の間で、住まいを購入する動きが広がって
おり、持ち家率が増加傾向にあります。結婚
にこだわらず、「お一人さま」で過ごす生涯を
見据えた選択でしょうか。いい意味で、男性
を当てにしない、期待していない人が多くな
ったと思います。自分でやる方が確実と考え
て住宅購入に至る、先を考えた賢い真面目な
人たちでしょう。それから、家賃や更新料が
「もったいない」という気持ちが住まいの購入
に至る理由としては大きいようです。たとえ
ローンはあっても、それまでの家賃と比べる
と、少なくともお金を捨てることにはならな
いからです。

여 결혼에 대한 사고방식과 일하는 방식이 바뀌어, 40대 독신여
성이 늘어나고 있습니다. 여성의 생애미혼율은 최근 10년 사
이에 거의 배로 늘어났다는 시산도 나오고 있습니다. 그런 40
대 독신여성 사이에서 집을 구입하는 움직임이 확산되고 있
으며, 자가 보유율이 증가 경향에 있습니다. 결혼에 연연하
지 않으며, '독신'으로 보내는 생애를 주시한 선택일까요? 좋
은 의미에서 남성을 의지하지 않는, 기대하고 있지 않는 사람
이 많아졌다고 생각합니다. 자신이 하는 편이 확실하다고 생
각하여 주택구입에 이르는, 앞날을 생각한 현명하고 성실한
사람들이겠지요. 그리고 집세나 (재계약) 갱신료가 '아깝다'는
기분이 주거지 구입에 이르는 이유로서는 큰 것 같습니다. 설
령 대출은 있더라도 그때까지의 집세와 비교하면 적어도 돈
을 버리는 것에는 되지 않기 때문입니다.

| 어휘 | 考(かんが)え方(かた) 사고방식
働(はたら)き方(かた) 일하는 방식 変(か)わる 바뀌다
独身(どくしん) 독신
生涯未婚率(しょうがいみこんりつ) 생애미혼율, 50세까지 결혼
한 적 없는 사람의 비율
この 최근의, 요 倍増(ばいぞう) 배증, 배가
試算(しさん) 시산, 어림잡기 위한 시험적인 계산
住(す)まい 집, 주거 購入(こうにゅう) 구입

動(うご)き 움직임 広(ひろ)がる 확산되다
持(も)ち家(いえ) 자기집, 자가 こだわる 구애되다
過(す)ごす (시간을) 보내다 見据(みす)える 응시하다, 주시하다
当(あ)てにする 기대다, 의지하다 至(いた)る 이르다, 다다르다
先(さき) 장래, 앞날 賢(かしこ)い 현명하다, 영리하다
真面目(まじめ) 착실함, 성실함 家賃(やちん) 집세
更新料(こうしんりょう) 갱신료 もったいない 아깝다
たとえ〜ても 설령 〜하더라도 ローン 대출
比(くら)べる 비교하다 少(すく)なくとも 적어도
捨(す)てる 버리다

はなし おも ないよう なん
この話の主な内容は何ですか。
1 ４０代の独身女性が家を買う理由
2 ４０代の独身女性が結婚しない理由
3 ４０代の独身女性が相手を選ぶ方法
4 ４０代の独身女性の男性観

이 이야기의 주된 내용은 무엇입니까?
1 40대 독신여성이 집을 사는 이유
2 40대 독신여성이 결혼하지 않는 이유
3 40대 독신여성이 상대를 고르는 방법
4 40대 독신여성의 남성관
| 어휘 | 選(えら)ぶ 고르다, 선택하다
男性観(だんせいかん) 남성관

問題 3-4番 🎧53

おとこ ひと はな
男の人が話しています。

남자가 이야기하고 있습니다.

男 年末年始になると、忘年会や新年会のため
に、飲食店の予約を取る機会が増えるでしょ
う。困るのは、予定が急きょ変わったりして、
予約をキャンセルせざるを得なくなった時で
すが、何の連絡もせずに、無断キャンセルを
してしまうことです。飲食店関係者の話によ
ると、こういった無断キャンセルは最近にな
って増加したわけではありません。飲食業界
が長年、頭を悩ませてきた問題ですが、最近
になって世間一般に知られるようになったの
は、SNSが普及してからだそうです。ホテル
などでは、オンライン決済が進み、事前にカ
ードで支払いが済んでいるなど、キャンセル
で客が「損」をする場合もあり、無断キャンセ
ルがしにくい仕組みが浸透しています。

一方、飲食店ではキャンセル料を請求するなどの無断キャンセル対策を行っていたのは、ごく一部に限られています。私は、飲食店側にもキャンセル料も含めた、キャンセルポリシーを明示することや予約の再確認の徹底など、無断キャンセルを防ぐ手立てを講じる必要があると思うのです。

この人が一番言いたいことは何ですか。
1 飲食業界の年末年始営業について
2 飲食業界とSNSの普及との関係について
3 飲食業界のオンライン決済について
4 飲食業界のドタキャン対策について

이 사람이 가장 하고 싶은 말은 무엇입니까?
1 음식업계의 연말연시 영업에 대해서
2 음식업계와 SNS 보급과의 관계에 대해서
3 음식업계의 온라인 결제에 대해서
4 음식업계의 직전예약취소 대책에 대해서

| 어휘 | ドタキャン 직전이 되어서 약속을 취소함 *「土壇場(どたんば: 막판)+キャンセル(취소)」의 합성어

問題 3-5番 🎧 54

ある自治体の人が話しています。

어느 자치단체 사람이 이야기하고 있습니다.

남 연말연시가 되면 송년회나 신년회 때문에 음식점 예약을 하는 기회가 늘어날 겁니다. 곤란한 것은 예정이 갑자스럽게 바뀌거나 하여 예약을 취소하지 않을 수 없게 되었을 때인데, 아무런 연락도 하지 않고 무단취소를 해 버리는 일입니다. 음식점 관계자의 이야기에 의하면 이러한 무단취소는 최근에 들어 증가한 것은 아닙니다. 음식업계가 오랫동안 골머리를 앓아온 문제입니다만, 최근에 들어 세상 일반에 알려지게 된 것은 SNS가 보급되고 나서라고 합니다. 호텔 등에서는 온라인 결제가 발달하여, 사전에 카드로 지불이 끝나 있는 등, 취소로 손님이 '손해'를 보는 경우도 있어, 무단취소를 하기 어려운 시스템이 침투해 있습니다. 한편, 음식점에서는 취소료를 청구하는 등의 무단취소대책을 행하고 있는 곳은 극히 일부에 제한되어 있습니다. 저는 음식점 측에도 취소료도 포함한, 취소정책을 명시할 것과 예약 재확인의 철저 등, 무단취소를 막을 수단을 강구할 필요가 있다고 생각합니다.

女 町内会は同じ地域に住む住民同士で組織された団体で、総務省の調査では、こうした「地縁団体」は現在、全国に29万8,700あるそうです。任意団体で、住民に加入の義務はありません。町内会費は東京23区など、都市部では月額100から300円のところが多いのですが、地方では1,000円を超えるところもあるといいます。インターネット上では今、この町内会の活動に対して「親睦会や旅行は、役員が私的に楽しんでいるだけだから要らない」「道路のゴミ拾いは行政がやればいい」「回覧板を見るのが面倒」などと批判する人もいます。さらに、都市部では、同じ地域に住んでいても人々の生活スタイルはバラバラです。SNSの普及により、プライベートでの人との繋がりは、地域よりも趣味や世代がベースになりつつあります。こうした変化もあって町内会の加入率は減少傾向にあります。

| 어휘 | 年末年始(ねんまつねんし) 연말연시
忘年会(ぼうねんかい) 망년회, 송년회
新年会(しんねんかい) 신년회
飲食店(いんしょくてん) 음식점
予約(よやく)を取(と)る 예약을 하다
増(ふ)える 늘다, 증가하다 困(こま)る 곤란하다
急(きゅう)きょ 급거, 갑작스럽게 キャンセル 캔슬, 취소
~ざるを得(え)ない ~하지 않을 수 없다, ~할[하는] 수밖에
何(なん)の 아무런 連絡(れんらく) 연락
~ずに ~하지 않고, ~하지 말고 無断(むだん) 무단
こういった 이러한 ~わけではない ~인 것은[것이] 아니다
長年(ながねん) 오랫동안
頭(あたま)を悩(なや)ませる 골머리를 앓다
世間(せけん) 세간, 세상 知(し)られる 알려지다
普及(ふきゅう) 보급 オンライン決済(けっさい) 온라인 결제
進(すす)む 나아가다, 발달하다 事前(じぜん) 사전
支払(しはら)い 지불 済(す)む (일이) 완료되다, 끝나다
損(そん)をする 손해를 보다 仕組(しく)み 짜임새, 구조, 시스템
浸透(しんとう) 침투 請求(せいきゅう) 청구 ごく 극히
限(かぎ)る 한정하다, 제한하다 含(ふく)める 포함하다
ポリシー 폴리시, 정책 明示(めいじ) 명시 徹底(てってい) 철저
防(ふせ)ぐ 막다 手立(てだ)て 수단
講(こう)じる 강구하다

언어지식 독해 청해

여 마을주민회는 같은 지역에 사는 주민끼리로 조직된 단체로, 총무성 조사에서는 이러한 '지연단체'는 현재 전국에 29만 8,700개가 있다고 합니다. 임의단체로 주민에게 가입 의무는 없습니다. 마을주민회비는 도쿄 23구 등 도시부에서는 월 액 100엔부터 300엔인 곳이 많습니다만, 지방에서는 1,000엔을 넘는 곳도 있다고 합니다. 인터넷상에서는 지금 이 마을주민회의 활동에 대해서 '친목회나 여행은 임원이 사적으로 즐기고 있을 뿐이니 필요없다', '도로의 쓰레기 줍기는 행정이 하면 된다', '회람판을 보는 것이 귀찮음' 등 비판하는 사람도 있습니다. 더욱이 도시부에서는 같은 지역에 살고 있어도 사람들의 생활 스타일은 제각각입니다. SNS 보급에 의해 사적인 남과의 관계는 지역보다도 취미나 세대가 토대가 되고 있습니다. 이러한 변화도 있어서 마을주민회 가입률은 감소 경향에 있습니다.

| 어휘 | 自治体(じちたい) 자치단체
町内会(ちょうないかい) 마을주민회
~同士(どうし) ~끼리 組織(そしき) 조직
総務省(そうむしょう) 총무성 *행정관리 · 지방자치 · 방송 · 우정 사업 등을 관장하는 중앙행정기관
地縁(ちえん) 지연 任意(にんい) 임의 加入(かにゅう) 가입
義務(ぎむ) 의무 月額(げつがく) 월액, 1개월당 금액
超(こ)える (기준을) 넘다 親睦会(しんぼくかい) 친목회
役員(やくいん) (단체 · 회사의) 임원 私的(してき) 사적
要(い)る 필요하다 ゴミ拾(ひろ)い 휴지 줍기
行政(ぎょうせい) 행정 回覧板(かいらんばん) 회람판
面倒(めんどう) 귀찮음, 성가심 批判(ひはん) 비판
バラバラ 제각각 다른 모양 普及(ふきゅう) 보급
プライベート 프라이빗, 사적 繋(つな)がり 연관, 관계
世代(せだい) 세대 ベース 베이스, 토대
동사의 ます형+つつある ~하고 있다 減少(げんしょう) 감소

主(おも)に何(なに)について話(はな)していますか。

1 町内会存立(ちょうないかいそんりつ)の危機(きき)
2 町内会(ちょうないかい)の進(すす)むべき道(みち)
3 町内会(ちょうないかい)の資金(しきん)とその運営(うんえい)
4 町内会(ちょうないかい)の存在意義(そんざいいぎ)

주로 무엇에 대해서 이야기하고 있습니까?
1 마을주민회 존립의 위기
2 마을주민회의 나아가야 할 길
3 마을주민회의 자금과 그 운영
4 마을주민회의 존재 의의

| 어휘 | 存立(そんりつ) 존립 危機(きき) 위기
進(すす)む 나아가다 資金(しきん) 자금 運営(うんえい) 운영
意義(いぎ) 의의, 뜻

問題 3-6番 🎧 55

家庭問題(かていもんだい)の専門家(せんもんか)が話(はな)しています。

가정문제 전문가가 이야기하고 있습니다.

男 最近(さいきん)、モラハラという言葉(ことば)を耳(みみ)にする機会(きかい)が増(ふ)えましたが、一体(いったい)どのようなものでしょうか。ごく簡単(かんたん)に言(い)えば、モラハラは、精神的(せいしんてき)な暴力(ぼうりょく)、嫌(いや)がらせを指(さ)します。最近(さいきん)は、配偶者(はいぐうしゃ)からモラハラを受(う)けたと相談(そうだん)をされる方(かた)が増(ふ)えてきました。肉体的暴力(にくたいてきぼうりょく)に対(たい)する社会的非難(かいてきひなん)が高(たか)まった現在(げんざい)では、随分(ずいぶん)そのような事案(じあん)が減(へ)りましたが、モラハラのような精神的暴力(しんてきぼうりょく)は、加害者側(かがいしゃがわ)に罪(つみ)の意識(いしき)がないのか、増加傾向(ぞうかけいこう)にあると言(い)えます。もし配偶者(はいぐうしゃ)からモラハラを受(う)けたなら、どう対処(たいしょ)するべきでしょうか。まずは、離(はな)れることです。そのような状態(じょうたい)を継続(けいぞく)することは、自分(じぶん)のためにも、子供(こども)のためにもなりません。加害者(かがいしゃ)から離(はな)れた上(うえ)で、落(お)ち着(つ)いたら、今後(こんご)のことを冷静(れいせい)に話(はな)し合(あ)うため、第三者(だいさんしゃ)を間(あいだ)に入(い)れるべきです。円満(えんまん)な関係(かんけい)を復活(ふっかつ)させたいなら、親(おや)や共通(きょうつう)の知人(ちじん)を介(かい)するのが良(よ)いでしょう。ただし、モラハラの加害者(かがいしゃ)がモラハラを自覚(じかく)して、真面目(まじめ)に自己改造(じこかいぞう)に取(と)り組(く)んでくれるかが重要(じゅうよう)なポイントになります。

남 최근 모럴 허래스먼트라는 단어를 들을 기회가 늘어났습니다만, 도대체 어떤 것일까요? 극히 간단히 말하면 모럴 허래스먼트는 정신적인 폭력, 괴롭힘을 가리킵니다. 최근에는 배우자로부터 모럴 허래스먼트를 받았다며 상담을 하시는 분이 늘어나기 시작했습니다. 육체적 폭력에 대한 사회적 비난이 높아진 현재에는 꽤 그러한 사안이 줄었습니다만, 모럴 허래스먼트와 같은 정신적 폭력은 가해자 측에 죄의식이 없는 것인지, 증가 경향에 있다고 할 수 있습니다. 만약 배우자로부터 모럴 허래스먼트를 받았다면 어떻게 대처해야 할까요? 우선은 떨어지는 것입니다. 그러한 상태를 계속하는 것은 자신을 위해서도 자녀를 위해서도 좋지 않습니다. 가해자로부터 떨어진 다음에 안정되면 앞으로의 일을 냉정하게 의논하기 위해서 제삼자를 중간에 넣어야 합니다. 원만한 관계를 부활시키고 싶다면 부모나 공통된 지인을 중간에 세우는 것이 좋겠지요. 다만, 모럴 허래스먼트의 가해자가 모럴 허래스먼트를 자각하고 성실하게 자기개조에 몰두해 줄지가 중요한 포인트가 됩니다.

| 어휘 | モラハラ 모럴 허래스먼트, (언어나 태도 등에 의한) 정신적 폭력이나 학대 *「モラルハラスメント」의 준말
耳(みみ)にする 듣다 一体(いったい) 도대체 ごく 극히

暴力(ぼうりょく) 폭력　嫌(いや)がらせ 짓궂음, 괴롭힘
指(さ)す 가리키다　配偶者(はいぐうしゃ) 배우자
受(う)ける 받다　相談(そうだん) 상담
肉体的(にくたいてき) 육체적　避難(ひなん) 비난
高(たか)まる 높아지다　随分(ずいぶん) 꽤, 몹시
事案(じあん) 사안　減(へ)る 줄다, 적어지다
加害者(かがいしゃ) 가해자　罪(つみ) 죄　意識(いしき) 의식
対処(たいしょ) 대처　離(はな)れる (사이가) 떨어지다
継続(けいぞく) 계속　動詞のた형+上(うえ)で ～한 후에
落(お)ち着(つ)く 안정되다　今後(こんご) 금후, 앞으로
冷静(れいせい) 냉정　話(はな)し合(あ)う 의논하다
第三者(だいさんしゃ) 제삼자
間(あいだ)に入(い)れる 사이에 넣다　円満(えんまん) 원만
復活(ふっかつ) 부활　知人(ちじん) 지인
介(かい)する 중간에 세우다　自覚(じかく) 자각
真面目(まじめ) 착실함, 성실함
自己改造(じこかいぞう) 자기개조
取(と)り組(く)む 몰두하다

この話(はなし)の主(おも)な内容(ないよう)は何(なん)ですか。
1 家庭内暴力(かていないぼうりょく)の移(うつ)り変(か)わり
2 モラハラが起(お)こる原因(げんいん)とその対策(たいさく)
3 肉体的暴力(にくたいてきぼうりょく)と精神的暴力(せいしんてきぼうりょく)の違(ちが)い
4 モラハラの意味(いみ)とその対処法(たいしょほう)

이 이야기의 주된 내용은 무엇입니까?
1 가정내 폭력의 변천
2 모럴 허래스먼트가 일어나는 원인과 그 대책
3 육체적 폭력과 정신적 폭력의 차이
4 모럴 허래스먼트의 의미와 그 대처법

| 어휘 | 移(うつ)り変(か)わり 변천, 추이
対処法(たいしょほう) 대처법

問題 4-1番　🎧 56

男　新井(あらい)さん、いつ頃(ごろ)退院(たいいん)できそうですか。
女　1 たぶん、来週辺(らいしゅうあた)りになると思(おも)います。
　　2 入院(にゅういん)の手続(てつづ)きは、受付(うけつけ)で行(おこな)ってください。
　　3 いつでもいいから、また来(き)てくださいね。

남　아라이 씨, 언제쯤 퇴원할 수 있을 것 같아요?
여　1 아마 다음 주쯤이 될 것 같아요.
　　2 입원 수속은 접수처에서 해 주세요.
　　3 언제든지 좋으니까 오세요.

| 어휘 | いつ頃(ごろ) 언제쯤　退院(たいいん) 퇴원
たぶん 아마, 대개　～辺(あた)り (때에 관하여) ～쯤, ～경
手続(てつづ)き 수속　受付(うけつけ) 접수
行(おこな)う 하다, 행하다

問題 4-2番　🎧 57

男　竹内(たけうち)さんは何時頃(なんじごろ)お帰(かえ)りになりましたか。
女　1 私(わたし)は9時頃(くじごろ)お帰(かえ)りになりました。
　　2 私(わたし)は9時頃(くじごろ)帰(かえ)りました。
　　3 私(わたし)は9時頃(くじごろ)帰(かえ)られました。

남　다케우치 씨는 몇 시쯤 돌아오셨어요?
여　1 저는 9시쯤 돌아오셨어요.
　　2 저는 9시쯤 돌아왔어요.
　　3 저는 9시쯤 돌아오셨어요.

| 어휘 | お+동사의 ます형+になる ～하시다 *존경표현

問題 4-3番　🎧 58

女　すみません、この雑誌(ざっし)、持(も)ち出(だ)すことできますか。
男　1 こちらの餅(もち)がもっとおいしいですよ、安(やす)いし。
　　2 あ、それは新刊(しんかん)なので、館内利用(かんないりよう)のみとなっています。
　　3 あ、お持(も)ち帰(かえ)りですね、しばらくお待(ま)ちください。

여　저기요, 이 잡지, 반출할 수 있나요?
남　1 이쪽 떡이 더 맛있어요, 싸고.
　　2 아, 그건 신간이라서 관내 이용만으로 되어 있어요.
　　3 아, 테이크아웃이군요, 잠시 기다려 주세요.

| 어휘 | 雑誌(ざっし) 잡지
持(も)ち出(だ)す 가지고 밖으로 나가다, 반출하다
新刊(しんかん) 신간　館内(かんない) 관내　～のみ ～만, ～뿐
持(も)ち帰(かえ)り 산 물건을 직접 가지고 감, 테이크아웃
しばらく 잠시, 잠깐
お+동사의 ます형+ください ～해 주십시오 *존경표현

問題 4-4番　🎧 59

女　あ、来月(らいげつ)の社員旅行(しゃいんりょこう)の場所(ばしょ)ってもう決(き)まったっけ?
男　1 それが会社(かいしゃ)の事情(じじょう)で中止(ちゅうし)になりました。
　　2 社長(しゃちょう)は残念(ざんねん)ながら、行(い)かれないとのことです。
　　3 新入社員(しんにゅうしゃいん)も一緒(いっしょ)に行(い)くことになりました。

여 아, 다음 달 사원여행 장소는 벌써 정해졌던가?

남 **1 그게 회사 사정으로 중지되었어요.**

　　2 사장님은 아쉽지만, 가시지 않는다고 해요.

　　3 신입사원도 함께 가게 되었어요.

| 어휘 | 決(き)まる 결정되다, 정해지다
~っけ ~던가 *잊었던 일이나 불확실한 일을 상대방에게 질문하거나 확인함을 나타냄
事情(じじょう) 사정　中止(ちゅうし) 중지
残念(ざんねん) 아쉬움　~とのことだ ~라고 한다 *전문

問題 4-5番　🎧60

男 どうですか。仕事、はかどっていますか。

女 1 そうですね、まだ迷っているところなんです。

　　2 そうですね、このままじゃ、正確に計るのは無理ですね。

　　3 そうですね、お陰様で何とかやっています。

남 어때요? 일, 잘 되고 있어요?

여 1 글쎄요, 아직 고민하고 있는 중이에요.

　　2 글쎄요, 이대로라면 정확하게 측정하는 건 무리겠네요.

　　3 글쎄요, 덕분에 그럭저럭 하고 있어요.

| 어휘 | はかどる 진척되다, 일이 순조롭게 진행되다
~ているところだ ~하고 있는 중이다　このまま 이대로
計(はか)る (자 등으로) 재다, 측정하다
お陰様(かげさま)で 덕분에　何(なん)とか 어떻게든, 그럭저럭

問題 4-6番　🎧61

女 あ、申し訳ございませんが、店内は撮影禁止となっておりまして…。

男 **1 あ、すみません、気が付かなくて。**

　　2 あ、一緒に撮ってもいいんですか。

　　3 じゃあ、喫煙できる場所はどこですか。

남 아, 죄송한데요, 가게 안은 촬영금지로 되어 있어서요….

여 **1 아, 죄송합니다, 미처 몰랐네요.**

　　2 아, 함께 찍어도 되나요?

　　3 그럼, 흡연할 수 있는 장소는 어디예요?

| 어휘 | 申(もう)し訳(わけ)ない 미안하다
店内(てんない) 점내, 가게 안
撮影禁止(さつえいきんし) 촬영금지
気(き)が付(つ)く 깨닫다, 알아차리다　撮(と)る (사진을) 찍다
喫煙(きつえん) 흡연

問題 4-7番　🎧62

男 テレビの音がちょっと大きすぎませんか。

女 1 ええ、けっこう高かったんですよ。

　　2 音量を絞りましょうか。

　　3 どうして雑音が入るんでしょうね。

남 TV 소리가 좀 너무 크지 않나요?

여 1 네, 꽤 비쌌어요.

　　2 음량을 줄일까요?

　　3 왜 잡음이 들어가는 걸까요?

| 어휘 | けっこう(結構) 제법, 꽤　高(たか)い 비싸다
音量(おんりょう)を絞(しぼ)る 음량을 줄이다
雑音(ざつおん)が入(はい)る 잡음이 들어가다

問題 4-8番　🎧63

女 お料理が冷めないうちに、どうぞ召し上がってください。

男 1 あ、これ、冷めたらもっとおいしくなりますね。

　　2 お茶を入れますので、少々お待ちください。

　　3 はい、では、遠慮なくいただきます。

여 요리가 식기 전에 어서 드세요.

남 1 아, 이거 식으면 더 맛있어지죠?

　　2 차를 내올 테니, 잠시 기다려 주세요.

　　3 예, 그럼, 사양하지 않고 먹겠습니다.

| 어휘 | 冷(さ)める 식다　~ないうちに ~하기 전에
召(め)し上(あ)がる 드시다
お茶(ちゃ)を入(い)れる 차를 끓여 내다
遠慮(えんりょ)なく 사양하지 않고

問題 4-9番　🎧64

女 最近、うっとうしい毎日が続いていますね。

男 1 爽やかで気持ちいいですね。

　　2 もともと冷たい人ですからね。

　　3 気晴らしにドライブにでも行きますか。

여 요즘 울적한 매일이 계속되고 있네요.

남 1 상쾌하고 기분 좋네요.

　　2 원래 냉정한 사람이니까요.

　　3 기분전환하러 드라이브라도 갈까요?

| 어휘 | うっとうしい 울적하다, 마음이 개운치 않다

77

爽(さわ)やか 상쾌함, 산뜻함　もともと 본디부터, 원래
気晴(きば)らし 기분전환

問題 4-10番　🎧65

男	あの、日本円をユーロに両替(りょうがえ)したいんですが。
女	1 すみません、あいにくお釣(つ)りがないものですから。
	2 すみません、外国為替(がいこくかわせ)の窓口(まどぐち)は2階(かい)にございます。
	3 すみません、借金(しゃっきん)の清算(せいさん)がまだ終(お)わっていないんで。

남　저기, 일본엔을 유로화로 환전하고 싶은데요.
여　1 죄송합니다, 마침 거스름돈이 없어서요.
　　2 죄송합니다, 외환 창구는 2층에 있습니다.
　　3 죄송합니다, 빚 청산이 아직 끝나지 않아서요.

| 어휘 | ユーロ 유로(화)　両替(りょうがえ) 환전
あいにく 공교롭게(도), (때)마침　お釣(つ)り 거스름돈
外国為替(がいこくかわせ) 외국환, 외환　窓口(まどぐち) 창구
借金(しゃっきん) 돈을 꿈, 빚　清算(せいさん) 청산

問題 4-11番　🎧66

女	太田(おおた)さんのところのお子(こ)さんたちは瓜二(うりふた)つですよね。
男	1 あ、おめでとうございます。いつ生(う)まれましたか。
	2 いや、瓜(うり)はあまり好(す)きじゃないです。
	3 ええ、二人(ふたり)は本当(ほんとう)に似(に)ていますよね。

여　오타 씨 댁의 자녀분들은 꼭 닮았네요.
남　1 아, 축하드려요. 언제 태어났어요?
　　2 아니, 오이는 별로 좋아하지 않아요.
　　3 네, 두 사람은 정말로 닮았네요.

| 어휘 | 瓜二(うりふた)つ 꼭 닮음 *참외를 두 개로 나눈 것처럼
형제 등이 매우 닮은 모습을 일컫는 말
生(う)まれる 태어나다　似(に)る 닮다

問題 4-12番　🎧67

男	田中(たなか)さん、ぐずぐずしないで、早(はや)く決(き)めればいいのに…。
女	1 人(ひと)は悪(わる)くないけど、ちょっと優柔不断(ゆうじゅうふだん)だよね。
	2 もっと時間(じかん)をかけてじっくり取(と)り組(く)みたいね。
	3 あ、もうこんな時間(じかん)? 今日(きょう)はこの辺(へん)で失礼(しつれい)するわ。

남　다나카 씨, 꾸물대지 말고 빨리 결정하면 좋으련만….
여　**1 사람은 나쁘지 않은데, 좀 우유부단하지.**
　　2 좀 더 시간을 들여서 차분히 대처하고 싶어.
　　3 아, 벌써 이런 시간? 오늘은 이쯤에서 실례할게.

| 어휘 | ぐずぐず 꾸물꾸물 *판단・행동이 느리고 굼뜬 모양
決(き)める 결정하다, 정하다　〜のに 〜텐데, 〜련만
優柔不断(ゆうじゅうふだん) 우유부단
かける (돈・시간을) 들이다　じっくり 차분히
取(と)り組(く)む 대처하다　この辺(へん) 이 정도, 이쯤

問題 4-13番　🎧68

女	由美(ゆみ)さんの結婚式(けっこんしき)のお祝(いわ)いだけど、これくらいでいいかな?
男	1 ご結婚(けっこん)、おめでとうございます。
	2 気(き)は心(こころ)ですから、いいんじゃないですか。
	3 ご招待(しょうたい)いただき、ありがとうございます。

여　유미 씨 결혼 축의금 말인데, 이 정도로 괜찮을까?
남　1 결혼, 축하드립니다.
　　2 정성이 중요하니까, 괜찮지 않아요?
　　3 초대해 주셔서 감사합니다.

| 어휘 | お祝(いわ)い 축하 선물, 축의금
気(き)は心(こころ) 변변치 않고 얼마 되지 않지만 정성이 담겨 있음 *선물 등을 할 때 쓰는 말
ご+한자 명사+いただく 〜해 받다, 〜해 주시다 *「〜てもらう」의 겸양표현　招待(しょうたい) 초대

問題 4-14番 🎧69

男 内田部長は頭が固くて、本当に困っています。

女 1 本当に融通が利かない方ですね。
2 本当に頭が上がらないんですね。
3 本当に頭が高いんですね。

남 우치다 부장님은 완고해서 정말로 애먹고 있어요.

여 1 정말로 융통성이 없는 분이죠.
2 정말로 머리를 못 들겠네요.
3 정말로 거만하네요.

| 어휘 | 頭(あたま)が固(かた)い 완고하다, 융통성이 없다
困(こま)る 곤란하다, 애먹다
融通(ゆうずう)が利(き)く 융통성이 있다
頭(あたま)が上(あ)がらない 머리를 들 수 없다, 대등하게 맞설 수 없다 頭(あたま)が高(たか)い (머리 숙임이 부족하다는 뜻에서) 건방지다, 거만하다

問題 5-1番 🎧70

後輩が大学の教授になった先輩に、講義内容について聞いています。

후배가 대학 교수가 된 선배에게 강의 내용에 대해서 묻고 있습니다.

男 先輩、お久しぶりです。

女 あら、吉田君、久しぶりだね、元気?

男 ええ、先輩、大学の教授になったって聞いたんですが…。

女 うん、今学期からね。

男 あ、そうですか、それはおめでとうございます。で、大学ではどんな講義をしてるんですか。

女 「メディアと経済」という講義を受け持っているわよ。

男 「メディアと経済」ですか。何かピンと来ないですね…。

女 これからの時代って、メディアと経済は切っても切れない関係となるのよ。メディアと経済の関連性について勉強すると言えばいいかな。

男 はあ…。

女 でも、それ以上に学生たちに伝えたいのは、新しい経済人になってほしいっていうことだけどね。

男 新しい経済人ですか。

女 これからの経済人って、ただ経済に関する知識を持ってるだけではいけないのよ。例えば国際会議などで各国の経済専門家が集まると、話題は経済だけじゃなくて、文化や社会問題から政治問題にまでどんどん広がるのよ。そういう場で彼らと対等に自分の意見を話せる日本人って未だ少ないのよね。

男 あ、だったら経済だけじゃなくて、本当にいろんな分野の知識も必要ですよね。

女 うん、確かにそうなのよ。しかし、問題はそれだけじゃないからね。

男 え?それだけじゃないんですか。

女 仮にその知識をきちんと知っているとしても、それを相手にきちんと的確に伝えるというのは、思いのほか大変なことなのよ。

男 あ、なるほど、その問題もありますね。

남 선배님, 오랜만이에요.

여 어머, 요시다 군, 오랜만이네, 잘 지내지?

남 네, 선배님, 대학 교수가 되었다고 들었는데….

여 응, 이번 학기부터야.

남 아, 그래요. 그거 축하드려요. 그런데 대학에서는 어떤 강의를 하고 있나요?

여 '미디어와 경제'라는 강의를 담당하고 있어.

남 '미디어와 경제'요? 뭔가 확 와 닿지 않네요….

여 앞으로의 시대는 미디어와 경제는 끊을래야 끊을 수 없는 관계가 될 거야. 미디어와 경제의 관련성에 대해서 공부한다고 하면 되려나.

남 네….

여 하지만 그 이상으로 학생들에게 전하고 싶은 것은 새로운 경제인이 되기를 바란다는 것이지만 말이야.

남 새로운 경제인이요?

여 앞으로의 경제인은 단지 경제에 관한 지식을 갖고 있는 것만으로는 안 돼. 예를 들면 국제회의 등에서 각국의 경제전문가가 모이면 화제는 경제뿐만 아니라, 문화나 사회문제부터 정치문제에까지 점점 확대되는 거야. 그런 자리에서 그들과 대등하게 자신의 의견을 말할 수 있는 일본인은 아직 적지.

남 아, 그럼 경제뿐 아니라, 정말로 다양한 분야의 지식도 필요하
     겠네요.
여 응, 확실히 그래. 그러나 문제는 그것만이 아니니까.
남 네? 그것만이 아니에요?
여 가령 그 지식을 제대로 알고 있다고 해도 그것을 상대에게 정
     확히 적확하게 전하는 건 의외로 어려운 일이야.
남 아, 과연, 그 문제도 있네요.

| 어휘 | 今(こん)〜 금〜, 이번의〜 学期(がっき) 학기
講義(こうぎ) 강의 メディア 미디어, 매체
受(う)け持(も)つ 맡다, 담당하다
ピンと来(く)る 즉각 머리에 오다, 단박에 깨닫다
切(き)っても切(き)れない 끊을래야 끊을 수 없다
関連性(かんれんせい) 관련성 伝(つた)える 전하다
〜てほしい 〜해 주었으면 하다 専門家(せんもんか) 전문가
集(あつ)まる 모이다 話題(わだい) 화제 どんどん 점점
広(ひろ)がる 확대되다 場(ば) 곳, 자리 対等(たいとう) 대등
未(いま)だ 아직, 이때까지 仮(かり)に 가령
きちんと 제대로, 정확히 〜としても 〜라고 하더라도
的確(てきかく) 적확, 꼭 들어맞음
なるほど (남의 주장을 긍정할 때나 상대방의 말에 맞장구를 치며)
정말, 과연

この先輩が、特に重要だと言っていることは何です
か。
1 経済に関する知識だけではなく、幅広い分野に関
する知識を持つように勉強すること
2 これからのメディアの方向性をしっかり勉強し
て、経済発展に役立つようにすること
3 各国の経済専門家とコミュニケーションが取れる
ように語学力をつけること
4 経済に関する正しい知識を持つために、各国の経
済専門家と定期的交流を持つこと

이 선배가 특히 중요하다고 말하고 있는 것은 무엇입니까?
1 경제에 관한 지식뿐만 아니라, 폭넓은 분야에 관한 지식을 갖도록
공부하는 것
2 앞으로의 미디어 방향성을 확실히 공부하여, 경제발전에 도움이 되
도록 하는 것
3 각국의 경제전문가와 의사소통을 할 수 있도록 어학력을 기르는 것
4 경제에 관한 올바른 지식을 갖기 위해서 각국의 경제전문가와 정기
적 교류를 갖는 것
| 어휘 | 幅広(はばひろ)い 폭넓다 方向性(ほうこうせい) 방향성
しっかり 제대로, 착실히 役立(やくだ)つ 도움이 되다
コミュニケーションが取(と)れる 커뮤니케이션[의사소통]을 하다
語学力(ごがくりょく)をつける 어학력을 기르다
定期的(ていきてき) 정기적 交流(こうりゅう) 교류

問題 5-2番 🎧 71

ある社会学者が話しています。

어느 사회학자가 이야기하고 있습니다.

男 皆さんは、「オタク」という言葉をご存知でし
ょうか。
オタクとは、特定の分野に極端に傾倒する人
々を指す呼称ですが、職業としての専門家
ではなく、もっぱら趣味として、消費者とし
て特定の分野に傾倒する人達のことを指しま
す。1970 年代に日本で誕生したこの言
葉が一般に広まったのは、1980 年代末
に起こったある凶悪事件で犯人がオタクと呼
ばれる人間のタイプだと報道されてからだと
言われています。このため、当初はネガティ
ブなイメージを持つ蔑称のようなものでした
が、時代が進むにつれて、その消費購買力が
注目されて、現在では必ずしもネガティブな
イメージを伴うものではなくなりました。
先日、東京経済研究所が「オタクに関する消費
者アンケート調査」の結果を公表しましたが、
この調査結果による推計では、「漫画」のオタ
クが最も多く、次いで多いのが「アニメ」でし
た。一人当たりの年間消費金額を見ると、「ア
イドル」が最も多く、2位の「コスプレ」を大き
く引き離しています。
人数と金額を掛け合わせて市場規模を計算す
ると、「アイドル」が約 2,899 億円で、
「漫画」が 1,315 億円、「アニメ」が 1,214 億
円となり、「アイドル」が市場規模としては断
トツで大きくなっています。

남 여러분은 '오타쿠'라는 말을 알고 계시는지요?

오타쿠란, 특정 분야에 극단적으로 심취하는 사람들을 가리키는 호칭입니다만, 직업으로서의 전문가가 아니라, 오로지 취미로서 소비자로서 특정 분야에 심취하는 사람들을 가리킵니다. 1970년대에 일본에서 탄생한 이 말이 일반에게 확산된 것은 1980년대말에 일어난 어느 흉악사건에서 범인이 오타쿠라 불리는 인간 타입이라고 보도되고 나서부터라고 일컬어지고 있습니다. 이 때문에 당초에는 부정적인 이미지를 가진 멸칭과 같은 것이었습니다만, 시대가 진행됨에 따라 그 소비구매력이 주목되어 현대에는 반드시 부정적인 이미지를 수반하는 것은 아니게 되었습니다.

요전에 도쿄경제연구소가 '오타쿠에 관한 소비자 앙케트 조사' 결과를 공표했는데, 이 조사결과에 의한 추산으로는 '만화' 오타쿠가 가장 많고, 이어서 많은 것이 '만화영화'였습니다. 1인당 연간 소비 금액을 보면 '아이돌'이 가장 많아, 2위인 '코스프레'를 크게 앞지르고 있습니다.

인원수와 금액을 곱해 시장규모를 계산하면 '아이돌'이 약 2,899억 엔이고, '만화'가 1,315억 엔, '만화영화'가 1,214억 엔이 되어, '아이돌'이 시장규모로서는 단연 톱으로 커지고 있습니다.

ㅣ어휘ㅣ オタク 오타쿠 *어떤 분야·사항에 대하여 이상할 정도로 열중하며 집착하는 사람 ご存知(ぞんじ) 알고 계심
極端(きょくたん) 극단 傾倒(けいとう) 심취, 몰두
指(さ)す 가리키다 呼称(こしょう) 호칭
もっぱら 오로지 広(ひろ)まる 확산되다
凶悪(きょうあく) 흉악 犯人(はんにん) 범인
報道(ほうどう) 보도 ネガティブ 네거티브, 부정적
蔑称(べっしょう) 멸칭, 상대 또는 상대의 동작·상태를 깔보며 말하는 호칭 進(すす)む 나아가다, 진행하다
~につ(連)れて ~에 따라, ~에 의해
購買力(こうばいりょく) 구매력 注目(ちゅうもく) 주목
必(かなら)ずしも (뒤에 부정의 말을 수반하여) 반드시[꼭] ~인 것은 (아니다) 伴(ともな)う 수반하다 公表(こうひょう) 공표
推計(すいけい) 추계, 추산 次(つ)いで 이어, 이어서
アニメ 애니메이션, 만화영화 *「アニメーション」의 준말
~当(あ)たり ~당 年間(ねんかん) 연간
コスプレ 코스프레, 만화 등의 인물로 분장하고 즐기는 것 *「コスチュームプレー」(코스튬 플레이)의 준말
引(ひ)き離(はな)す 뒤를 쫓는 것과 간격을 두게 하다, (간격·격차 등을) 벌리다 人数(にんずう) 인원수
掛(か)け合(あ)わせる 곱셈하다 規模(きぼ) 규모
断(だん)トツ 단연 톱 *「断然(だんぜん)トップ」의 준말

この話のテーマとして、最も相応しいのはどれですか。
1「オタク」と凶悪事件の関係
2「オタク」の消費性向

3「オタク」という用語の変遷過程
4「オタク」の経済波及効果

이 이야기의 주제로 가장 어울리는 것은 어느 것입니까?
1 '오타쿠'와 흉악사건의 관계
2 '오타쿠'의 소비성향
3 '오타쿠'라는 용어의 변천과정
4 '오타쿠'의 경제파급효과
ㅣ어휘ㅣ 相応(ふさわ)しい 어울리다 変遷(へんせん) 변천
波及(はきゅう) 파급

問題 5-3番 🎧 72

新入社員二人が会社のアナウンスを聞いています。

신입사원 두 사람이 회사 안내방송을 듣고 있습니다.

女1 新入社員の皆さん、会社の部活に入ってみませんか。
社内部活は日頃の業務の息抜きになるとともに、社員同士での親睦を深めるいい機会です。今日は社内部活動について、ご紹介したいと思います。
まず、男子社員に圧倒的に人気のある野球部があります。練習は、毎週土曜の午後2時から5時まで行われますが、飲み会が好きな人も大歓迎です。
それからゴルフです。ゴルフ部では、年に3回、暑くもなく寒くもない、いい感じの時期にコースを回り、腕を競い合っています。そのうち1回は合宿と称して、ゴルフ場近くのホテルに1泊。ちょっとしたゴルフ旅行を堪能しています。男女問わず和気あいあいとした雰囲気で楽しんでいます。
三つ目はスキー部です。スキー・スノーボードを楽しく満喫し、遊ぶ時はとことん遊ぶがスキー部のモットーです。合宿は年に1、2回行っており、親切にサポートしてくれる先輩ばかりなので、初心者でも安心です。「オフシーズンはどうしている?」という質問を受けますが、ボーリング大会やテニス大会を開催して、冬に向けて気分を盛り上げています。

スポーツ系に集中しているように見えるかもしれませんが、文化的な活動もあります。華道やオーケストラ、座禅といった文化系の部活もあります。

興味のある方は、総務部中村までお電話ください。

女2　へ～、うちにもこんなに部活があるのね。

男　美波ちゃんは社内部活に入るつもり?

女2　ふん、今迷ってるところ。楽しそうだから、入りたいことは入りたいけど。

男　僕はゴルフ部に入ろうかな…。社会人になってから体を動かす機会も少なくなったし…。

女2　ゴルフ? 上手?

男　上手っていうより、社会人になったら、ぜひやってみたいとずっと思ってたから。でも、何かこっちもひかれるな…。

女2　どれ? あ、これ? ふふ、正樹君、ただ飲みたいだけじゃないの?

男　へへ、ばれた? 美波ちゃんはどうする? 生け花とかもいいんじゃない?

女2　生け花? 私そんなの全然興味ないの。それより私も最近運動不足気味だから、何か体を動かすのがしたい。

男　だったら、ゴルフがいいよ。ゴルフってけっこう歩くからね。

女2　ふ～ん、ゴルフもいいけど、私はいろいろなスポーツがやりたいから、こっちにしよう。

男　あ、それいいかもね。

女2　じゃ、正樹君は?

男　僕はやっぱりこれにする。

女2　ふ～ん、でも飲みすぎないように気を付けてね。

여1　신입사원 여러분, 회사 동아리에 가입해 보지 않겠습니까? 사내 동아리는 평소 업무의 휴식이 됨과 함께, 사원끼리의 친목을 돈독히 할 좋은 기회입니다. 오늘은 사내 동아리 활동에 대해서 소개하고 싶습니다.

우선 남자사원에게 압도적으로 인기가 있는 야구부가 있습니다. 연습은 매주 토요일 오후 2시부터 5시까지 실시됩니다만, 회식을 좋아하는 사람도 대환영입니다.

그리고 골프입니다. 골프부에서는 1년에 3번, 덥지도 춥지도 않은, 좋은 느낌의 시기에 코스를 돌며, 실력을 서로 경쟁하고 있습니다. 그 중 한 번은 합숙이라 칭하여, 골프장 부근 호텔에서 1박. 괜찮은 골프여행을 충분히 만족하고 있습니다. 남녀 불문하고 화기애애한 분위기로 즐기고 있습니다.

세 번째는 스키부입니다. 스키·스노보드를 즐겁게 만끽하며, 놀 때는 철저하게 논다가 스키부의 모토입니다. 합숙은 1년에 한두 번 실시하고 있으며, 친절하게 서포트해 주는 선배뿐이라, 초심자라도 안심입니다. '오프 시즌은 어떡하지?'라는 질문을 받습니다만, 볼링 대회나 테니스 대회를 개최해서 겨울을 위해서 기분을 고조시키고 있습니다.

스포츠 계통으로 집중되어 있는 것처럼 보일지도 모르겠습니다만, 문화적인 활동도 있습니다. 꽃꽂이나 오케스트라, 좌선과 같은 문화계통 동아리도 있습니다.

흥미있는 분은 총무부 나카무라에게 전화 주세요.

여1　허~, 우리 회사에도 이렇게 동아리가 있네.

남　미나미는 사내 동아리에 들어갈 생각?

여2　흠, 지금 고민하는 중. 즐거울 것 같아서 들어가고 싶기는 한데.

남　나는 골프부에 들어갈까…. 사회인이 되고 나서 몸을 움직일 기회도 적어졌고….

여2　골프? 잘해?

남　잘한다기보다 사회인이 되면 꼭 해 보고 싶다고 쭉 생각하고 있었으니까. 하지만 왠지 이쪽도 끌리네….

여2　어떤 거? 아, 이거? 후후, 마사키 군, 단지 마시고 싶은 것뿐 아니야?

남　헤헤, 들켰어? 미나미는 어떻게 할 거야? 꽃꽂이 같은 것도 좋지 않아?

여2　꽃꽂이? 나 그런 거 전혀 흥미없어. 그것보다 나도 요즘 운동부족 기미니까, 뭔가 몸을 움직이는 걸 하고 싶어.

남　그럼, 골프가 좋겠네. 골프는 꽤 걸으니까.

여2　흐~음, 골프도 좋지만, 나는 여러 가지 스포츠를 하고 싶으니까, 이쪽으로 할래.

남　아, 그거 괜찮을지도.

여2　그럼, 마사키 군은?

남　나는 역시 이걸로 할래.

여2　흠~, 하지만 과음하지 않도록 조심해야 해.

| 어휘 | 部活(ぶかつ) 동아리 활동 *『部活動(ぶかつどう)』의 준말
息抜(いきぬ)き (긴장을 풀고) 잠시 쉼, 한숨 돌림, 휴식
親睦(しんぼく)を深(ふか)める 친목을 돈독히 하다
圧倒的(あっとうてき) 압도적 飲(の)み会(かい) 회식
大歓迎(だいかんげい) 대환영 腕(うで) 실력
競(きそ)い合(あ)う 서로 경쟁하다 そのうち 그 중에
合宿(がっしゅく) 합숙 称(しょう)する 칭하다
~近(ちか)く ~근처 ちょっとした 괜찮은, 상당한
堪能(たんのう) 충분히 만족함
男女問(だんじょと)わず 남녀 불문하고
和気(わき)あいあい 화기애애 満喫(まんきつ) 만끽
とことん 철저하게 モットー 모토, 신조 サポート 서포트, 지지
初心者(しょしんしゃ) 초심자 オフシーズン 오프 시즌, 비수기
開催(かいさい) 개최 ~に向(む)けて ~을 위해서
盛(も)り上(あ)げる 고조시키다 ~系(けい) ~계, ~계통
華道(かどう) 화도, 꽃꽂이 オーケストラ 오케스트라
座禅(ざぜん) 좌선 ~といった ~와 같은
つもり 생각, 작정 迷(まよ)う 고민하다, 망설이다
~ているところ ~하고 있는 중 ひかれる (마음이) 끌리다
ばれる 들키다, 들통나다 生(い)け花(ばな) 꽃꽂이
運動不足(うんどうぶそく) 운동부족
명사+気味(ぎみ) ~기색, ~기미, ~경향

質問1

男(おとこ)の人(ひと)はどの部活(ぶかつ)に入(はい)りますか。

1 野球部(やきゅうぶ)

2 ゴルフ部(ぶ)

3 スキー部(ぶ)

4 華道部(かどうぶ)

남자는 어느 동아리에 들어갑니까?
1 야구부
2 골프부
3 스키부
4 꽃꽂이부

質問2

女(おんな)の人(ひと)はどの部活(ぶかつ)に入(はい)りますか。

1 野球部(やきゅうぶ)

2 ゴルフ部(ぶ)

3 スキー部(ぶ)

4 華道部(かどうぶ)

여자는 어느 동아리에 들어갑니까?
1 야구부
2 골프부
3 스키부
4 꽃꽂이부

JLPT N1
모의고사
단기완성 2회분

- 실전 대비를 위한 모의고사 2회분 수록
- 해석·어휘 및 청해 스크립트, 정답 제공
- 저자 온라인 개인지도 서비스 kuzirachan@hanmail.net

MP3 파일 무료 다운로드
저자직강 핵심문제풀이 무료 동영상 8강 제공
www.ybmbooks.com